汽车保险与理赔

（第2版）

主　编　鲁　玺　孙　延　孟　妮

参　编　朱　荣　张博琦

北京理工大学出版社

BEIJING INSTITUTE OF TECHNOLOGY PRESS

图书在版编目（CIP）数据

汽车保险与理赔 / 鲁玺, 孙延, 孟妮主编. -- 2 版
. -- 北京：北京理工大学出版社, 2023.9
　　ISBN 978 - 7 - 5763 - 2824 - 0

　　Ⅰ. ①汽… Ⅱ. ①鲁… ②孙… ③孟… Ⅲ. ①汽车保
险 – 理赔 – 中国 Ⅳ. ①F842.63

　　中国国家版本馆 CIP 数据核字（2023）第 164830 号

责任编辑： 王俊洁　　　**文案编辑：** 王俊洁
责任校对： 周瑞红　　　**责任印制：** 李志强

出版发行 / 北京理工大学出版社有限责任公司
社　　址 / 北京市丰台区四合庄路 6 号
邮　　编 / 100070
电　　话 /（010）68914026（教材售后服务热线）
　　　　　　（010）68944437（课件资源服务热线）
网　　址 / http://www.bitpress.com.cn

版 印 次 / 2023 年 9 月第 2 版第 1 次印刷
印　　刷 / 涿州市新华印刷有限公司
开　　本 / 787 mm×1092 mm　1/16
印　　张 / 18.75
字　　数 / 439 千字
定　　价 / 89.00 元

前　言

Qianyan

汽车保险与理赔是汽车后服务市场的重要组成部分。随着社会的发展，新能源汽车和传统燃油车的保有量持续上升，带来的传统燃油车事故、新能源汽车事故以及传统燃油车和新能源汽车共同的事故日益引起人们的关注。汽车保险（包括新能源汽车专属保险）的风险防范、损失保障功能日益得到车主的认可。

我国机动车保险市场非常庞大，但专业的从业人员仍较为紧缺。本书以培养高素质、高技能的汽车保险人才作为根本目的而编写，内容涵盖汽车保险销售、汽车保险承保和事故车保险理赔三大保险业务，可满足高等院校汽车专业学生学习和汽车企业员工培训进而进入汽车保险承保、理赔等工作岗位的知识和技能需求。

本书的主要特色如下：

1. 坚持立德树人根本任务，对标职业教育育人目标。

坚持立德树人、德技并修，融入课程思政元素，推动思想政治教育与技术技能培养融合统一，将传授技能技术和塑造价值灵魂相统一。本书以汽车保险理赔能力培养和提升为核心，结合工作岗位实践性强的特点，将"以道德信仰、改革创新为核心的个人价值观，以服务他人、爱岗敬业、精益求精为目标的职业素养和以爱国主义、创新进取为主旨的民族精神"有机融入汽车保险相关工作流程及工作内容中，增强学生的爱国情怀和社会责任感，培养学生服务国家、服务人民的工匠精神和劳模精神。

2. 坚持"岗课赛证"融通，突出职业教育特色

根据学生"基础认知—能力进阶—综合提升"的学习认知规律，本书共设置了汽车保险基础知识、机动车保险条款介绍、新能源汽车保险条款、汽车保险投保与承保实务、汽车保险索赔实务、汽车保险理赔实务、新能源汽车保险理赔和汽车保险风险防范八个学习项目。对接企业岗位能力，融入行业新规范、新标准，每个学习项目包括情景再现—目标导航—任务分解（任务描述、任务知识、任务实施、任务评价）—企业任务链接—德技并修（知识拓展）5个栏目，以"项目式＋任务驱动"组织教学，使学生达成知识、技能、素质三维目标的提升。

3. 紧跟行业发展，适应数字化教育教学新模式

本书是陕西省精品在线课程"汽车保险与理赔"的配套教材，教材编写与课程建设、配套资源开发、信息技术应用统筹推进，是一本能够较好满足线上线下混合式教学的新形态一体化教材。

本书由陕西工业职业技术学院鲁玺、孙延、孟妮三位老师担任主编，项目一、项目二由陕西工业职业技术学院鲁玺编写，项目三、项目七由陕西工业职业技术学院张博琦编写，项目四任务二、任务三、任务四和任务五由陕西工业职业技术学院孟妮编写，项目五和项目八

的任务一、任务四由陕西工业技术职业学院孙延编写，项目六和项目八的任务二、任务三由陕西工业职业技术学院朱荣编写。此外，中国人民财产保险股份有限公司西安分公司韩丹编写项目四的任务一，同时全程对本书的编写给予专业技术指导。

本书在编写过程中，参阅了大量书籍、文献、期刊、论文等，作者已尽可能在参考文献中详细列出，在此对这些前辈、同行、专家、学者表示诚挚的敬意和由衷的感谢。

由于编者的理论水平和实践经验有限，书中难免存在不足之处，恳请各位专家和读者批评指正，以便再版时予以修正，使其日臻完善。

注：在线课程资源获取途径：搜索"学银在线"—搜索课程"汽车保险与理赔"—加入课程，即可获得全部课程资源。

编　者

Contents

目　录

目 录　　　*Contents*

Contents

项目一　汽车保险基础知识

 情境再现

[情境1] 40 岁的张先生，驾龄 10 年，买了一辆 2.0L 自动舒适版某品牌家庭私人小轿车，新车购置价为 25 万元，该车经常停在小区院内，一般用于上下班代步，周末全家会去郊外出游。试分析张先生面临哪些风险？针对不同风险应该采取什么样的风险管理方法？

[情境2] 某年 3 月，陈某将自有的某品牌轿车向保险公司投保了家庭自用汽车保险，投保险种为车辆损失保险、第三者责任险等。在保险期间内，陈某一直使用标的车在某小学长期从事有偿接送学生的业务。第 2 年 2 月，陈某驾驶标的车搭载 4 名小学生在学校附近某丁字路口与一辆正规出租车相撞，交通部门认定陈某负全部责任。事后，陈某向保险公司索赔，保险公司拒绝赔偿。分析保险公司拒赔的原因。

分析：

1. 作为汽车保险承保工作人员，张先生面临哪些风险？针对不同风险应该采取什么样的风险管理方法？

2. 作为车险理赔服务人员，试分析投保不同险种对张先生车辆理赔会有哪些影响？不同的事故下，如何给予客户最好的理赔服务？

3. 在汽车保险服务行业中，想要给客户进行专业保险服务，需要掌握哪些知识和技能？专业的车险服务人员应该有哪些职业素养？

 目标导航

1. 知识目标

- 掌握风险的概念与分类；掌握风险管理的概念、目标和程序；
- 掌握保险的概念、职能和要素；
- 掌握最大诚信原则的含义和内容；掌握保险利益原则的确立条件；
- 掌握损失补偿原则的含义和影响保险补偿的因素；
- 掌握近因原则在实务中的应用；
- 掌握汽车保险的特点和分类；
- 掌握保险基本术语的概念；
- 掌握保险合同的特征和汽车保险合同的内容及形式。

2. 实践目标

- 能帮助客户解释汽车保险相关术语；
- 能全面理解汽车保险的四大原则；能向客户作出解释和说明；

- 能帮助汽车用户进行风险管理分析；
- 能灵活应用保险基础知识进行实际案例分析。

3. 素养目标

- 使学生能正确认识风险，学会保护自己、保护他人；
- 培养学生的专业伦理和职业道德，助其在未来作出正确的伦理价值判断，成长为德才兼备的人才；
- 增加学生对汽车保险行业的职业认同感；
- 培养学生诚信做人、诚信做事的社会主义核心价值观；
- 培养学生实事求是的工作态度、勇于追求真理的工作作风；
- 培养学生做事严谨、认真负责的态度。

任务一　识别风险及风险管理

任务描述

　　在人类社会发展的漫长历史中，出现过无数次自然灾害和意外事故，造成了很多严重后果。机动车作为目前人类使用频繁的交通工具，在使用过程中会给车主带来哪些风险？这些风险有哪些特点和管理方法？这是作为一名车险保险从业人员需要掌握的最基本的内容。通过本任务的学习，请你根据不同车主的用车需求进行风险识别和风险管理分析。

思维导图

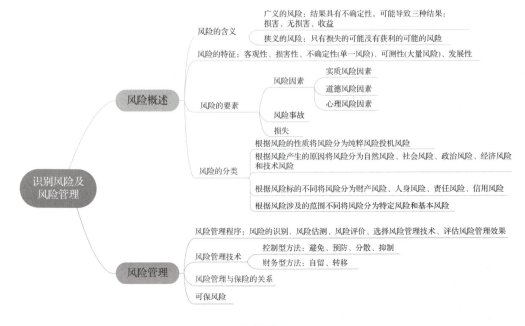

任务知识

一、风险概述

（一）风险的含义

风险是保险产生的基础。广义的风险一般是指某种事件发生的不确定性，即风险产生的结果可能带来损害、无损害、收益三种结果。

狭义的风险是指只有损失的可能没有获利的可能的风险。

在人类社会发展的漫长历史中，出现过无数次自然灾害与意外事故，造成了不可估量的损失。可以说风险是伴随着人类活动的出现而出现的，没有人类活动，也就不存在风险。

（二）风险的特征

风险的特征：客观性、损害性、不确定性（单一风险）、可测性（大量风险）、发展性。

（三）风险的要素

风险是由风险因素、风险事故和损失三个要素组成的。

1. 风险因素

风险因素是促使某一特定风险事故发生或增加其发生的可能性或扩大其损失程度的原因或条件。风险因素是风险事故发生的潜在原因，是造成损失的内在或间接原因。对于汽车而言，风险因素包括制造汽车的材料、汽车的结构等。风险因素越多，造成损失的机会越大。根据性质的不同，风险因素可分为实质风险因素、道德风险因素和心理风险因素三种类型。

（1）实质风险因素。

实质风险因素是指某一标的本身所具有的足以引起风险事故发生或增加损失机会或加重该损失程度的因素，也称为有形风险因素。如汽车制动系统的可靠性、房屋所处的位置等都属于实质风险因素。

（2）道德风险因素。

道德风险因素是指与人的品德修养有关的无形因素，即由于人们不诚实、不正直或有不轨企图，故意促使风险事故发生，导致财产损失和人身伤亡的因素。

（3）心理风险因素。

心理风险因素是指与人的心理状态有关的无形因素，即由于人们疏忽或过失以及主观上不注意、不关心、心存侥幸，导致增加风险事故发生的机会和加大损失的严重性的因素。

2. 风险事故

风险事故是指造成人身伤害或财产损失的偶发事件，是造成损失的直接的或外在的原因，是损失的媒介物。即风险只有通过风险事故的发生，才能导致损失。

3. 损失

损失是指非故意的、非预期的、非计划的经济价值的减少，即物质损失。在保险实务中，通常将损失分为两种形态：直接损失和间接损失。直接损失指风险事故导致的财产本身损失和人身伤害。间接损失则是直接损失引起的其他损失，包括额外损失费用、收入损失和责任损失等。

4. 三者之间的关系

风险因素引发风险事故，风险事故造成损失。这一关系并不绝对，风险因素并不直接造成损失，它是风险事故产生并造成损失的可能性或使这种可能性增加的条件，只有通过风险事故这个媒介才可能产生损失。在一定条件下，风险因素如果是造成损失的直接原因，则它就是引起损失的风险事故。

（四）风险的分类

1. 根据风险的性质将风险分为纯粹风险和投机风险

（1）纯粹风险是指只有损失而没有获利的可能的风险。

（2）投机风险是指既有可能获利也有可能带来损害的风险。

2. 根据风险产生的原因将风险分为自然风险、社会风险、政治风险、经济风险和技术风险

（1）自然风险是指因自然力的不规则变化产生的现象所导致的危害经济活动、物质生产或生命安全的风险。

（2）社会风险是指由于个人的一个行为或不可预料的团体行为使社会生产及人们的生活遭受损失的风险。

（3）政治风险是指在国际经济活动中，由于国家的主权行为或国家社会变动所引起的造成损失的可能性。

（4）经济风险是指在生产和销售等经营活动中由于受市场供求关系、经济贸易条件等因素变化、营销或经营者决策失误、对前景预期出现偏差等导致经营失败的风险。

（5）技术风险是指随着科学技术的发展、生产方式的改变而发生的风险。

3. 根据风险标的不同将风险分为财产风险、人身风险、责任风险、信用风险

（1）财产风险是指导致财产的损毁、灭失或贬值的风险。财产风险强调的风险事故所作用的对象，是有形的财产及预期收益，而非人身。

（2）人身风险是指导致人的伤残、死亡、丧失劳动能力以及增加费用支出的风险。

（3）责任风险是指因侵权或违约依法对他人遭受的人身伤亡或财产损失应负赔偿责任的风险。如驾驶车辆不慎撞人，造成对方人身伤亡；医疗事故造成病人死亡等。

（4）信用风险是指在经济交往中，权利人与义务人之间，由于一方违约或违法致使对方遭受经济损失的风险。如银行发放贷款有收不回来的风险。

4. 根据风险涉及的范围不同将风险分为特定风险和基本风险

（1）特定风险是指与特定的人有因果关系的风险。即由特定的人所引起其损失仅涉及个人的风险。

（2）基本风险是指其损害波及社会的风险。基本风险的起因及影响都不与特定的人有关系，至少是个人所不能阻止的风险。例如，与社会或政治有关的风险、与自然灾害有关的风险都属于基本风险。

特定风险与基本风险的界定，对某些风险来说，会因时代背景和人们观念的改变而有所不同。如失业，过去被认为是特定风险，而现在被认为是基本风险。

除此之外，还存在其他分类方式。比如按照风险是否可以被保险公司承保将其分为可保风险和不可保风险。

二、风险管理

风险管理是指个人、家庭和各种组织对可能遇到的风险进行风险识别、风险估测、风险评价，并在此基础上选择与优化组合各种风险管理技术，对风险实施有效控制并妥善处理风险所致的损失，从而以最小的成本获取最大的安全保障的决策及行动过程。

（一）风险管理程序

风险管理程序包括风险识别、风险估测、风险评价、选择风险管理技术和评估风险管理效果。

1. 风险识别

风险识别是指对企业、家庭或个人面临的潜在风险加以判断、归类和对风险性质进行鉴定的过程。对风险的识别，既可以通过以往经验和直接感知进行判断识别，又可以借助各种客观的经营资料、会计和统计资料以及风险记录进行分析、归纳和整理，从而发现各种风险损害情况，尽可能把握风险内在的、规律性的东西。风险识别是否全面、深刻，直接影响风险管理决策的质量，进而影响整个风险管理的最终效果。

2. 风险估测

风险估测是指在风险识别的基础上，通过分析搜集的大量资料，利用概率统计理论，估计和预测风险发生的概率和损失严重程度，为选择正确的风险处理方法提供依据。

3. 风险评价

风险评价是指在风险识别和风险估测的基础上，对风险发生的概率、损失程度，结合其他因素进行全面考虑，评估发生风险的可能性及其危害程度，并与公认的安全指标相比较，以衡量风险的程度，并决定是否需要采取相应的措施。通过对风险的定性、定量分析和比较处理风险所支出的费用，来确定风险是否需要处理和处理的程度，并判定为处理风险所支出的费用是否有效。风险评价是风险管理活动中的重要一环，对决策方向影响很大。

4. 选择风险管理技术

根据风险评价结果，选择最佳风险管理技术并实施。

5. 评估风险管理效果

评估风险管理效果是指对风险管理技术的适用性及收益情况的分析、检查、修正和评估。风险管理效益的大小，取决于是否能以最小的风险成本取得最大的安全保障，同时还要考虑风险管理与整体管理目标是否一致，是否有具体实施的可行性、可操作性和有效性。

（二）风险管理技术

风险管理技术分为控制型方法和财务型方法。控制型方法是指避免、消除风险或减少风险发生的频率及控制风险损失扩大的一类风险管理方法。财务型方法是指通过实现做好吸纳风险成本的财务安排来降低风险成本的一种风险管理方法。

1. 控制型方法

控制型方法主要包括避免、预防、分散和抑制。

（1）避免。

避免是指为了回避从事某项活动可能导致的风险损失而放弃某项活动的行为。避免风险简单易行，优势是能够彻底根除某种风险，但有可能会产生新的风险，如担心锅炉爆炸，就放弃利用锅炉，改用电热炉等，但又存在因电压过高致使电热炉被损坏的风险。

（2）预防。

预防是指在风险发生前通过消除或减少风险因素降低损失发生频率所采取的措施。例如，定期对车辆进行检查，可以及时发现车辆故障，从而减少车辆在使用过程中发生事故的风险。

（3）分散。

分散是指通过兼并、扩张、联营，集合许多原来各自独立的风险单位等增加同类风险单位数目的方法，以提高对预测未来损失的精确性，从而达到降低风险的目的。

（4）抑制。

抑制是指风险事故发生时或发生后采取的各种防止损失扩大的措施。抑制是处理风险的有效方法，通常在损失发生可能性高并且风险又无法避免和转嫁的情况下采用。例如，汽车的被动安全装置，如安全气囊、防抱死制动系统等，在一定程度上可以控制事故发生时损失的扩大。

2. 财务型方法

人们对风险的认识受许多因素的制约，对风险的预测和估计也不可能达到绝对精确的地步，而各种控制处理方法也存在一定的缺陷，因此有必要在财务上预先提留各种风险准备金，消除风险事故发生时所造成的经济困难和精神忧虑。财务型方法包括自留和转移两种。

（1）自留。

自留是指经济单位或个人自己承担全部风险成本的一种风险管理方法，即对风险的自我承担。自留有主动自留和被动自留之分。采取自留方法，应考虑经济上是否合算及其可行性。一般在风险所致损失频率低、损失在短期内可预测以及最大损失不足以影响自己的财务稳定时，宜采用自留方法。

（2）转移。

风险转移是指一些单位或个人为避免承担风险损失而有意识地将风险损失或与损失有关的财务后果转嫁给另一些单位或个人去承担的一种风险管理方法。风险转移分为非保险转移和保险转移。非保险转移是通过合同把风险损失的财务后果转移给非保险公司的其他人，称为财务型非保险转移。例如，出租汽车公司可以与承包的驾驶员签订合同，由驾驶员承担交通事故中的责任风险。这样的合同尽管可转移风险，但一般也需要把一部分利益转移给风险受让者，比如驾驶员可能要求少缴承包费用，那么出租汽车公司的利润会有所减少。保险转移是通过保险合同把风险转移给保险公司。此种方法是风险管理方法中最常用、最有效的财务措施。

（三）风险管理与保险的关系

风险管理与保险的关系密切，主要表现为以下几点：

1. 风险管理与保险所研究的对象一致

风险是风险管理与保险的共同研究对象，只是保险研究的是风险中的可保风险。

2. 风险是风险管理与保险产生和存在的前提

风险是客观存在的，是不以人的意志为转移的。风险的发生直接影响社会生产过程的继续进行和正常的家庭生活，因而产生了人们对损失进行补偿的需要，于是人们开始对风险加以管理。保险是一种被社会普遍接受的经济补偿方式和风险管理的有效方法。因此，风险是风险管理与保险产生和存在的前提，风险的存在是保险关系确立的基础。

3. 保险是一种传统和有效的风险管理方法之一

人们面临的各种风险损失，一部分可以通过控制的方法消除或减少，但风险不可能全部消除。各种风险造成的损失，单靠自身力量解决，就需要提留与自身财产价值等量的后备基金，这样即造成资金浪费，又难以解决巨额损失的补偿问题，因而转移就成为风险管理的重要手段。保险作为转移方法之一，长期以来被人们视为传统的处理风险手段。通过保险，把不能自行承担的集中风险转嫁给保险人，以小额的固定支出换取对巨额风险的经济保障，使保险成为处理风险的有效措施。

4. 保险经营效益受风险管理技术的制约

保险经营效益的大小，受多种因素的制约，风险管理技术作为非常重要的因素，对保险经营效益产生很大的影响。如对风险的识别是否全面，对风险损失的频率和造成损失的幅度估计是否准确；哪些风险可以接受承保，哪些风险不可以承保；保险的范围应该有多大，程度如何；保险成本与效益的比较等；都制约着保险的经济效益。

（四）可保风险

可保风险是指保险人愿意并能够承保的风险，是符合保险人承保条件的特定风险，可保风险应符合以下条件：

1. 风险必须是纯粹风险

纯粹风险是指只有损失机会，没有获利可能的风险。纯粹风险引起的事故构成保险危险的基础。

2. 风险的发生是不能预料的

风险是未来事件发生的不确定性，是不能预料的。如果投保人可以预见风险的发生，就形成了逆选择，这对保险人是不利的。逆选择，是指投保人明知保险标的存在隐患、在未来必定会发生某种损失的情况下，而隐瞒保险人并向保险人投保该保险的一种风险转移方式。

3. 风险的发生是偶然的

这里的偶然是对个体而言的，即个体保险标的发生风险事故以及发生的原因、时间、地点、损失程度等都是不确定的，是偶然的。但从个体上来考察，风险的发生又具有必然性。

4. 大量风险是同质的

所谓同质风险，是指保险公司经营的所有风险或大部分风险的性质是相同的或接近的。

5. 风险必须是预定的

保险公司承保的风险责任范围应该在保险合同中列明，以明确划分保险人的责任和被保险人的责任。

任务实施

一、任务场景

理实一体化教室。

二、任务要求

1. 演练任务：认识风险并进行风险管理、选择合适的风险管理方式。

2. 演练目的：掌握风险及风险管理知识，有风险管理意识，为客户进行风险管理分析。

3. 演练内容：请同学分析不同用车客户的用车情况，找出用车过程中的风险点，然后利用所学知识进行风险管理方式的选择。

三、任务分组

在这个任务中，采用分组实施方式进行，以 4~8 人为一组，通过学生自荐或者推荐的方式选出组长，由组长负责本组的组织协调工作，带头示范、督促，帮助其他组员完成相应工作。

四、任务步骤

学生以小组为单位分析讨论案例并完成工单的填写。

1. 某建筑队在施工时偷工减料导致建筑物塌陷，造成人员伤亡，请分析风险因素是什么？

2. 风险因素有实质风险因素、道德风险因素和心理风险因素。上题中提到的风险因素属于哪种风险因素？

3. 某房东外出时忘记锁门，结果小偷进屋、家具被偷，则风险因素是什么？该风险因素是什么类型的风险因素？

4. 收集资料，分析家庭自用车所面临的风险并为其选择风险管理的方法。

5. 站在客户的角度，分析不同用途的汽车在使用过程中面临的风险及对应的风险管理方式，帮助客户归纳总结用车过程中的注意事项有哪些？

6. 某天下午 1 时许，G50 沪渝高速上海段进中村路下匝道附近发生一起事故，一辆沪朱高速快线巴士撞上高架隔音板，车辆被撞得面目全非，车头严重变形，车上十多名乘客不同程度受伤。目击者何先生说，事发地在去中春路下匝道约 2 公里处。当时一辆沪朱高速快线巴士沿延安西路高架东向西方向驶入 G50 高速公路，开往朱家角方向。可能是由于雨天路滑，加上车速较快，巴士突然失控，一头撞上路中央水泥隔离墩。司机随后猛踩刹车，车辆呈 S 形前进，最终车头右侧撞上高架隔音板，车辆死死抵住护栏，这才停了下来。五六块隔音板被撞碎，残片飞下高速公路，险些殃及过往车辆。巴士车头由于受到撞击，损毁严重，挡风玻璃和右侧车窗破碎脱落，车前门也变形了。由于车辆的两扇车门都被卡住，惊魂未定的乘客只能从左侧窗口逐个逃生。据乘客回忆，当时车上约有 20 名乘客，由于路途较远，大部分人上车就座后开始打瞌睡，猛烈的撞击使车上乘客人仰马翻，不少人在睡梦中惊醒。事发后，抢救人员和 120 急救人员火速赶到现场处理，有十多名乘客不同程度受伤，被送往医院救治。

思考题：

(1) 作为保险从业人员，帮助顾客分析其用车过程中会有哪些潜在风险？

(2) 针对顾客面临的潜在风险，给客户建议合适的风险管理方式。

五、任务反思

1. 学生在完成任务过程中的收获和启示。

2. 学生在完成任务过程中的不足。

任务评价

汽车保险服务人员（识别风险及风险管理）学习任务表现评分表如表 1 – 1 所示。

表 1 – 1　学习任务表现评分表

序号	评价项目	分值	评价指标	自评（30%）	互评（30%）	师评（40%）
1	职业素养30分	6	小组分工明确，能够对学习任务内容及实施步骤进行精心准备			
		6	具有团队意识、合作能力			
		6	能完成项目实施内容，能完成德技并修相关案例分析			
		6	成果展示内容充实，语言规范			
		6	有诚信做人、诚信做事的社会主义核心价值观			

续表

序号	评价项目	分值	评价指标	自评（30%）	互评（30%）	师评（40%）
2	专业能力 60 分	15	学习积极主动，态度认真，遵守教学秩序			
		15	掌握风险及风险管理知识			
		15	能灵活应用知识点进行相关案例分析			
		15	对知识的理解把握具有自学意识与动手能力			
3	创新意识 10 分	10	有创新型思维和行动			
总配分		100	总得分			
综合评价						

项目一任务一
同步测试

任务二　认识汽车保险

任务描述

汽车保险服务人员进行车险服务、进行车险理赔等相关工作，必须掌握一定的汽车保险基础知识，包括能够理解保险人、被保险人、投保人等基本保险行为当事人的定义，能够向客户解释保险责任、责任免除、保险标的等专业名词的含义，能够为客户解释保险合同。在车险服务的任何工作岗位中，掌握好基本概念是进行专业服务的基础。

要成为一名合格的汽车保险服务人员，必须掌握基本的汽车保险知识。要能够系统掌握汽车保险的特征、汽车保险的产品体系、汽车保险的种类。能够给客户介绍汽车保险知识及相应的险种。同时，能够熟练掌握各个险种的条款并熟练加以应用，专业地解答客户的各种疑问。

思维导图

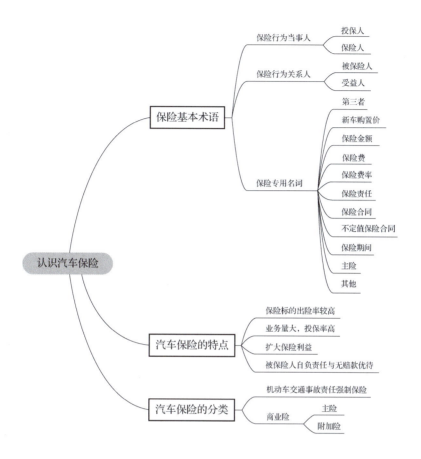

任 务 知 识

一、保险基本术语

（一）保险行为当事人

1. 投保人

投保人指与保险人订立保险合同，并按照合同约定负有支付保险费义务的人。

2. 保险人

保险人指保险公司，在汽车保险中，就是有权经营汽车保险的保险公司。

（二）保险行为关系人

1. 被保险人

被保险人一般是指受保险合同保障的汽车所有者，也就是行驶证上登记的车主。

2. 受益人

受益人是指在保险合同中约定于保险事故发生时，对保险人享有保险赔偿金请求权的人。

（三）保险专用名词

1. 第三者

保险合同中，保险人是第一方，也叫第一者；被保险人或致害人是第二方；除保险人与被保险人之外的因保险车辆意外事故而遭受人身伤害或财产损失的受害人是第三人，即第三者。

2. 新车购置价

新车购置价指保险合同签订的购置价与保险车辆同类型新车（含车辆购置附加税）的价格，它是投保时确定保险金额的基础。

3. 保险金额

保险金额是指保险单上载明的保险标的实际投保的金额，也是保险公司承担赔偿义务的最高限额。

4. 保险费

保险费简称保费，是投保人或被保险人根据保险合同的规定，为取得因约定事故发生所造成的经济损失赔偿的权利，而缴付给保险人的费用。

5. 保险费率

保险费率简称费率，是保险人计算保险费的依据。保险人向被保险人收取的每单位保险金额的保险费通常都用百分率或千分率来表示。

6. 保险责任

保险责任是指保险公司承担赔偿或者给付保险金责任的项目。

7. 保险合同

保险合同是指投保人和保险人双方约定保险权利和义务关系的协议。在汽车保险中，保险合同不是单一的，而是由投保单、保险单、批单等共同构成的。

8. 不定值保险合同

不定值保险合同是指双方当事人在订立保险合同时不预先确定保险标的的保险价值，而是按照保险事故发生时保险标的的实际价值确定保险价值的保险合同。

9. 保险期间

保险期间是保险合同中规定的一个时间期限，只有保险事故发生在这个期限内，保险人才承担保险责任。

10. 主险

主险构成保险合同的主体，可以单独购买的保险品种就是主险。

11. 其他

1）附加险

必须随附在主险上的品种称为附加险。

2）投保单

投保单是投保人申请投保的一种书面凭证，投保单通常由保险公司提供，由投保人填写并签字或盖章后生效，保险公司根据投保人填写的投保单内容出具保险单。

3）保险单

保险单简称保单，是保险公司与投保人订立的保险合同的书面证明部分。保险单由保险公司出具，上面载明保险公司与被保险人之间的权利和义务关系，是被保险人向保险公司索赔的凭证。

4）批单

保险合同的内容需要变更时，才需要批单。批单是为了变更保险合同的内容，保险公司出具给被保险人的补充性的书面证明。

5）实际价值

实际价值是指同类型车辆市场新车购置价减去该车已使用期限折旧金额后的价格。

6）全部损失

全部损失是指保险车辆整体损毁，或保险车辆的修复费用与施救费用之和达到或超过出险时的实际价值，保险公司可推定全损。

7）单方肇事事故

单方肇事事故是指不涉及与第三方有关的损害赔偿的事故，但不包括因自然灾害引起的事故。

8）车上人员

车上人员是指发生意外事故的瞬间，在保险车辆车体内的人员，包括正在上下车的人员。

9）事故责任免赔率

事故责任免赔率是指在保险合同中，在保险责任范围内根据保险车辆驾驶人在事故中所负责任所确定的，保险公司不予赔偿的损失部分与全部损失的比率。

二、汽车保险的特点

（一）保险标的出险率较高

汽车是陆地的主要交通工具，由于其经常处于运动状态，总是载着人或货物不断地从一个地方开往另外一个地方，很容易发生意外碰撞事故，造成人身伤亡或财产损失。由于车辆数量的迅速增加，一些国家交通设施及管理水平跟不上车辆的发展速度，再加上驾驶人的疏忽、过失等人为原因，交通事故发生频繁，汽车出险率较高。

（二）业务量大，投保率高

由于汽车出险率较高，汽车的所有者需要以保险方式转嫁风险，各国政府在不断改善交通设施、严格制定交通规章的同时，为了保障受害人的利益，对第三者责任保险实施强制保险。保险人为适应投保人转嫁风险的不同需要，为被保险人提供了更全面的保障，在开展车辆损失险和第三者责任险的基础上，

（三）扩大保险利益

汽车保险中针对汽车的所有者与使用者不同的特点，汽车保险条款一般规定：不仅被保

险人本人使用车辆时发生保险事故，保险人要承担赔偿责任，而且凡是被保险人允许的驾驶人使用车辆时，也视为其对保险标的具有保险利益，如果发生保险单上约定的事故，保险人同样要承担事故造成的损失，保险人都须说明汽车保险的规定以"从车"为主，凡经被保险人允许的驾驶人驾驶被保险人的汽车造成保险事故的损失，保险人都需对被保险人负赔偿责任。此规定是为了对被保险人提供更充分的保障，并非违背保险利益原则，但如果在保险合同有效期内，被保险人将保险车辆转卖、转让、赠送他人，被保险人应当书面通知保险人，并申请办理批改，否则保险事故发生时，保险人对被保险人不承担赔偿责任。

（四）被保险人自负责任与无赔款优待

为了促使被保险人注意维护、养护车辆，使其保持安全行驶技术状态，并督促驾驶人注意安全行车，以减少交通事故，保险合同上一般规定：驾驶人在交通事故中自负责任，车辆损失险和第三者责任险在符合赔偿规定的金额内实行绝对免赔率；保险车辆在保险期限内无赔款，续保时可以按保险费的一定比例享受无赔款优待。以上两项规定，虽然分别是对被保险人的惩罚和优待，但要达到的目的是一致的。

三、汽车保险的分类

（一）机动车交通事故责任强制保险

机动车交通事故责任强制保险，也称法定汽车责任保险，简称交强险。《机动车交通事故责任强制保险条例》规定：交强险是由保险公司对被保险机动车发生道路交通事故，造成受害人（不包括本车人员和被保险人）的人身伤亡、财产损失，在责任限额内予以赔偿的强制性责任保险。交强险是强制性险种，机动车必须购买才能够上路行驶、年检、上户，且在发生第三者损失需要理赔时，必须先赔付交强险，再赔付其他险种。

（二）商业保险

汽车商业保险险种分为主险和附加险两部分。

1. 主险

主险是对汽车使用过程中大多数车辆使用者经常面临的风险给予的保障。

2. 附加险

附加险是对主险责任的补充，它承保的是主险一般不予承保的自然灾害或意外事故造成的损失。主险有车辆损失险、第三者责任险、车上人员责任险和全车盗抢险。附加险有玻璃单独破碎险、车身划痕损失险、自燃损失险、机动车停驶损失险、新增设备损失险、车上货物责任险、车载货物掉落责任险、不计免赔特约险等。

任务实施

> **一、任务场景**
> 理实一体化教室。

二、任务要求

1. 演练任务：认识并解释保险的相关概念。

2. 演练目的：学会保险基本概念，为后期进行案例分析做好理论基础铺垫。

3. 演练内容：请同学根据不同案例，分析保险基本术语。根据汽车保险的不同种类，理解和解释汽车保险专用名词。

三、任务分组

在这个任务中，采用分组实施方式进行，以 4~8 人为一组，通过学生自荐或者推荐的方式选出组长，由组长负责本组的组织协调工作，带头示范、督促，帮助其他组员完成相应工作。

四、任务步骤

学生以小组为单位分析讨论案例并完成工单的填写。

1. 一游客到北京旅游，在游览了故宫博物院后，出于爱护国家财产的动机，自愿交付保险费为故宫投保。该游客是否具有保险利益？

2. 机动车交通事故责任强制保险简称交强险，交强险是由保险公司对被保险机动车发生交通事故造成受害人（不包括本车人员和被保险人）的人身伤亡、财产损失，在责任限额内予以赔偿的强制性责任保险。所有上路行驶的机动车都必须投保交强险，请分析在交强险中，保险人是谁？被保险人是谁？保险责任是什么？保险利益是什么？

3. 车主王先生为自己的爱车花费了 1 200 元投保了 20 万元的车辆损失险。请说明投保人是谁？保险人是谁？被保险人是谁？保险标的是什么？保险费是多少？保险金额是多少？保险利益是什么？

4. 王经理非常疼爱自己的妻子，虽然家中已经有了一辆花冠牌的私家车，但还是主张给已经有了驾照的妻子单独购买了一辆 POLO 车，并亲自为妻子的 POLO 车办完了包括购买保险在内的全部手续。为了体现对妻子的爱意以及以后交费方便，他将两辆车的车主、投保人、被保险人均写成了自己，并且购买了同一家保险公司的保险产品。周末，为了锻炼妻子的驾驶技能，两人各自驾车外出郊游。由于妻子驾驶技能不够熟练，来到一个路口时，追尾撞上了正在等绿灯的丈夫的车，使得花冠车尾部及 POLO 车前部均受损。

思考题：

(1) 本起事故中，责任方是谁？

(2) 从花冠车的角度分析，花冠车的投保人是谁？保险人是谁？保险标的是什么？受害人是谁？

(3) 从 POLO 车的角度分析，POLO 车的投保人是谁？保险人是谁？保险标的是什么？受害人是谁？

五、任务反思

1. 学生在完成任务过程中的收获和启示。

2. 学生在完成任务过程中的不足。

任务评价

汽车保险服务人员（认识汽车保险）学习任务表现评分表，如表 1-2 所示。

表 1-2 学习任务表现评分表

序号	评价项目	分值	评价指标	自评（30%）	互评（30%）	师评（40%）
1	职业素养 30分	5	小组分工明确，能够对学习任务内容及实施步骤进行精心准备			
		5	有团队意识、合作能力			
		5	能完成任务实施内容，能完成相关案例分析			
		5	成果展示内容充实，语言规范			
		5	具有服务他人的意识			
		5	有诚信做人、诚信做事的社会主义核心价值观			
2	专业能力 60分	15	学习积极主动，态度认真，遵守教学秩序			
		15	掌握保险基本术语，掌握汽车保险的特点，掌握汽车保险的分类			
		15	能灵活应用知识点进行相关案例分析			
		15	对知识的理解把握具有自学意识与动手能力			
3	创新意识 10分	10	有创新型思维和行动			
总配分		100	总得分			
综合评价						

项目一任务二
同步测试

任务三　学习保险的基本原则

任务描述

汽车保险的原则是汽车保险业务运营过程中要遵循的基本原则，也是《保险法》的基本原则，是集中体现《保险法》本质和精神的基本准则。它既是保险立法的依据，又是保险活动中必须遵循的准则。这些基本原则贯穿在《保险法》文本的条款之中。汽车保险业务在运营过程中，所有的活动必须遵循四大基本原则。本任务学习过程中要求学生能熟练掌握四大基本原则并能针对具体案例灵活分析应用。

思维导图

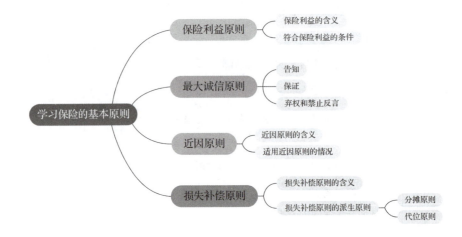

任务知识

一、保险利益原则

（一）保险利益的含义

保险利益也称可保利益，是投保人或被保险人对保险标的具有的法律上承认的利益。保险利益体现的是人与标的之间的损益关系，这种关系的最基本判断标准是保险标的的损失是否使投保人的利益受到损害。如果直接的表现为财产的减少或人身利益的受损，或者表现为精神方面的重大不利影响，就可认定为有保险利益；相反，则不存在保险利益问题。例如，一个行人对路边随意停放的汽车投保，由于他对该车不具有保险利益，所以签订的合同无效。如果这里行人对自己拥有的汽车投保，则保险合同有效。但当车辆转让他人后，由于他对该车辆失去了利益，所以合同就会随之失效。如果此时车辆再发生事故，保险公司便不会对其进行赔偿，保险法规要求，对此种情况需办理合同的变更手续，以维持合同的持续有效。

（二）符合保险利益的条件

投保人或被保险人对保险标的所拥有的利益并非都可称为保险利益，保险利益必须符合一定的条件。这些条件主要有以下几个：

1. 必须是合法的利益

保险利益必须符合法律规定，符合社会公共秩序，为法律认可并受到法律保护。如果投保人以非法律认可的利益投保，则保险合同无效。

2. 必须是经济上的利益

保险利益必须是可以用货币、金钱估算和估价的利益，保险不能补偿被保险人遭受的非经济上的损失，例如精神创伤、刑事处罚、政治上的打击等，虽与当事人有利害关系，但这种利害关系不是经济上的，不能构成保险利益，而人身保险的保险利益不纯粹以经济上的利益为限。

3. 必须是确定的利益

保险利益必须是已经确定的利益或者能够确定的利益，这包括两层含义。

1）该利益能够以货币形式估价

如果利益属于无价之宝而不能确定价格，则保险人难以承保。

2）该利益不是由当事人主观上估价的，而是事实的或客观存在的利益

所谓事实上的利益，包括现有利益和期待利益。运费保险、利润损失均直接以预期利益作为保险标的。财产保险的保险利益在保险合同订立时可以不存在，但在保险事故发生时则必须存在，因为只有保险事故发生时存在保险利益，投保人或被保险人才有实际损失发生，保险人才可以据此确定补偿的程度。

在机动车辆保险的经营过程中，涉及保险利益原则方面，存在一个比较突出的问题，即被保险人与持有行驶证的车辆所有者不吻合的问题。在车辆买卖过程中，由于没有对投保单项下的被保险人进行及时的变更，导致其与持有行驶证的车辆所有者不吻合，一旦车辆发生损失，原有车辆所有者由于转让车辆不具备对车辆的可保利益，而导致其名下的保单失效，而车辆现有所有者由于不是保险合同的被保险人，当然也不能向保险人索赔，这种情况在出租车转让过程中更明显。

二、最大诚信原则

在民事活动中，各方面当事人都应当遵循诚实守信原则。所谓诚实守信，是指任何一方当事人对他方不得隐瞒，都需善意地、全面地履行自己的义务，不得滥用权力，规避法律或合同规定的义务。在保险活动中对保险合同当事人的诚信要求，比一般民事活动更为严格，即要求当事人具有最大诚信。最大诚信原则的基本含义是：保险合同双方当事人在签订和履行保险合同时，必须以最大的诚意，履行自己应尽的义务，互不欺骗和隐瞒，恪守合同的承诺和义务，否则保险合同无效。规定最大诚信原则的原因主要是保险信息的不对称性和保险合同的特殊性。

一方面，在保险经营中，无论是保险合同订立时还是保险合同订立后，保险人与投保人对有关保险的重要信息的拥有程度是不对称的。对于保险人而言，投保人转嫁的风险性质和大小直接决定着其能否承保与如何承保。然而，保险标的是广泛而且复杂的，作为风险承担者的保险人却远离保险标的，而且有些标的难以进行实地勘查。因此，保险人只能根据投保人的告知与陈述来决定是否承保、如何承保以及确定费率。这就使得投保人的告知与陈述是否属实和准确会直接影响保险人的决定。于是要求投保人基于最大诚信原则履行告知义务，尽量对保险标的的有关信息进行披露；对于投保人而言，由于保险合同条款的专业性和复杂性，一般的投保人难以理解与掌握，对保险人适用的保险费率是否合理，承保条件及赔偿方式是否苛刻等也是难以了解的，因此，投保人主要根据保险人为其提供的条款说明来决定是否投保以及投保何种险种，于是也要求保险人基于最大诚信，履行其应尽的此项义务。

另一方面，保险合同属于典型的附和合同，所以为避免保险人利用保险合同条款中含糊或容易使人产生误解的文字来逃避自己的责任，保险人应履行其对保险条款的告知与说明义务。另外，保险合同又是一种典型的射幸合同。由于保险人所承担的保险标的的风险事故是不确定的，而投保人购买保险仅支付较少量的保费，保险标的一旦发生保险事故，被保险人所能获得的赔偿或给付将是保险支出的数十倍，甚至数百倍或更多。因而就单个保险合同而言，保险人承担的保险责任远远高于其所收的保费，倘若投保人不诚实、不守信，必将引发大量保险事故，陡然增加保险赔款，使保险人不堪重负而无法持续经营，最终将严重损害广大投保人或被保险人的利益。因此，这就要求投保人基于最大诚信原则履行其告知与保证义务。

保险最大诚信原则的内容包括告知、保证、弃权与禁止反言。

（一）告知

1. 告知的概念

告知包括狭义告知和广义告知两种。狭义告知仅指投保人在与保险人签订保险合同成立时，就保险标的的有关事项，向保险人进行口头或书面陈述；而广义告知是指保险合同订立时，投保人必须就保险标的的危险状态等有关事项向保险人进行口头或书面陈述，以及合同订立后，将标的的危险变更、增加或事故的发生及时通知保险人。事实上，在保险实务中所称的告知，一般指狭义告知。关于保险合同订立和保险标的的危险变更、增加，或保险事故发生时的告知，一般称为通知。在此陈述的告知仅指狭义告知。

2. 告知的内容

在保险合同订立时，投保人应将那些足以影响保险人决定是否承保和确定费率的重要事实如实告知保险人。投保人必须告知的重要事实主要有：保险标的物的危险或损失可能超出正常情况的现象；与保险标的有联系的道德风险；涉及投保人或被保险人的一些事实。例如将财产保险中保险标的的价值、品质、风险状况等如实告知保险人；将人身保险中被保险人的年龄、性别、健康状况、既往病史、家族遗传史、职业、居住环境、嗜好等如实告知保险人。要求保险人告知的内容主要有两方面：

（1）在保险合同订立时要主动向投保人说明保险合同条款内容，对于责任免除条款还要进行明确说明。

（2）保险合同约定的条件满足后或保险事故发生后，保险人应按合同约定如实履行给付或赔偿义务。

3. 告知的形式

国际上对于告知的立法形式有两种，即无限告知和询问回答告知。

1）无限告知

无限告知指法律上或保险人对告知的内容没有明确规定，投保人必须主动地将保险标的的风险状况、危险程度及有关重要事实如实告知保险人。

2）询问回答告知

询问回答告知，又称主观告知，指投保人只对保险人询问的问题如实告知，对询问以外的问题投保方无须告知。早期保险经营活动中的告知形式主要是无限告知。随着保险经营技术水平的提高，目前世界上许多国家，包括我国在内的保险立法都采用询问回答告知的形式。一般操作方法是保险人将需要投保方告知的内容列在投保单上，要求投保方如实填写。

（二）保证

1. 保证的概念

所谓保证，是指保险人要求投保人或被保险人做或不做某事，或者是对某种事态存在或不存在作出承诺。同时保险人签发保险单或承担保险责任时要求投保人或被保险人履行某种义务的条件，其目的在于控制风险，确保保险标的及其周围环境处于良好的状态中。例如配备 ABS（制动防抱死系统）的汽车发生保险事故的概率有所降低，从而享受较优惠的费率，因此被保险人应该保证在保险期内 ABS 处于良好的工作状态，否则就是违反了保证。被保险人不得在驾驶车辆内携带易爆物品，如果携带易爆物品，就违反了不作为保证。

2. 保证的形式

根据保证存在的形式，通常可分为默示保证和明示保证两种。

1）默示保证

默示保证的内容虽不载明于保险合同上，但它一般是国际惯例和通行的准则，是习惯上或社会公认的被保险人应在保险实践中遵守的规则。

2）明示保证

（1）确认保证是要求投保人或被保险人对过去或投保当时的事实作出如实的陈述，而不是对该事实以后的发展情况作出保证。

（2）承诺保证指投保人对将来某一事项的作为或不作为的保证，即对该事项今后的发展作出保证。

（三）弃权与禁止反言

弃权是指保险人放弃他在合同中可以主张的某种权利。一方当事人一旦放弃了原可主张的权利，以后不得再向另一方主张这种权利，这就是禁止反言。

在保险实务中，弃权和禁止反言一般针对保险人的权利而言，是对保险人的限制。两者的法律意义虽然不同，但是产生的效果完全一样。当投保人有明显的违约行为，保险人有权解除保险合同，或者行使其他权利，当放弃这些权利时，适用弃权和禁止反言。

三、近因原则

（一）近因原则的含义

近因原则是判断保险事故与保险标的的损失之间的因果关系，从而确定保险赔偿责任的一项基本原则。所谓近因，并非指时间上最接近损失的原因，而是指促成损失结果的最有效的或起决定作用的原因。近因原则的基本含义是：如果引起保险事故发生，造成保险标的的损失的近因属于保险责任，保险人承担损失赔偿责任；如果近因属于责任免除，保险人不负赔偿责任，即只有当承保危险是损失发生的近因时，保险人才负责赔偿。

（二）适用近因原则的情况

我国《保险法》对近因原则没有明文规定，但在实践中处理保险理赔案遵循的也是这一原则，在保险实务中如何确定损失近因，要根据具体情况做具体分析。

1. 单一原因致损

造成损失的原因只有一个，这个原因就是近因，如果该近因属于承保危险，保险人承担赔偿责任；如果该近因属于未保危险或除外责任，则保险人不承担赔偿责任。

2. 多种原因同时致损

多种原因同时致损，原则上它们都是损失的近因。如果多种原因都属于承保危险，保险人必须承担赔偿责任；如果都属于除外责任，保险人不承担赔偿责任。多种原因中既有承保危险，又有除外责任，如果它们所导致的损失能够分清，保险人对承保危险造成的损失承担赔偿责任；如果它们所导致的损失无法分清，则视情况而定。

3. 多种原因连续发生致损

多种原因连续导致损失，并且前因和后因之间存在未中断的因果关系，则最先发生并造成一连串事故的原因为近因，如果该近因属于承保危险，保险人承担赔偿责任，反之，保险人不承担赔偿责任。

4. 多种原因间断发生致损

当发生并导致损失的原因有多个，且在一连串发生的原因中有间断情形，即有新的独立的原因介入，使原有的因果关系断裂，并导致损失，则新介入的独立原因为近因。如果该近因属承保危险，保险人承担赔偿责任；反之，保险人不承担赔偿责任。

四、损失补偿原则

（一）损失补偿原则的含义

损失补偿原则是指保险事故发生使被保险人遭受损失时，保险人必须在保险责任范围内对被保险人所受的损失进行补偿，它包括两层含义：

（1）被保险人只有受到约定的保险事故所造成的损失才能得到补偿。在保险期限内，即使发生保险事故，但如果被保险人没有遭受损失，就无权要求保险人赔偿。

（2）补偿的量必须等于损失的量，即保险人的补偿恰好能使保险标的恢复到保险事故发生前的状况，被保险人不能获得多于或少于损失的补偿。

（二）损失补偿原则的派生原则

1. 分摊原则

分摊原则是损失补偿原则的一个派生原则。只在重复保险的情况下，当保险事故发生时，除合同另有约定外，各保险人按照适当的方法分摊赔偿责任，使被保险人既能得到充分补偿，又不会超过其实际的损失而获得额外的利益。方法有比例责任制分摊法、责任限额制分摊法和顺序责任制分摊法。比例责任制分摊法是以每个保险人所保的保险金额比例来分摊损失赔偿责任。责任限额制分摊法是指每个保险人对损失的分摊，并不是以其保险金额作为分摊基础，而是按照他们在无他保的情况下单独应负的责任限额比例分摊。顺序责任制分摊法指各保险人所负责任依签订保单顺序而定，由其中先签订保单的保险人首先负责赔偿，当赔偿不足时再由其他保险人依次承担不足的部分。

2. 代位原则

保险代位原则包括代位追偿和物上代位两部分。

1）代位追偿

代位追偿又称为权利代位，是指在财产保险中，由于第三者的过错，致使保险标的发生保险责任范围内的损失，保险人按照保险合同的约定，给付保险金后，有权将自己置于被保险人的地位，获得被保险人有关该项损失的一切权利和补偿。

代位追偿成立的条件：

（1）保险标的的损失必须是由第三者造成的，依法应由第三者承担赔偿责任。

（2）保险标的的损失是保险责任范围内的损失，根据保险合同的约定，保险公司理应承担赔偿责任。比如汽车保险中的车辆损失险，保险车辆因碰撞发生保险事故造成损失，根据保险合同的约定，保险公司应负责赔偿，如果不属于保险责任范围内的损失，则不适用代位追偿。

（3）代位追偿权的产生必须在保险人给付保险金之后，保险人才能取代被保险人的地位与第三者产生债务债权关系。

保险人通过代位追偿得到的第三者的赔偿额度，只能以保险人支付给被保险人的实际赔偿的保险金额为限，超出部分的权利属于被保险人，保险人无权处理。如果被保险人向有责任的第三者请求并得到全部赔偿，保险人不再履行任何赔偿义务，无代位追偿可言。如果被保险人向有责任的第三者请求并得到部分赔偿，他仍然有权向保险人提出索赔要求，保险人的赔偿责任是保险标的的实际损失与被保险人已获得的第三者赔偿的差额。对于差额部分，汽车保险基础知识保险人具有代位追偿权。

2）物上代位

物上代位是指保险标的遭受风险损失后，一旦保险人履行了对被保险人的赔偿义务，即可拥有对保险标的的所有权。保险的目的是保障被保险人的利益不因保险风险的存在而丧失。因此，被保险人在获得对保险标的所具有的保险利益的补偿后，就达到了保险的目的，保险标的应归保险人所有。若保险金额低于保险价值，保险人应该按照保险金额与保险价值的比例，取得受损保险标的的部分权利。

任务实施

一、任务场景

理实一体化教室。

二、任务要求

1. 演练任务：掌握保险的四大原则，并能够利用四大原则的知识分析案例。

2. 演练目的：通过对保险的四大原则进行学习和运用，增加保险意识，提升服务理念，为后续学习汽车保险合同知识做好基础铺垫。

3. 演练内容：请同学根据不同客户的用车案例，找出案例中的关键知识点，然后利用所学知识分析案例。

三、任务分组

在这个任务中，采用分组实施方式进行，以 4～8 人为一组，通过学生自荐或者推荐的方式选出组长，由组长负责本组的组织协调工作，带头示范、督促，帮助其他组员完成相应工作。

四、任务步骤

学生以小组为单位分析讨论案例并完成工单的填写。

1. ××××年 8 月 17 日，老王给自己的汽车购买了车辆损失保险、第三者责任保险、车上人员责任保险，保险期限一年。10 月 7 日，老王在开车回老家的路上，被老李的车追尾。经交警认定，老李负事故的全部责任。老王修车花费 5 000 元，并从保险公司索要了赔款，同时将向老李追偿的权利转移给保险公司。保险公司在代替老王向老李索要事故损失赔偿时，老李认为事故原因是由于自己驾驶技术不熟练，责任在自己，心中也感觉十分愧疚，于是马上拿出 6 000 元，给了保险公司人员小赵。小赵将 6 000 元全部交回了保险公司。一段时间后，老王听说了此事，向保险公司要多余的 1 000 元钱，保险公司坚决不给。第二年 5 月 3 日，老王的汽车被偷，老王马上向公安部门和保险公司报案，三个月后，车辆仍未找回，保险公司给予老王全部赔款 10 万元。又一个月后，车辆被找回，老王不愿再要车，将车辆的权利转让给保险公司。保险公司对车辆进行拍卖时，竟拍出 15 万元的价格。老王听说了此事后，又向保险公司索要多出的 5 万元钱，保险公司还是坚决不给。

思考题：

(1) 对第 1 种情况，你若给双方调解，应如何处理？

(2) 对第 2 种情况，你若再给双方调解，应如何处理？

2. 某工厂对其吉普车在保险公司投保了车辆损失险和第三者责任险，保险期限为 1 年，该工厂按约定支付了保险费并拿到了保险单。7 个月后该工厂把这辆吉普车转让给了某村村民，双方在拟定的转让协议上签字认可，并由该工厂和村民所在地的村委会盖上公章特此证明。2 个月后，该村民驾驶吉普车撞伤了 2 个行人，交警部门裁定司机负全责。随后，该村民带上保险单和村委会的证明向保险公司索赔，保险公司是否赔偿？为什么？

3. 老林买了一辆二手小货车跑运输，小货车的新车价是 6 万元，老林用 3 万元就买下了。老林心想，要是小货车全损的话，保险公司最多只能赔付 3 万元，要再买部同样的小货车还要再贴 3 万元，于是决定同时在甲、乙两家保险公司投保车辆损失险各 3 万元，万一受损的话，可以从两家公司索赔回来，还可以重新买一辆新车。后来还真的巧，老林到郊外运货，不慎撞上了大树并起火燃烧，导致车辆全损。老林能否如愿以偿呢？老林随后向两家保险公司索赔，但两家保险公司并不是各赔付 3 万元，好像他们商量好似的，都各赔付了 1.5 万元，老林不服，向法院起诉。请问法院是否判老林胜诉？为什么？

4. 某运输公司将其大货车投保了车辆损失险和第三者责任险。不久，该运输公司接到了运送木材的业务，司机装了木材后就与他人吃晚饭，并喝了不少酒。饭后司机驾车，因操作不当，该车陷入泥地无法行驶，司机因醉酒便在驾驶室休息睡觉。天亮后司机酒醒，准备驾车离开泥地，由于该车排气管在来回倒车时触碰到地面的干草，高温引燃了干草，并导致发生火灾事故，造成车辆和所载木材全损。醉酒驾车致使保险车辆损坏，保险人是否都可以拒赔？

5. 王先生为自己的爱车购买了车辆损失保险后，驾驶途中不慎与迎面的一辆货车相撞，两车各有损失，交警裁定货车对此事故负有主要责任。而王先生考虑到自己的车投了保险，于是与货车车主约定双方责任自负。随后向保险公司提出索赔。那么擅自放弃追偿权能不能获赔？

五、任务反思

1. 学生在完成任务过程中的收获和启示。

2. 学生在完成任务过程中的不足。

任务评价

汽车保险服务人员（学习保险的基本原则）学习任务表现评分表如表1－3所示。

表1－3　学习任务表现评分表

序号	评价项目	分值	评价指标	自评（30%）	互评（30%）	师评（40%）
1	职业素养 30分	5	小组分工明确，能够对学习任务内容及实施步骤进行精心准备			
		5	具有团队意识、合作能力			
		5	能完成任务实施内容，能完成保险四大原则相关案例分析			
		5	成果展示内容充实，语言规范			
		5	具有想客户之所想、急客户之所急的服务理念			
		5	有诚信做人、诚信做事的社会主义核心价值观			
2	专业能力 60分	15	学习积极主动，态度认真，遵守教学秩序			
		15	掌握保险四大基本原则的相关概念			
		15	能灵活应用知识点进行相关案例分析			
		15	对知识的理解把握具有自学意识与动手能力			
3	创新意识 10分	10	具有创新型思维和行动力			
总配分		100	总得分			
综合评价						

项目一任务三
同步测试

任务四　熟悉汽车保险合同

任 务 描 述

　　《保险法》第九条规定："保险合同是投保人与保险人约定保险权利和义务关系的协议。投保人是指与保险人订立保险合同，并按照保险合同负有支付保险费义务的人。保险人是指投保人订立保险合同，并承担赔偿或给付保险金责任的保险公司。汽车保险合同是投保人与保险人约定保险权利和义务关系的协议。"作为汽车保险从业人员，在从事汽车保险相关工作及活动过程中，熟悉汽车保险合同有着重要意义。通过学习本任务，要求学生能够正确解释保险合同的条款，能正确描述汽车保险合同的主要内容，能掌握汽车保险合同的订立与效力变更，能了解汽车保险合同的争议处理办法。

思 维 导 图

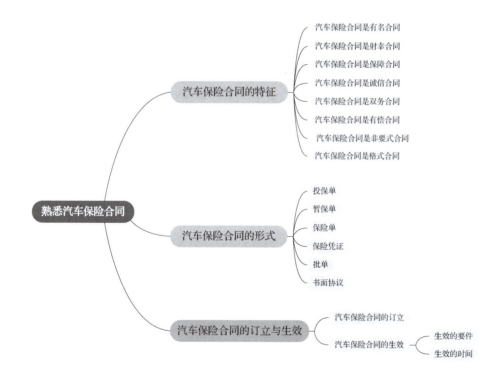

任 务 知 识

　　汽车保险合同是保险合同的一种，《保险法》中关于保险合同的一般规定，包括合同订立、变更、解除以及保险合同双方当事人的权利和义务关系的基本内容，对汽车保险合同的订立、变更等行为同样是适用的。然而，汽车保险业务活动毕竟与其他具体险种存在差别，掌握这些差别，对于正确理解汽车保险具有十分重要的意义。

一、汽车保险合同的特征

合同是当事人之间确定民事权利和义务关系的意思表示一致的法律行为，是调整民事活动范围内财产关系和人事关系的工具。保险合同是指投保人支付保险费给保险人，保险人在保险标的发生保险事故或约定的期限到达时，给予被保险人经济补偿或给付保险金的协议。因此，保险合同是经济合同的一种，是关于保险人与被保险人接受与转移风险契约行为的结果，所以又称为保险契约。汽车保险合同的客体不同于一般经济合同，它既具有经济合同的一般特点，又有自身的独特之处。

（一）汽车保险合同是有名合同

法律尚未确定名称和规范的合同是无名合同，有名合同是法律直接赋予某种合同以名称并规定了调整规范的合同。保险合同是有名合同，汽车保险也不例外。例如根据我国机动车保险条例规定，我国的汽车保险被赋予"机动车保险"的名称，它是保险合同中的一种重要合同。

（二）汽车保险合同是射幸合同

射幸合同是一种机会性合同，它是指履行内容在订立合同时并不能确定的合同。对于射幸合同，一方当事人付出的代价所买到的只是一个机会，付出代价的当事人最终可能一本万利，也可能毫无所得。汽车保险合同的射幸性表现为投保人以支付保险费为代价，买到一个将来的可能得到补偿的机会。如果在保险期内发生保险责任事故并造成损失，被保险人在保险人处得到的赔偿就可能远远超过投保人所支付的保险费；如果在保险期间内没有保险事故发生，被保险人支付保险费而没有任何收入。对于保险人来说，情况正好相反，当发生较大的保险事故时，其所赔付的保险金可能远大于所收的保险费；如果没有保险事故发生，他只有收取保险费的权利，而没有赔付的义务。汽车保险合同的射幸性特征即机会性特征，是由汽车保险责任事故发生的偶然性决定的。这种射幸性仅限于单个汽车保险合同，对于保险人全部承担的汽车保险合同而言，保险人所收到的保险费的总额原则上应当等于所付的赔偿债务和运营支出的总和。所以对于保险人的整个汽车保险业务而言，是不存在机会性和偶然性的。

（三）汽车保险合同是保障合同

经济合同一般分为交换性合同和保障性合同两类。交换性合同是指合同一方给予对方的补偿都假定有相等的或相近的价值，如买卖合同、租赁合同等。汽车保险合同是保障性合同，在合同的有效期内，保险标的一旦发生保险事故而造成损失时，被保险人所得到的赔偿金额远远超过其所付的保险费；而当无损失发生时，被保险人支付保险费而没有任何收入。从保险汽车的个体上来看，发生保险事故具有偶然性，因此保险合同的保障性是相对的。而从保险人所承担的所有保险汽车而言，汽车保险事故发生和支付被保险人的赔款又是不可避免的，因此保险合同的保障性又是绝对的。汽车保险合同的保障性是保险人和被保险人签订保险合同的基本特征。

（四）汽车保险合同是诚信合同

汽车保险遵守最大诚信原则，这就决定了汽车保险合同具有诚信性。最大诚信原则是约束当事人双方的，但实际上更多地约束被保险人。因为保险标的处于被保险人使用和监管之下，保险人无法控制风险事故。如果被保险人申报不实且有明显的欺骗行为，保险人可以依据保险合同的诚信性解除合同。

（五）汽车保险合同是双务合同

双务合同是当事人双方相互享有权利、相互负有义务的合同。与双务合同相对应的是单务合同，单务合同是指合同当事人一方只享有权利而不负担义务，而另一方当事人只负有义务，而不享有权利的合同，如赠与的合同。对汽车保险合同而言，缴纳保费是汽车保险合同生效的先决条件。投保人在承担支付保险费的义务以后，保险合同生效，被保险人在被保险汽车发生保险事故时，依据保险合同享有请求保险人支付赔偿金或补偿损失的权利；保险人在收取投保人的保险费后，就必须履行保险合同所规定的赔偿损失的义务。因此保险人和投保人或被保险人的权利与义务互为因果，汽车保险合同是双务合同。

（六）汽车保险合同是有偿合同

订立保险合同是双方当事人有偿的法律行为，因此保险合同是有偿合同。保险合同的一方当事人享有合同的权利，必须为对方付出一定的代价，这种相互的补偿关系称为对价。汽车保险合同以投保人支付保险费来对价换取保险人承担风险。投保人的对价是支付保险费，保险人的对价是承担保险事故风险，并在保险事故发生后承担给付保险金或赔偿损失的义务，这种对价是相互的和有偿的。

（七）汽车保险合同是非要式合同

要式合同是指法律要求必须具备一定形式和手续的合同，非要式合同是指法律不要求必须具备一定形式和手续的合同，两者的区别在于是否以一定的形式作为合同成立和生效的条件。对于要式合同，当形式要件属成立要件时，如果当事人未根据法律的规定采用一定的形式，合同就不能成立；当形式要件属生效要件时，如果当事人不依法采取一定形式，则已成立的合同不能生效。非要式合同可由双方当事人自由决定合同形式，无论采取何种形式，都不影响合同的成立和生效。

在保险活动中，各国保险法和惯例均要求将汽车保险合同制成保险单证，采用证据要件的书面形式，这是由它的射幸性和保障性决定的。此外，汽车保险合同的单证还有特殊的用途，如在很多国家和地区，汽车没有保险就不能上路或无法年检，当发生保险事故时，有保险单证可以确保受害人得到及时救治；有保险单证还可以预防保险诈骗。因此作为非要式合同，虽然汽车保险合同不以书面形式作为成立的条件，但采用证据要件的书面形式有利于保障交易的稳定和安全。

（八）汽车保险合同是格式合同

格式合同不是双方当事人充分商议而订立的，是由一方提出合同的主要内容，而另一方只能取与舍，即要么接受对方提出的条件签订合同，要么拒绝。汽车保险合同是格式合同，合同的主要内容一般没有商量余地，这是由汽车保险的特点和发展汽车保险业务的实际需要决定的。随着现代交通的发展，汽车已经成为人们必不可少的交通工具之一，保险人每年签订的汽车保险合同不计其数，因此保险手续必须力求迅速。

目前网络保险也已成为国内外新的汽车投保方式之一，其特点是保险业务在网上进行自动处理而不需要人工处理，这种保险形式使投保人无法与保险人就条款进行协商，即使保险人愿意与投保人协商，由于汽车保险合同内容的技术性较强，投保人也很难把握其内容，因此，随着汽车保险业务的发展和规模的扩大，汽车保险合同逐步出现了定型化和标准化的趋势。一般汽车保险合同的基本条款和保险费率等主要内容，由各国金融监管部门制定，或由保险人事先拟定后经金融监管部门备案，投保人无法提出自己所要求的条款或修改保险合同中的某一条款。汽车保险合同是格式合同的特点，决定了投保人和保险人之间签订的汽车保险合同很难体现双方当事人意思表示一致的结果。因此，各国的法律实践中，当双方当事人对汽车保险合同出现争议与分歧的时候，为保护投保人的利益，法院和仲裁机关通常会作出有利于被保险人的解释。

二、汽车保险合同的形式

（一）投保单

汽车保险投保单又称为要保单，或者称为投保申请书，是投保人申请保险的一种书面形式。通常投保单由保险人事先设计并印制，上面列明了保险合同的具体内容，投保人只需在投保单上按列明的项目逐项填写即可。投保人填写好投保单后，保险人审核同意签章承保，这意味着保险人接受了投保人的书面要约，说明汽车保险合同已告成立。汽车投保单主要包括：被保险人、投保人的名称；保险车辆的名称；投保的险别；保险金额和保险期限等内容。投保单的上述内容经保险人签章后，保险合同即告成立，保险人按照约定的时间开始承担保险责任。

（二）暂保单

暂保单是保险人出具正式保单之前签发的临时保险合同，用以证明保险人同意承保。暂保单的内容较为简单，仅包括保险标的、保险责任、保险金额以及保险关系中当事人的权利义务等。

订立暂保单不是签订保险合同的必经程序。一般来说，使用暂保单有以下几种情况：

（1）保险代理人在争取到业务但尚未向保险人办妥保险单之前，对被保险人开具的临时证明。

（2）保险公司的分支机构在接受投保人的邀约后，需要获得上级保险公司或保险总公司的批准。

（3）保险人和投保人在洽谈或续订保险合同时，订约双方已就主要条款达成一致，但一些条件尚未谈妥。

（4）出口贸易结汇是保险单必备的文件之一，在保险单或保险凭证未出具之前，可出立暂保单，以证明出口货物已办理保险，作为办理结汇凭证之一。

暂保单具有与正式保单同等的法律效力。同正式保单相比，暂保单的内容相对简单、保险期限短，可由保险人或兼业保险代理机构签发；而正式保单尽管法律效力与暂保单相同，但其内容较为复杂，保险期限通常为一年，保险单只能由保险人签发。我国现行的汽车保险中提车暂保单承保车辆损失险和第三者责任险。

（三）保险单

保险单简称保单，是保险人和投保人之间订立保险合同的正式书面凭证。它根据汽车投保人申请，在保险合同成立之后，由保险人向投保人签发。保险单上列明了保险合同的所有内容，它是保险双方当事人确定权利、义务和在发生保险事故遭受经济损失后，被保险人向保险人索赔的重要依据。

（四）保险凭证

保险凭证也称保险卡，是保险人发给投保人以证明保险合同已经订立或保险单已经签发的一种凭证。由于机动车辆保险的标的具有流动性大、出险概率较高的特点，一旦出险，需要出示保险合同。然而，被保险人与其允许的驾驶人员往往不止一人，尤其是单位投保人同时投保多辆车辆，不便也不可能随身携带保险单，因此保险人在签发保险单时还向被保险人签发机动车辆保险凭证，便于被保险人或其允许的驾驶人员随身携带，证明保险合同的存在。保险凭证的法律效力与保险单相同，保险凭证上未列明的事项以保险单为准。

（五）批单

在保险合同有效期间，可能发生需要部分变更的情况，这时要求对保险单进行批改。保险单的批改应该根据不同的情况采用统一和标准措辞的批单。批单的内容通常包括：批改申请人、批改的要求、批改前的内容、批改后的内容、是否增加保险费、增加保险费的计算方式、增加的保险费，并明确除本批改外原合同的其他内容不变。

批单应该加贴在原保险单正本和副本背面上，并加盖骑缝章，使其成为保险合同的一部分。在多次批改的情况下，最近一次批改的效力优于之前的批改，手写批改的效力优于打字的批改。

（六）书面协议

保险人经与投保人协商同意，可将双方约定的承保内容及彼此的权利、义务关系以书面形式明确下来。这种书面协议也是保险合同的一种形式。同正式保单相比，书面协议的内容不事先拟就，而是根据保险关系双方当事人协商一致的结果来签订，具有较大的灵活性和针对性，是一种不固定格式的保险单，它与保险单具有同等法律效力。

三、汽车保险合同的订立与生效

（一）汽车保险合同的订立

汽车保险合同的订立，是指保险人和投保人的意见一致时，双方订立保险合同的行为。汽车保险合同是当事人就汽车保险事件达成的协议，在协议中分别载明了自己的义务和权利。保险合同在订立时，首先要求投保人必须有投保意愿，并向保险人提出保险要求，然后保险人表示承担投保人提出的保险要求。所以汽车保险合同采取要约与承诺两个步骤。要约又称为订约提议，是一方当事人向另一方当事人提出订立合同建议的法律行为，是签订保险合同的一个重要程序。要约中需要提出合同的主要条款。承诺又称为接受订约提议，是承诺人向要约人表示同意与其缔结合同的意思表示。承诺人对于要约人提出的主要条款赞同后，合同即告成立，当事人双方开始承担履行合同的义务。如果承诺人对于要约不是完全赞同，而是有修改、部分同意或有条件接受的，就不能认为是承诺，而是拒绝原要约，提出新要约。在初次订立保险合同的过程中，要约通常由投保人提出，而由保险人承诺给予保险。按照我国现行的法律规定，保险的期限通常为一年。在保险期满续保时，保险人向被保险人发出续保通知书和保险合同的主要内容，这可以看作保险人向被保险人发出要约，如果被保险人愿意继续在同一保险人处投保并缴纳保险费，就视作被保险人承诺，新的保险合同成立。

在保险实务中，保险人为了开展保险业务印制了各种保险投保单。投保人认可投保单上的保险费率和保险条款，将填好的投保单交付给保险人，这就构成了要约。保险人逐项审核后，认为符合投保条件而接受了要约，同意承保，就构成了承诺，标志着保险合同成立。因为汽车保险合同为格式合同，所以此过程也是双方当事人对保险条款的认可过程，无须进行其他协商。只要投保人通过签字、盖章，认可了保险合同条款的内容，依法办理了投保手续，保险合同就成立。为了保护投保人的利益，我国《保险法》规定："保险人在订立保险合同时应当向投保人明确说明责任免除条款的内容，否则该条款不产生效力。"但在汽车保险合同订立时，由于保险单上已经明确列明了责任免除事项，保险人一般无须口头说明。

任何汽车保险合同的订立都要经过要约与承诺的过程，只不过有时这种要约与承诺不是一个循环完成的。例如对于价值昂贵的豪华汽车的投保，保险人和投保人往往在保险标的、保险价格和保险费方面要经过几轮的协商才能完成整个合同的订立。

由于汽车保险合同是一种非要式合同，只要保险人和投保人就保险条款达成一致，合同就生效，保险人就应该按照约定承诺保险责任，而不以保险人是否签发了保险单或其他保险凭证作为合同生效的前提，从而防止由于各种原因导致的保险单延迟签发给被保险人带来诸多不公正现象。由于保险时间较长，双方的权利和义务复杂，为了避免产生争议，汽车保险合同一般采用书面文件形式，这些书面文件可以统称为凭证，汽车保险合同的凭证除了保险单外，还包括正式订立合同之前的辅助性文件，如投保单、暂保单等。

（二）汽车保险合同的生效

1. 生效的要件

（1）双方主体合格。主体合格是指订立保险合同的双方当事人即保险人和投保人都必须具有订立保险合同的资格。

（2）保险合同内容具有合法性。保险合同的合法性，是指保险合同的内容不得与我国现行的保险法及其他法律、法规相抵触，不得违背社会的公序良俗，损害他人的利益。

（3）合同当事人的意思表示一致。当事人的意思表示一致在民法上称为"合意"，即合同的订立凭双方当事人的自愿及协商一致。

2. 生效的时间

汽车保险合同生效的时间是保险人开始履行保险责任的时间。我国《保险法》规定：

"保险合同成立后，投保人按照约定交付保险费，保险人按照约定的时间开始承担保险责任。"在汽车保险的实务中，保险合同成立的时间与其生效的时间有同一时间和非同一时间两种可能。

投保人提出投保申请，保险人经过核保签章，投保人缴纳保险费，保险期限的约定与缴纳保险费的时间是统一的，对于这样依法成立的汽车保险合同，合同生效与成立的时间相同，属于第一种情况。此时，履行保险合同不易发生因合同效力引起的纠纷。

汽车保险合同的成立与生效为非同一时间的情形，多发生在附生效条件或附生效期间的汽车保险合同的履行过程中。此类保险合同一般约定投保人应按时如数缴纳保险费，以此作为生效的条件或者约定一个合同的生效期限，保险人开始承担保险责任。虽然投保人办理了有关的保险手续，但如果没有按照约定的时间全额缴纳保险费，汽车保险合同也没有法律效力，即使发生了保险责任事故，保险人也不负赔偿责任。在保险实践中常遇到这样的情况：投保人在违反约定条件而发生保险责任事故后，试图通过补缴保险费的方式获得保险赔偿或从保险赔偿中扣除保险费，这种违反保险经营原则的行为没有法律依据。因为保险承保的是不确定性的风险，汽车事故一旦发生，就是确定性的风险，不属于可保风险的范畴，保险通过收取保险费建立保险基金实施补偿，没缴纳保险费而取得补偿，无疑会损害其他被保险人的利益；再者，投保人不履行所附的生效条件，保险合同就不能生效，更谈不上履行合同。同样，对于约定合同生效期限的保险合同，只有在生效期限届满时，合同才开始生效，此时，合同履行与否取决于约定的生效期限是否届满，与保险合同成立的时间无关。

任务实施

一、任务场景

理实一体化教室。

二、任务要求

1. 演练任务：了解汽车保险合同的特点，掌握汽车保险合同的形式、订立及生效，以此制作 PPT 汇报，汇报内容包括汽车保险合同的内容，汽车保险合同的订立、变更、履行，以及汽车保险合同争议解释原则等。并结合汽车保险合同的不同形式介绍保险合同的特点。

2. 演练目的：通过对汽车保险合同知识的学习，增强保险意识，提升服务理念，为后续学习汽车保险险种做好基础铺垫。

3. 演练内容：请同学利用所学知识分析案例。

三、任务分组

在这个任务中，采用分组实施方式进行，以 4~8 人为一组，通过学生自荐或者推荐的方式选出组长，由组长负责本组的组织协调工作，带头示范、督促，帮助其他组员完成相应工作。

四、任务步骤

1. 学生以小组为单位分析讨论并完成工单的填写。

（1）汽车保险合同的主要内容有哪些？

（2）汽车保险合同订立和生效的区别是什么？

（3）汽车保险合同变更的条件是什么？

（4）在处理汽车保险合同双方当事人争议的过程中应遵循的原则有哪些？

（5）汽车保险合同争议的处理方式有哪些？

2. 制作 PPT，小组选取代表，展示和讲解 PPT 内容。

五、任务反思

1. 学生在完成任务过程中的收获和启示。

2. 学生在完成任务过程中的不足。

任务评价

汽车保险服务人员（熟悉汽车保险合同）学习任务表现评分表如表1-4所示。

表1-4　学习任务表现评分表

序号	评价项目	分值	评价指标	自评（30%）	互评（30%）	师评（40%）
1	职业素养30分	5	小组分工明确，能够对学习任务内容及实施步骤进行精心准备			
		5	具有团队意识、合作能力			
		5	PPT展示仪表着装得体，能较好地激发学习兴趣，营造良好的学习氛围			
		5	成果展示内容充实、语言规范、声音洪亮、吐字清晰			
		5	展示汽车保险合同时，开场和结束有吸引力，有服务意识			
		5	具有诚信做人、诚信做事的社会主义核心价值观			
2	专业能力60分	15	学习积极主动，态度认真，遵守教学秩序			
		15	PPT制作技术美观、新颖，布局合理			
		15	PPT内容层次清晰，重点突出			
		15	PPT中有关汽车保险合同的内容表述正确			
3	创新意识10分	10	有创新型思维和行动			
	总配分	100	总得分			
	综合评价					

**项目一任务四
同步测试**

某保险公司的续保业务员接到小组任务，根据客户基本信息完成保险推介工作。要求能够针对不同客户进行车用过程的风险分析。

请完成以下工单：

任务一：客户王先生新购买了一辆三厢家庭轿车，主要是王先生平常上下班代步用，王太太偶尔也会开车，王先生家中还有一个女儿，节假日全家常外出自驾游，王先生没有私家车库，也没有固定停车位。现请你帮王先生分析车辆在使用中面临的风险，并进行风险识别与风险控制。

1. 收集资料，分析家庭自用车辆面临的风险。

2. 针对不同种类的风险，为客户王先生推荐合适的风险管理方法。

任务二：客户李先生是一位出租车司机，所驾驶的机动车为某品牌纯电动汽车。该车辆主要用来跑出租业务，偶尔休假，李先生也会携带家人外出游玩。请分析李先生的纯电动汽车在使用过程中会面临哪些风险，并推荐合适的风险控制方式。

1. 收集资料，分析营业用新能源汽车在使用过程中面临的风险。

2. 针对不同种类的风险，为客户李先生推荐合适的风险管理方法。

未雨绸缪，树立正确的职业观和价值观

风险具有客观性。人们只能在一定的时间和空间内改变风险存在和发生的条件，降低风险发生的频率和损失程度，风险不可能彻底消除。同时，风险又具有普遍性，在当今社会，个人面临生老病死、意外伤害等风险，企业则面临着自然风险、意外风险、市场风险、技术风险和政治风险等，甚至国家政府机关也面临着各种风险，总之，风险无处不在、无时不在。

风险既具有普遍性，又具有客观性。作为平凡的我们，在校期间，也许在吃饭时有中毒风险、在上体育课或课外运动时有摔伤或者死亡的风险、在上课的时候有注意力不集中的风险、在睡觉的时候有失眠风险，但不能因为有这样或那样的风险就杞人忧天，选择逃避生活、逃避学习。虽然风险普遍客观存在，但我们可以通过风险管控来将这些风险降低到最小。比如吃饭，我们可以尽可能选择吃学校食堂，减少外出就餐的频数，这样就能最大程度减小食物中毒的风险；上体育课或课外运动时，做好热身活动、穿好安全防护用具，这样就能减少因运动带来的伤亡风险；保持好心情、维持充足的睡眠，这样就能最大程度规避上课注意力不集中的风险；睡觉前，不乱吃乱喝，保持安静和好心情，就能减少失眠风险。

走上工作岗位后，因风险普遍性带来的安全问题更多。但只要我们未雨绸缪，增强风险管控意识和责任意识，就能将安全事故的发生率降至最低。各位同学，以后绝大多数同学都会选择从事汽车相关工作。比如进汽车制造厂的同学，在从事品质管控工作时，若安全责任意识不够，转向球头未拧紧，可能会导致车辆流入客户手中后，因转向球头松脱导致车辆转向失控，带来可怕的生命和财产安全。因此，在工作过程中，一定要有风险意识和责任意识，否则因个人疏忽导致存在安全隐患车辆流入客户手上，造成生命和财产损失。同样的，部分同学毕业后会从事二手车鉴定与评估工作，在对车辆进行评估时，我们要用扎实的专业技能和认真的责任态度，杜绝"火烧车""泡水车""事故车"这种存在重大安全隐患的车辆在自己的手上流入和流出。进而能够杜绝从自己手上购买二手车的客户因为误买了"火烧车""泡水车""事故车"造成不可逆的生命和财产安全。因此，在以后走上工作岗位后，一定要有风险意识和责任意识。

坚守职业底线，敬畏法律约束

1. 基本案情

某保险公司接到被保险人田某报案称，其驾驶自己持有的某轿车宁A99×××，于××××年当日17时10分在宁夏回族自治区银川市贺兰县高速公路某路段，发生3车追尾事故（标的车最后，中间是宝马，最前面是一辆斯巴鲁森林人），预计标的车全责。由于在高速公路出险，高速交警第一时间将事故车辆撤离现场。

2. 案情浅析

接到报案后理赔人员第一时间前往事故车辆停放修理厂对事故车辆进行勘验，三车损失初步估损超过25万元。理赔人员又赶赴事故处理交警队调取事故现场照片并对事故原因进行调查，经与办案交警沟通，交警认定事故情况属实，正常受理并出具了责任认定书，认定标的车全责。但理赔人员在查阅现场照片及车辆资料信息时发现，此次事故碰撞应该是真实发生的，但也存在诸多疑点：

（1）三辆车均为过户不久的二手车，且其中两辆车为配件零整比较高的进口中高档车型；

（2）三车碰撞位置整齐，后车没有任何应急、刹车痕迹；

（3）虽然车辆受损严重，但从碰撞力度分析，三车碰撞瞬间车速均不是很快，这与高速公路正常行驶速度不符。

经初步分析，该案存在很多偶然因素，疑点较多，存在较大的道德风险。

1）层层排查，抽丝剥茧

针对发现的疑点，理赔人员先就案件疑点与办案交警沟通，交警不予采纳并坚称事故真实，但调查人员没有放弃。后理赔人员通过一定的手段调取了涉案车辆出险前在宁夏境内普通道路及高速中的行驶轨迹。

通过调阅三者车行驶轨迹发现，出险前三者车宝马无任何在宁夏境内的行驶轨迹，且刚过户一周时间，理赔人员将调查重点放在了宝马车和其驾驶员韩某身上。

理赔人员前往宝马修理厂，并与其驾驶员韩某约定前来商议定损方案。在等待驾驶员韩某的过程中，理赔人员就车损情况等与修理厂负责人沟通，后在对宝马车勘验时发现车上有两张陕西省高速通行票据和一张写有张某名字的酒店押金条。通过这几张票据，一是可以确定宝马车的大概行驶方向和时间；二是推断事故发生时车上应至少有两人。获得此线索后，与修理厂负责人沟通时发现其神情紧张，对车辆来源、何人介绍至此修理厂等均避而不答。对驾驶员韩某进行问询，其对事故经过叙述清楚，对车辆购买情况及保险情况一一告知，但对何人推荐到此修理也是避而不答；后经婉转询问得知，出险时宝马车上确实有一名叫张某的同行人员，这与车内的押金条信息一致；要求查看韩某手机通话记录，其表示手机内有重要电话，不方便让外人查看。随后理赔人员又对驾驶员韩某及张某的身份信息及关系网进行排查，但并未发现有价值的信息。

理赔人员与标的车驾驶员田某沟通，其叙述的事故经过与宝马驾驶员叙述一致，但令人起疑的是，理赔人员在向田某提出查看通话记录时，其虽然配合，但却称手机损坏，无法提供。

在此期间，斯巴鲁森林人驾驶员樊某一直都未露面，与其联系一直称在外地无法配合做相关手续，但此时理赔人员从斯巴鲁森林人停放修理厂人员处得知该车只是"借厂定损"，定损后不会在该厂维修，但具体维修地点只知道在某工业园区，巧合的是宝马车停放修理厂也在该园区。

根据上述调查情况，理赔人员确定了两个重点调查方向：一是张某究竟是谁，和三名涉案驾驶员是什么关系？二是斯巴鲁森林人打算在什么地方修车，和宝马车修理厂是否有关？

理赔人员通过一定的关系，在宝马车停放修理厂所在的某工业园打探到张某以前在某财险公司做过查勘员，现在听说和别人合开了个修理厂，但具体是哪个修理厂仍不清楚，但隐隐感觉宝马车修理厂有重大嫌疑，而修理厂老板可能就是案件的突破口。

2）斗智斗勇，实情显现

在此期间，理赔人员的紧密调查可能引起了涉案人员的警觉，标的车及三者驾驶员先后向保监局投诉，意图利用监管投诉阻碍调查，并要求马上定损赔付。后理赔人员一边到保监局汇报案件情况，一边安排定损，在定损拆检过程中理赔人员有意向修理厂透露案件当前的调查情况，并假装给公安部门打电话通气，通过连续三天的"蹲守"，迫于压力张某现身了。

经核实，张某才是宝马修理厂的真正老板，理赔人员趁热打铁，直截了当地说明此次事故将不予赔付并阐明犯保险诈骗罪的严重性。张某意图用利益贿赂理赔人员，此行为一出，案件已然清晰。最终查实该案为张某"导演"的一起有组织、有预谋、利用高档老旧二手车在高速公路上故意碰撞来骗取保险赔款的案件，被保险人于8月21日主动放弃索赔。

3. 案件警示

作为一名理赔人员或者曾经的理赔人员，均应严守一名理赔人员的底线，莫伸手，伸手必被捉！

（案例来源于网络）

项目二　机动车保险条款介绍

［**情境1**］30 岁的张先生，驾龄 4 年，经济状况中等，自用一辆使用一年的捷达车，新车购置价 10 万元，有安全气囊，该车一般停在露天停车位，经常驾车出游。请问张先生用车过程中会面临什么风险？作为汽车保险工作人员，应该给张先生推荐什么样的投保方案？请对各个车险险种进行介绍。

［**情境2**］某公司承保的大型货车在行驶途中右前轮脱落，将路边等公交车的女青年李某砸死。事后，当地车管所对事故车辆进行鉴定，结论为：标的车的车辆制动力和驻车制动力达不到标准，灯光装置不合规定。

分析：

1. 车辆车轮脱落致路边人死亡，能否构成机动车第三者责任保险的保险责任？

2. 鉴定结论中的车辆部分技术状况不符合标准是否可认定为被保险人违反了《保险法》规定的投保人和被保险人义务？保险公司可以以此拒绝赔偿吗？

3. 判决此案按照人身损害赔偿标准进行赔付。保险人若赔偿此案，应赔偿受害人哪些费用？依据法规是什么？

［**情境3**］张先生购买了一辆国产轿车，并在某保险公司购买了交强险和车辆损失险。由于这辆车的四个车轮都是国产的普通车轮，张先生觉得不够漂亮且对其质量和安全没有信心，于是张先生就到汽车美容店给轿车更换了四个进口品牌车轮，价格是原来车轮的 5 倍，同时增加了许多其他装置。一翻改装后，轿车显得与众不同，张先生甚是喜爱。但不久，该轿车发生了交通事故，轿车损坏严重，同时四个车轮坏了两个。

分析：

1. 本次事故损失保险公司会赔偿吗？两个撞坏的车轮保险公司会赔偿吗？

2. 汽车购置后的加装装置如何才能获得保险保障？

3. 在车险理赔服务中，想要给客户专业的保险服务，需要掌握哪些险种知识和技能？专业的车险服务人员应该有哪些职业素养？

1. 知识目标

● 熟悉解释和使用的保险条例原则；

● 能够正确解读机动车保险条例；

● 掌握机动车交通事故责任强制保险的含义；

- 了解机动车交通事故责任强制保险实施的原因；
- 熟悉机动车交通事故责任强制保险的保险条款；
- 熟悉机动车交通事故责任强制保险的垫付和追偿；
- 了解我国汽车商业保险产品的体系；
- 掌握我国汽车损失保险条款的基本内容；
- 掌握我国汽车第三者责任保险条款的基本内容；
- 掌握我国汽车附加险条款的基本内容。

2. 实践目标

- 能够正确指导客户投保交强险，并解决或回答顾客提出的疑难问题；
- 能够依据交强险保险条款进行具体案例分析；
- 掌握机动车商业保险的内容；
- 能够正确解读机动车保险条例；
- 能够应用车损险的保险条款进行保险理赔分析；
- 能够运用第三者责任保险条款进行保险案例分析。

3. 素养目标

- 培养学生的社会主义核心价值观，增强学生的爱国情怀和民族自豪感；
- 培养学生的安全驾驶意识，增强学生的法治观念；
- 增强学生的岗位职责及工作责任意识；
- 培养学生精益求精的职业精神和岗位素养；
- 培养学生想客户之所想、急客户之所急的服务意识和服务理念。

任务一　熟知机动车交通事故责任强制保险

任务描述

　　机动车交通事故责任强制保险（简称"交强险"）是我国首个由国家法律规定实行的强制保险制度。我国《机动车交通事故责任强制保险条例》对于交强险的具体内容做了明确规定。按照条例规定，交强险是保险公司对被保险机动车发生道路交通事故造成本车人员、被保险人以外的受害人的人身伤亡、财产损失，在责任限额内予以赔偿的强制性责任保险。实行交强险制度就是通过国家法律强制机动车所有人或管理人购买相应的责任保险，以提高汽车责任保险的投保面，有利于道路交通事故受害人获得及时有效的经济保障和医疗救治；有利于减轻交通事故肇事方的经济负担；有利于促进道路交通安全。通过"奖优罚劣"的费率经济杠杆手段，促使驾驶人增强安全意识；有利于充分发挥保险的社会保障功能，维护社会稳定。通过本任务的学习，学生要能全面掌握交强险的保险条款及其所具有的社会意义。

思维导图

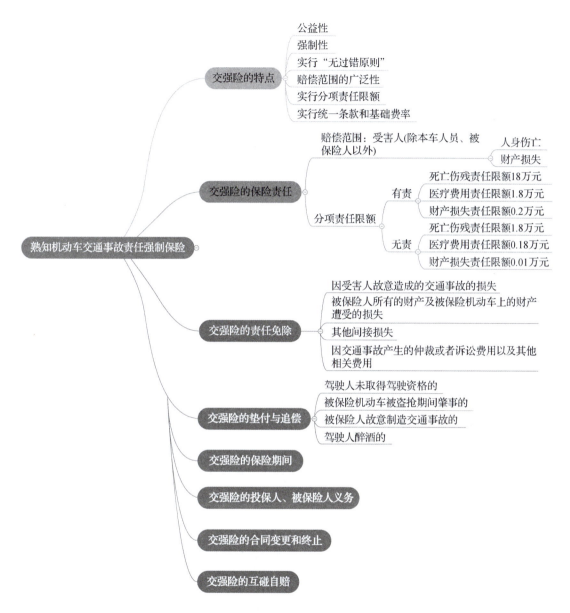

任务知识

一、交强险的特点

我国的交强险是一个全新的制度，它与现行的商业第三者责任保险（简称商业三者险或三者险）有着较大区别。交强险的特点有以下几个：

（一）公益性

交强险的经营遵循"不盈利不亏损"的原则，保险公司经营交强险不以盈利为目的，在费率测算时是不考虑保险公司的利润因素的，而目前的商业保险，在定价中要考虑利润因素；另外交强险必须与保险公司经营的其他业务分开管理，实行单独核算。保险监管部门定期核查保险公司经营交强险业务的盈亏情况并向社会公布，以保护广大投保人的利益。

（二）强制性

交强险具有一般责任保险没有的强制性。只要是在中国境内道路上行驶的机动车的所有人或者管理者，都应当投保交强险，未投保的机动车不得上路行驶。这种强制性不仅体现在强制投保上，也体现在强制承保上，具有经营机动车交通事故责任强制保险资格的保险公司不能拒绝承保、不得拖延承保和不得随意解除保险合同。而商业三者险则属于民事合同，机动车车主或者是管理人拥有是否选择投保的权利，保险公司也享有拒绝承保的权利。

（三）实行"无过错原则"

商业三者险采取的是"过错原则"，保险公司根据被保险人在交通事故中所承担的事故责任来确定其赔偿责任。交强险实行的是"无过错责任"原则，无论被保险人是否在交通事故中负有责任，保险公司均在责任限额内予以赔偿。在无过错责任的条件下，更能维护社会公众的权益。

（四）赔偿范围的广泛性

我国的交强险为确保事故受害人能够得到保障，仅设定了极少的责任免除事项，同时也没有任何的免赔率和免赔额，它几乎涵盖了所有的道路交通风险。交强险不仅要承担被保险人有责任时依法承担的赔偿责任，而且要承担被保险人在无责任时相应的赔偿责任。同时，为了确保交通事故受害人能得到及时有效的救治，对于驾驶人未取得驾驶资格或者醉酒、被保险机动车被盗抢期间以及被保险人故意制造交通事故等情况下发生道路交通事故，造成受害人人身伤亡的，由保险公司垫付抢救费用。垫付金额不超过机动车交通事故责任强制保险相应的医疗费用赔偿限额，并且垫付金额为抢救受伤人员所必须支付的相关医疗费用。保险公司垫付后有权就垫付的抢救费用向致害人追偿。所以几乎在所有情况下的交通事故损害，只要肇事机动车投保了交强险，保险公司都必须赔偿。而商业三者险中，保险公司是根据投保人或被保险人在交通事故中应负的责任来确定赔偿责任的，并且不同程度地设有免赔额或责任免除事项。

（五）实行分项责任限额

交强险在全国范围内实行统一的责任限额，责任限额分为死亡伤残赔偿限额、医疗费用赔偿限额、财产损失赔偿限额以及被保险人在道路交通事故中无责任的赔偿限额。一方面体现了对受害人的保护，无论交通事故受害人在事故中是否有过错，均能获得一定的经济赔偿；另一方面也兼顾了投保人以及社会公众的利益，体现了公平性原则。

（六）实行统一条款和基础费率

实行统一条款和基础费率，并且费率与交通违章挂钩。

目前各保险公司的商业三者险的条款费率相互存在差异。与之不同，交强险实行全国统一的保险条款和基础费率。此外，为督促驾驶人安全驾驶，交强险实行费率与交通事故违章及交通事故挂钩这一"奖优罚劣"的费率浮动机制，安全驾驶者可以享受优惠的费率，经常肇事者承担较高的保费。

二、交强险的保险责任

在中华人民共和国境内（不含港澳台地区），被保险人在使用被保险机动车过程中发生交通事故，致使受害人遭受人身伤亡或财产损失，依法应当由被保险人承担的损害赔偿责任，保险人按照交强险合同的约定，对每次事故在下列赔偿限额内负责赔偿：

死亡伤残赔偿限额为 18 万元；

医疗费用赔偿限额为 1.8 万元；

财产损失赔偿限额为 0.2 万元；

**交强险保险
责任解释**

被保险人无责任时，无责任死亡伤残赔偿限额为 1.8 万元，无责任医疗费用赔偿限额为 0.18 万元，无责任财产损失赔偿限额为 0.01 万元。

三、交强险的责任免除

下列损失和费用，交强险不负责赔偿和垫付（绝对不赔）：

（1）因受害人故意造成的交通事故的损失。

（2）被保险人所有的财产及被保险机动车上的财产遭受的损失。

（3）被保险机动车发生交通事故，致使受害人停业、停驶、停电、停水、停气、停产、通信或者网络中断、数据丢失、电压变化等造成的损失以及受害人财产因市场价格变动造成的贬值、修理后因价值降低造成的损失等其他间接损失。

（4）因交通事故产生的仲裁或者诉讼费用以及其他相关费用。

四、交强险的垫付和追偿

被保险机动车在本条（1）～（4）之一的情形下发生交通事故，造成受害人受伤需要抢救的，保险人在接到公安机关交通管理部门的书面通知和医疗机构出具的抢救费用清单后，按照国务院卫生主管部门组织制定的交通事故人员创伤临床诊疗指南和国家基本医疗保险标准进行核实。对于符合规定的抢救费用，保险人在医疗费用赔偿限额内垫付；被保险人在交通事故当中无责任的，保险人在无责任医疗费用赔偿限额内垫付；对其他损失和费用保险人不负责垫付和赔偿。

（1）驾驶人未取得驾驶资格的。

（2）被保险机动车被盗抢期间肇事的。

（3）被保险人故意制造交通事故的。

（4）驾驶人醉酒的。

对于垫付的抢救费用，保险人有权向致害人追偿。

五、交强险的保险期间

除国家法律行政法规另有规定外，交强险合同的保险期间为一年，以保险单载明的起止时间为准。

六、交强险的投保人、被保险人义务

（1）投保人投保时应当如实填写投保单，向保险人如实告知重要事项，并提供被保险机动车的行驶证和驾驶证复印件。重要事项包括机动车的种类、厂牌型号、识别代码、品牌号码、使用性质和机动车所有人或者管理人的姓名、性别、年龄、住所、身份证或者驾驶证号码、续保前该机动车发生事故的情况以及银保监会①规定的其他事项。投保人未如实告知重要事项，对保险费计算有影响的，保险人按照保单年度重新核定保险费计收。

（2）签订交强险合同时，投保人不得在保险条款和保险费率之外，向保险人提出附加其他条件的要求。

（3）投保人续保应当提供被保险机动车上一年度交强险的保险单。

（4）在保险合同有效期内，被保险机动车因改装、加装、使用性质改变等导致危险程度增加的，被保险人应当及时通知保险人并办理批改手续，否则保险人按照保险单年度重新核定保险费计收。

（5）被保险机动车发生交通事故，被保险人应当及时采取合理必要的施救和保护措施，并在事故发生后及时通知保险人。

（6）发生保险事故后，被保险人应积极协助保险人进行现场查勘和事故调查。

七、交强险的合同变更和终止

（1）在交强险合同有效期内，被保险机动车所有权发生转移的，投保人应当及时通知保险人，并办理交强险合同变更手续。

（2）在下列三种情况下，投保人可以要求解除交强险合同：

①被保险机动车被依法注销登记的。

②被保险机动车办理停驶的。

③被保险机动车经公安机关证实丢失的。

（3）交强险合同解除后，投保人应当及时将保险单、保险标志交还保险人，无法交回保险标志的，应当向保险人说明情况，征得保险人同意。

（4）发生《机动车交通事故责任强制保险条例》所列明的投保人、保险人解除交强险合同的情况时，保险人按照日费率收取自保险责任开始之日至合同解除之日期间的保险费。

八、交强险的互碰自赔

互碰自赔是指在满足互碰自赔的条件下，由各保险公司在本方机动车交强险有责任财产损失赔偿限额内对本车损失进行赔付。同时满足以下条件，适用互碰自赔：

（1）两车或多车互碰，各方均投保了交强险；

（2）仅涉及车辆损失（包括车上财产和车上货物）、不涉及人员伤亡和车外财产损失，各方车损金额均在交强险有责任财产损失赔偿限额以内。

（3）由交通警察认定或当事人根据出险地关于交通事故快速处理的有关规定自行协商

---

① 现已改为国家金融监督管理总局。

确定双方均有责任。

(4) 当事人同意采用"互碰自赔"方式处理。

任务实施

一、任务场景

理实一体化教室。

二、任务要求

1. 演练任务：学生应用交强险知识进行案例分析演练。

2. 演练目的：掌握交强险的保险责任、责任免除等条款知识，分析交强险的特点，以交强险"以人为本"的基本思想分析客户案例。

3. 演练内容：交强险保险责任分析、交强险责任限额赔偿分析、交强险责任免除案例分析、交强险的赔偿分析。

三、任务分组

在这个任务中，采用分组实施方式进行，以4~8人为一组，通过学生自荐或者推荐的方式选出组长，由组长负责本组的组织协调工作，带头示范、督促，帮助其他组员完成相应工作。

四、任务步骤

学生以小组为单位分析讨论案例并完成工单的填写。

1. 2020年，陆某被孙某驾车撞伤，但未构成伤残。肇事车辆已投保交强险，陆某诉至法院，要求保险公司赔偿医疗费、误工费、护理费、交通费等损失共计3万元，保险公司辩称，根据《机动车交通事故责任强制保险条款》的规定，护理费、误工费、交通费等属于交强险中的死亡伤残赔偿项下。本起交通事故陆某只伤未残，只同意赔偿陆某医疗费用1万元，故不同意赔偿误工费、护理费和交通费，请问保险公司的说法是否正确？

2. A车肇事造成两行人甲、乙受伤，甲医疗费用7 500元，乙医疗费用5 000元，设A车适用的交强险医疗费用赔偿限额为18 000元，请问A车交强险的赔款是多少？

3. 2022年7月11日晚6时许，原告张某驾驶两轮摩托车在济南市某公路由西往东行驶时，与由王某驾驶的往西行驶的大型货车相撞，张某倒地受重伤，即被送医院急救，由于张某昏迷不醒，一直在重症监护室救治，并随时有生命危险。大型货车驾驶员王某在肇事后逃逸。伤者张某的家人为挽回张某的生命，先后用去了抢救费10多万元，但由于家境贫寒，还是欠下医院5万元的医疗费，医院多次向张某家人催交未果，想停止抢救。后经了解，事故发生前王某的车辆在某保险公司投保了交强险。

思考题：

(1) 王某车辆的交强险能否为张某垫付抢救费用？

（2）《道路交通安全法》对此是如何规定的？

（3）如果王某的车辆根本没有买保险，那么张某的抢救费用应如何处理？

4. 甲车投保交强险及商业三者险20万元，发生交通事故，撞了一个骑自行车的人，造成自行车上乙、丙两人受伤，财物受损，其中乙医疗费7 000元，死亡伤残费50 000元，财物损失2 500元，丙医疗费8 000元，死亡伤残费35 000元，财物损失2 000元，经事故处理部门认定，甲车负事故70%的责任。

思考题：甲车从交强险中能获得多少赔款？

5. 2022年7月1日，A车在去往秦皇岛的途中被B车碰撞，B车负事故全部责任，两车均只投保了交强险。后两车的维修费如下：A车为3 000元；B车为1 000元。

思考题：

（1）B车主全责，A、B车主各自的保险公司如何赔偿对方的损失？

（2）假设事故中A车主负40%的责任，B车主负60%的责任，保险公司如何赔偿？

6. 孙先生陪客户吃完饭后，自己驾车被王先生追尾，造成两车各1万元的损失。按照常规，应是追尾方全责，但交警部门调查后，认定孙先生是醉酒驾车，所以要负全部责任。孙先生先前投保了交强险。事故发生之后，他立即向保险公司报案，并要求赔偿。

思考题：保险公司实际应如何处理？

五、任务反思

1. 学生在完成任务过程中的收获和启示。

2. 学生在完成任务过程中的不足。

任务评价

汽车保险服务人员（熟知机动车交通事故责任强制保险）学习任务表现评分表如表 2－1 所示。

表 2－1　学习任务表现评分表

序号	评价项目	分值	评价指标	自评（30%）	互评（30%）	师评（40%）
1	职业素养 30 分	5	小组分工明确，能够对学习任务内容及实施步骤进行精心准备			
		5	有团队意识、合作能力			
		5	能完成任务实施内容，能完成交强险相关案例分析			
		5	成果展示内容充实，语言规范			
		5	具有为他人着想的服务意识			
		5	有诚信做人、诚信做事的社会主义核心价值观 认可交强险"以人为本"的理念			
2	专业能力 60 分	15	学习积极主动，态度认真，遵守教学秩序			
		15	掌握交强险的保险责任、责任免除、垫付与追偿等内容			
		15	能灵活应用知识点进行相关案例分析			
		15	对知识的理解把握具有自学意识与动手能力			
3	创新意识 10 分	10	有创新型思维和行动			
总配分		100	总得分			
综合评价						

项目二任务一
同步测试

任务二　熟知汽车损失保险

任务描述

　　汽车在造福人类的同时，又面临着各种风险（主要是意外事故和自然灾害）的困扰，不时造成财物损毁及人身伤亡，给人类带来巨大灾害，从而成为人类使用的最危险的工具之一。汽车损失保险是指以汽车为保险标的，当因发生保险责任范围内的自然灾害或者意外事故造成保险汽车本身损失时，保险公司按照合同约定负责赔偿或支付保险金的一种保险。汽车损失保险提供了对汽车本身风险的基本保障，它是车辆保险中用途最广泛的险种。无论是小剐小蹭，还是损坏严重，都可以由保险公司来支付修理费用，对于维护车主的利益有着重要作用。学生只有认真学习汽车损失保险，才能更好地为客户做好保险服务。

思维导图

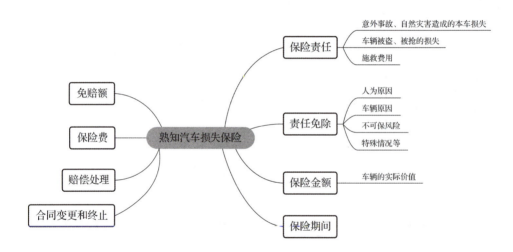

任务知识

一、保险责任

　　（1）保险期间内，被保险人或被保险机动车驾驶人（以下简称驾驶人）在使用被保险机动车的过程中，因自然灾害、意外事故造成被保险机动车直接损失，且不属于免除保险人责任的范围，保险人依照保险合同的约定负责赔偿。

　　意外事故指被保险人不可预料、无法控制的突发性事件，但不包括战争、军事冲突、恐怖活动、暴乱、污染（含放射性污染）、核反应、核辐射等。意外事故导致的被保险车辆损失由保险人负责赔偿。一般包括：

　　①碰撞、倾覆、坠落；

　　②火灾、爆炸；

③外界物体坠落、倒塌。

自然灾害导致的车辆损失由保险人负责赔偿。自然灾害一般指对人类以及人类赖以生存的环境造成破坏性影响的自然现象，包括雷击、暴风、暴雨、洪水、龙卷风、冰雹、台风、热带风暴、地陷、崖崩、滑坡、泥石流、雪崩、冰陷、暴雪、冰凌、沙尘暴、地震及其次生灾害等。

（2）保险期间内，被保险机动车被盗窃、抢劫、抢夺，经出险地县级以上公安刑侦部门立案证明，满 60 天未查明下落的全车损失，以及因被盗窃、抢劫、抢夺受到损坏造成的直接损失，且不属于免除保险人责任的范围，保险人依照保险合同的约定负责赔偿。

车损险保险责任
名词解释

（3）发生保险事故时，被保险人或驾驶人为防止或者减少被保险机动车的损失所支付的必要的、合理的施救费用，由保险人承担；施救费用数额在被保险机动车损失赔偿金额以外另行计算，最高不超过保险金额。

二、责任免除

下列情况下，不论任何原因造成被保险机动车的任何损失和费用，保险人均不负责赔偿：

（1）事故发生后，被保险人或驾驶人故意破坏、伪造现场，毁灭证据的；

（2）驾驶人有下列情形之一者：

①交通肇事逃逸；

②饮酒、吸食或注射毒品、服用国家管制的精神药品或者麻醉药品；

③无驾驶证，驾驶证被依法扣留、暂扣、吊销、注销期间；

④驾驶与驾驶证载明的准驾车型不相符合的机动车。

交通肇事逃逸是指发生道路交通事故后，当事人为逃避法律责任，驾驶或者遗弃车辆逃离道路交通事故现场以及潜逃藏匿的行为。

（3）被保险机动车有下列情形之一者：

①发生保险事故时被保险机动车行驶证、号牌被注销；

②被扣留、收缴、没收期间；

③竞赛、测试期间，在营业性场所维修、保养、改装期间；

④被保险人或驾驶人故意或重大过失，导致被保险机动车被利用从事犯罪行为。

（4）战争、军事冲突、恐怖活动、暴乱、污染（含放射性污染）、核反应、核辐射；

（5）违反安全装载规定；

（6）被保险机动车被转让、改装、加装或改变使用性质等，导致被保险机动车危险程度显著增加，且未及时通知保险人，因危险程度显著增加而发生保险事故的；

（7）投保人、被保险人或驾驶人故意制造保险事故。

（8）此外，下列特殊情况下的损失和费用，保险人不负责赔偿：

①因市场价格变动造成的贬值、修理后因价值降低引起的减值损失；

②自然磨损、朽蚀、腐蚀、故障、本身质量缺陷。

自然磨损是指车辆由于使用造成的机件损耗；朽蚀是指机件与有害气体、液体相接触，被腐蚀损坏；腐蚀是指机件因化学作用引起的破坏或变质；故障是指由于车辆某个部件或系统性能发生问题，影响车辆的正常工作。但由于自然磨损、朽蚀、腐蚀、故障、本身质量缺陷而引起的保险事故（如碰撞、倾覆等），造成保险车辆其他部位的损失，保险人应予以赔偿。

③投保人、被保险人或驾驶人知道保险事故发生后，故意或者因重大过失未及时通知，致使保险事故的性质、原因、损失程度等难以确定的，保险人对无法确定的部分，不承担赔偿责任，但保险人通过其他途径已经知道或者应当及时知道保险事故发生的除外；

④因保险事故损坏的被保险机动车，修理前被保险人应当会同保险人检验，协商确定维修机构、修理项目、方式和费用，违反约定导致无法确定的损失；

⑤车轮单独损失，无明显碰撞痕迹的车身划痕，以及新增加设备的损失；

轮胎单独损坏是指未发生保险车辆其他部位的损坏，仅发生轮胎、轮辋、轮毂罩的分别单独损坏，或上述三者之中任意二者的共同损坏，或三者的共同损坏。

车身划痕指仅发生被保险机动车车身表面油漆的损坏，且无明显碰撞痕迹。

新增设备指保险车辆出厂时原有设备以外的，另外加装的设备和实施。

⑥非全车盗抢、仅车上零部件或附属设备被盗窃。

三、保险金额

保险金额由投保人和保险人从下列 3 种方式中选择确定，保险人根据确定保险金额的不同方式，承担相应的赔偿责任：

（1）按投保时被保险机动车的新车购置价确定。新车购置价是指在保险合同签订地购置与被保险机动车同类型新车的价格（含车辆购置税）。投保时的新车购置价根据投保时保险合同签订的同类型新车的市场销售价格确定，并在保险单中载明，无同类型新车市场销售价格的，由投保人与保险人协商确定。

（2）按投保时被保险机动车的实际价值确定。保险合同中的实际价值是指新车购置价减去折旧金额后的价格。月折旧率如表 2－2 所示。

表 2－2　月折旧率　%

车辆种类	月折旧率				
	家庭自用	非营业	营业		特种车
			出租	其他	
9 座以下客车	0.60	0.60	1.10	0.90	—
10 座以上客车	0.90	0.90	1.10	0.90	—
微型载货汽车	—	0.90	1.10	1.10	—
带拖挂的载货汽车	—	0.90	1.40	1.10	—
低速货车和三轮汽车	—	1.10	1.40	1.40	—
矿山专用车	—	—	—	—	1.10
其他车辆	—	0.90	0.90	0.90	0.90

折旧金额＝投保时的新车购置价×被保险机动车已使用月数×月折旧率

（3）在投保时被保险机动车的新车购置价内协商确定。投保人和保险人可根据实际情况，选择保险金额的确定方式，原则上新车按第一种方式承保，旧车可以在三种方式中由投保人和保险人自愿协商确定。但根据保险金额的不同确定方式直接影响和决定发生保险事故时保险赔偿的计算原则。保险人根据保险金额确定方式的不同承担相应的赔偿责任。另外，投保车辆标准配置以外的新增设备，应在保险合同中列明设备名称和价格清单，并按设备的实际价值相应增加保险金额，新增设备随保险车辆一并折旧。

四、保险期间

除另有约定外，汽车保险期间为一年，以保险单载明的起讫时间为准。

五、免赔额

对于投保人与保险人在投保时协商确定绝对免赔额的，保险人在依据车损险保险合同约定计算赔款的基础上，增加每次事故绝对免赔额。

六、保险费

$$保险费＝基础保费＋保险金额×费率$$

七、赔偿处理

发生保险事故后，保险人依据保险条款约定在保险责任范围内承担赔偿责任。赔偿方式由保险人与被保险人协商确定。

因保险事故损坏的被保险机动车，修理前被保险人应当会同保险人检验，协商确定维修机构、修理项目、方式和费用。无法协商确定的，双方委托共同认可的有资质的第三方进行评估。

被保险机动车遭受损失后的残余部分由保险人、被保险人协商处理。如归被保险人的，由双方协商确定其价值并在赔款中扣除。

因第三方对被保险机动车的损害而造成保险事故，被保险人向第三方索赔的，保险人应积极协助；被保险人也可以直接向本保险人索赔，保险人在保险金额内先行赔付被保险人，并在赔偿金额内代位行使被保险人对第三方请求赔偿的权利。被保险人已经从第三方取得损害赔偿的，保险人进行赔偿时，相应扣减被保险人从第三方已取得的赔偿金额。保险人未赔偿之前，被保险人放弃对第三方请求赔偿的权利的，保险人不承担赔偿责任。

被保险人故意或者因重大过失致使保险人不能行使代位请求赔偿的权利的，保险人可以扣减或者要求返还相应的赔款。保险人向被保险人先行赔付的，保险人向第三方行使代位请求赔偿的权利时，被保险人应当向保险人提供必要的文件和所知道的有关情况。

机动车损失赔款按以下方法计算：

（一）全部损失

全部损失指被保险机动车发生事故后灭失，或者受到严重损坏完全失去原有形体、效用，或者不能再归被保险人所拥有的，为实际全损；或被保险机动车发生事故后，认为实际全损已经不可避免，或者为避免发生实际全损所需支付的费用超过实际价值的，推定全损。

$$赔款 = 保险金额 - 被保险人已从第三方获得的赔偿金额 - 绝对免赔额$$

（二）部分损失

被保险机动车发生部分损失，保险人按实际修复费用在保险金额内计算赔偿。

$$赔款 = 实际修复费用 - 被保险人已从第三方获得的赔偿金额 - 绝对免赔额$$

（三）施救费用

施救的财产中，含有保险合同之外的财产，应按保险合同保险财产的实际价值占总施救财产的实际价值比例分摊施救费用。

被保险机动车发生保险事故，导致全部损失，或一次赔款金额与免赔金额之和（不含施救费用）达到保险金额，保险人按保险合同约定支付赔款后，保险责任终止，保险人不退还机动车损失保险及其附加险的保险费。

因履行保险合同发生的争议，由当事人协商解决，协商不成的，提交保险单载明的仲裁机构仲裁，保险单未载明仲裁机构或者争议发生后，未达成仲裁协议的，可向人民法院起诉。保险合同争议处理适用中华人民共和国法律。

八、合同变更和终止

（1）保险合同的内容需变更，须经保险人与投保人书面协商一致；

（2）在保险期间内被保险机动车转让他人的，投保人应当书面通知保险人并办理批改手续；

（3）保险责任开始前，投保人要求解除保险合同的，应当向保险人支付应缴保险费 5%的退保手续费，保险人应当退还保险费；

（4）保险责任开始后，投保人要求解除保险合同，自通知保险人之日起保险合同解除，保险人按短期月费率收取自保险责任开始之日起至合同解除之日止期间的保险费，并退还剩余部分保险费。短期月费率如表 2 - 3 所示。

表 2 - 3　短期月费率

保险期间/月	1	2	3	4	5	6	7	8	9	10	11	12
短期月费率（年保险费的百分比）/%	10	20	30	40	50	60	70	80	85	90	95	100

任务实施

一、任务场景

理实一体化教室。

二、任务要求

1. 演练任务：学生应用车损险知识进行案例分析演练。

2. 演练目的：掌握车损险的保险责任、责任免除等条款知识，根据车损险的赔偿条款，以服务客户的理念，分析客户案例。

3. 演练内容：车损险保险责任的分析、车损险赔偿案例分析、车损险责任免除案例分析、车损险理赔计算分析。

三、任务分组

在这个任务中，采用分组实施方式进行，以 4~8 人为一组，通过学生自荐或者推荐的方式选出组长，由组长负责本组的组织协调工作，带头示范、督促，帮助其他组员完成相应工作。

四、任务步骤

学生以小组为单位分析讨论案例并完成工单的填写。

1. 李先生的爱车该保养了，李先生开着爱车来到某修理厂。修理厂的小张师傅非常热情，帮助李先生办好相关的进厂修理手续。李先生说："那我将车开进去。"小张忙说："不用了，我帮您开进厂区，您到客户休息室喝杯水，看一会儿电视，一会儿车保养好，我再给您开回来。"李先生听了非常满意，就将车钥匙交给小张，踏踏实实地到休息室休息去了。没过多久，小张推门进休息室，怯生生地对李先生说："实在对不起，我倒车时不小心将您的车撞在铁柱子上了，真对不起。"李先生夺门而出，看到凹瘪的后杠，心里那滋味就别提了，有心向小张发怒，但是看到他稚气、委屈、怯生生的表情，李先生心软了。李先生认为自己上了保险，车撞坏了，应该属于车险条款中的"碰撞"责任，赶紧报险，向保险公司索赔，保险公司会赔偿吗？为什么。

2. 家住上海的王先生来电咨询，说前两天晚上他停在楼下的车被撬了，小偷可能要偷车没有成功，但把车门撬开了，现在车子没法正常使用，王先生当时发现后就马上报告了保险公司并打 110 报警，但是理赔人员到场后却告诉他车门和车锁的损失，保险公司不能赔偿，需自行承担，王先生不解，自己花大价钱买了车辆损失保险，这次车子是被盗贼撬的，为什么得不到赔偿呢？

3. 北京孙先生中午外出吃饭，将爱车停放在一个小巷子里，人走的时候车锁好了，但是却把录像机、电脑都落在车里了，等到孙先生酒足饭饱，小睡之后，才惊恐地发现自己的车窗被砸开，车里的录像机、电脑早已不翼而飞，懊丧之余，孙先生想起自己投保了车险，车子被盗抢，保险公司难道不应该赔偿吗？于是孙先生打电话向保险公司报案，但是保险公司却告诉孙先生，按照保险条款，保险公司无法赔偿，这是为什么呢？

4. 李先生去年 6 月买了一辆二手捷达轿车，不久后，这辆车的保险到期了。于是，他找了一位朋友，因为这位朋友曾经向他提到过，如果买车险可以找他，他可以以比较低的价格买到保险，李先生去年 8 月交给这位朋友 2 000 多元保费，算是给车买了保险。今年 1 月，李先生开车时发生轻微碰撞，车体一侧被撞得有些凹陷，等李先生找到保险公司要求理赔时，却被告知他持有的保单是假的，保险公司会给予赔偿吗？如何购买车险才能有保障？

5. 某企业一辆货车因年久且设备老化，经批准准予报废。但该企业并未按规定将该车作为报废车处理，而是以数千元的价格卖给王某。王某将该车重新加以拼装整修，并通过关系经当地车管部门年审合格后，以 1.5 万元的价格卖给了运输个体户赵某。赵某明知该车有"乾坤"，但抵不住价格的诱惑将车买下，并向某保险公司投保了车辆损失险，保险金额为 6 万元。几个月后，该车翻在路沟，损毁较重，保险公司派人勘查后决定以 8 000 元将其修复，但赵某不同意，而是要求保险公司全额赔偿。请问保险公司是否应赔偿？

6. 一新轿车实际价值 20 万元，在某保险公司投保车损险 20 万元，由于不慎该车发生交通事故，导致标的车全损，查勘员小李在查勘过程中发现该车在另一保险公司也投保了一份车损险，保额也为 20 万元。

思考题：

(1) 该标的车的投保是否构成重复保险？

(2) 小李的保险公司对轿车的车损应如何赔付？

7. 某物流公司司机李某驾驶解放牌货车在山路上行驶，忽遇路面滑坡，车辆顺势滑至坡下 30 余米处，所幸李某没有受伤。李某小心翼翼地下车，发现车子还有可能继续下滑，就从工具箱中取出千斤顶，想把车的前部顶起以防继续下滑。就在李某操作千斤顶时，车辆忽然下滑，李某躲闪不及，被车辆压住，导致腰椎骨折。事故发生后，物流公司迅速向保险公司报案，并提出索赔请求。保险公司核赔时发现该车只投保了车辆损失险，遂告知物流公司对于李某的伤残费用不负赔偿责任。物流公司认为，李某是在对车辆施救过程中受的伤，其伤残费用属于施救费用，应属车损险赔付范围，并申请在车辆修复金额之外单独计算予以赔偿。保险公司拒绝了物流公司的请求，物流公司遂向法院起诉。

思考题：

(1) 法院的判决结论如何？依据是什么？

(2) 对事故损失施救时，应注意什么？

五、任务反思

1. 学生在完成任务过程中的收获和启示。

2. 学生在完成任务过程中的不足。

任务评价

汽车保险服务人员（车辆损失保险）学习任务表现评分表如表 2 – 4 所示。

表 2 – 4　学习任务表现评分表

序号	评价项目	分值	评价指标	自评（30%）	互评（30%）	师评（40%）
1	职业素养 30分	5	小组分工明确，能够对学习任务内容及实施步骤进行精心准备			
		5	有团队意识、合作能力			
		5	能完成任务实施内容，能完成车损险相关案例分析			
		5	成果展示内容充实，语言规范			
		5	能客观独立地思考问题，具有探索求知精神			
		5	有诚信做人、诚信做事的社会主义核心价值观			
2	专业能力 60分	15	学习积极主动，态度认真，遵守教学秩序			
		15	掌握车损险的保险责任、责任免除、赔偿处理等内容			
		15	能灵活应用知识点进行相关案例分析			
		15	对知识的理解把握具有自学意识与动手能力			
3	创新意识 10分	10	有创新型思维和行动			
	总配分	100	总得分			
	综合评价					

项目二任务二
同步测试

任务三　熟知第三者责任险

任务描述

　　保险人依据被保险机动车一方在事故中所负的事故责任比例，承担相应的赔偿责任。被保险人或被保险机动车一方根据有关法律法规选择自行协商或由公安机关交通管理部门处理事故，但未确定事故责任比例的，按照下列规定确定事故责任比例：被保险机动车一方负主要事故责任的，事故责任比例为70%；被保险机动车一方负同等事故责任的，事故责任比例为50%；被保险机动车一方负次要事故责任的，事故责任比例为30%。涉及司法或仲裁程序的，以法院或仲裁机构最终生效的法律文书为准。第三者责任险实行的是"过错责任原则"，即保险人按照被保险人在事故中的责任及责任比例进行赔偿。通过本任务的学习，学生可以更加深刻地理解第三者责任险与交强险的联系与区别，同时更好地为顾客做好第三者责任险的理赔服务。

思维导图

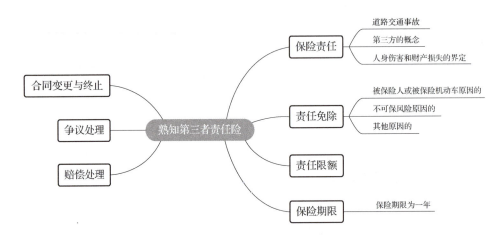

任务知识

　　汽车第三者责任保险（又称第三者险或三者险）是指保险车辆因意外事故，致使他人遭受人身伤亡或财产的直接损毁，保险人依照保险合同的规定给予赔偿的保险。

一、保险责任

　　在保险期间内被保险人或其允许的合法驾驶人在使用被保险机动车过程中发生意外事故，致使第三者遭受人身伤亡或财产直接损毁，依法应当由被保险人承担的损害赔偿责任，保险人依照保险合同的规定，对于超过机动车交通事故责任强制保险各分项赔偿限额以上的部分负责赔偿。

三者险保险
责任解释

二、责任免除

（一）被保险人或被保险机动车原因的

下列情况下，不论任何原因造成的人身伤亡、财产损失和费用，保险人均不负责赔偿：

（1）事故发生后，被保险人或驾驶人故意破坏、伪造现场，毁灭证据；

（2）驾驶人有下列情形之一者：

①交通肇事逃逸；

②饮酒、吸食或注射毒品、服用国家管制的精神药品或者麻醉药品；

③无驾驶证，驾驶证被依法扣留、暂扣、吊销、注销期间；

④驾驶与驾驶证载明的准驾车型不相符合的机动车；

⑤非被保险人允许的驾驶人。

（3）被保险机动车有下列情形之一者：

①发生保险事故时被保险机动车行驶证、号牌被注销的；

②被扣留、收缴、没收期间；

③竞赛、测试期间，在营业性场所维修、保养、改装期间；

④全车被盗窃、被抢劫、被抢夺、下落不明期间。

（二）不可保风险原因的

下列原因导致的人身伤亡、财产损失和费用，保险人不负责赔偿：

（1）战争、军事冲突、恐怖活动、暴乱、污染（含放射性污染）、核反应、核辐射；

（2）第三者、被保险人或驾驶人故意制造保险事故、犯罪行为，第三者与被保险人或其他致害人恶意串通的行为；

（3）被保险机动车被转让、改装、加装或改变使用性质等，导致被保险机动车危险程度显著增加，且未及时通知保险人，因危险程度显著增加而发生保险事故的。

（三）其他原因

下列人身伤亡、财产损失和费用，保险人不负责赔偿：

（1）被保险机动车发生意外事故，致使任何单位或个人停业、停驶、停电、停水、停气、停产、通信或网络中断、电压变化、数据丢失造成的损失以及其他各种间接损失；

（2）第三者财产因市场价格变动造成的贬值，修理后因价值降低引起的减值损失；

（3）被保险人及其家庭成员、驾驶人及其家庭成员所有、承租、使用、管理、运输或代管的财产的损失，以及本车上财产的损失；

（4）被保险人、驾驶人、本车车上人员的人身伤亡；

（5）停车费、保管费、扣车费、罚款、罚金或惩罚性赔款；

（6）超出《道路交通事故受伤人员临床诊疗指南》和国家基本医疗保险同类医疗费用标准的费用部分；

（7）律师费，未经保险人事先书面同意的诉讼费、仲裁费；

（8）投保人、被保险人或驾驶人知道保险事故发生后，故意或者因重大过失未及时通知，致使保险事故的性质、原因、损失程度等难以确定的，保险人对无法确定的部分，不承担赔偿责任，但保险人通过其他途径已经知道或者应当及时知道保险事故发生的除外；

（9）发生保险事故后，保险人依据本条款约定在保险责任范围内承担赔偿责任。赔偿方式由保险人与被保险人协商确定。因保险事故损坏的第三者财产，修理前被保险人应当会同保险人检验，协商确定维修机构、修理项目、方式和费用。因被保险人违反保险合同约定，导致无法确定的损失；

（10）精神损害抚慰金；

（11）应当由机动车交通事故责任强制保险赔偿的损失和费用。

此外，保险事故发生时，被保险机动车未投保机动车交通事故责任强制保险或机动车交通事故责任强制保险合同已经失效的，对于机动车交通事故责任强制保险责任限额以内的损失和费用，保险人不负责赔偿。

三、责任限额

每次事故的责任限额，由投保人和保险人在签订保险合同时按保险监管部门批准的限额档次协商确定。

主车和挂车连接使用时视为一体，发生保险事故，是由主车保险人和挂车保险人按照保险单上载明的机动车第三者责任保险责任限额的比例，在各自的责任限额内承担赔偿责任，但赔偿金额总和以主车的责任限额为限。

第三者责任险的责任限额分为 8 个档次，即 5 万元、10 万元、15 万元、20 万元、30 万元、50 万元、100 万元以及 100 万元以上。

四、保险期限

除另有约定外，保险期限为一年，以保险单载明的起讫时间为准。

五、合同变更与终止

第三者责任保险条款中的合同变更和终止与汽车损失保险条款中的合同变更和终止内容相同。

六、争议处理

第三者责任保险条款中的争议处理与机动车损失保险条款中的争议处理内容相同。

七、赔偿处理

保险人对被保险人或其允许的驾驶人给第三者造成的损害，可以直接向该第三者赔偿。

被保险人或其允许的驾驶人给第三者造成损害，对第三者应负的赔偿责任确定的，根据被保险人的请求，保险人应当直接向该第三者赔偿。被保险人怠于请求的，第三者就其应获赔偿部分直接向保险人请求赔偿的，保险人可以直接向该第三者赔偿。

被保险人或其允许的驾驶人给第三者造成损害，未向该第三者赔偿的，保险人不得向被保险人赔偿。

发生保险事故后，保险人依据本条款约定在保险责任范围内承担赔偿责任。

赔偿方式由保险人与被保险人协商确定。

因保险事故损坏的第三者财产，修理前被保险人应当会同保险人检验，协商确定维修机构、修理项目、方式和费用。无法协商确定的，双方委托共同认可的有资质的第三方进行评估。

赔款计算如下：

（1）当（依合同约定核定的第三者损失金额 – 机动车交通事故责任强制保险的分项赔偿限额）×事故责任比例等于或高于每次事故责任限额时：

$$赔款 = 每次事故责任限额$$

（2）当（依合同约定核定的第三者损失金额 – 机动车交通事故责任强制保险的分项赔偿限额）×事故责任比例低于每次事故责任限额时：

$$赔款 = （依合同约定核定的第三者损失金额 – 机动车交通事故责任$$
$$强制保险的分项赔偿限额）×事故责任比例$$

此外，保险人按照《道路交通事故受伤人员临床诊疗指南》和国家基本医疗保险的同类医疗费用标准核定医疗费用的赔偿金额。未经保险人书面同意，被保险人自行承诺或支付的赔偿金额，保险人有权重新核定。不属于保险人赔偿范围或超出保险人应赔偿金额的，保险人不承担赔偿责任。

任务实施

一、任务场景

理实一体化教室。

二、任务要求

1. 演练任务：学生应用第三者责任保险知识进行案例分析演练。

2. 演练目的：掌握第三者责任险的保险责任、责任免除等条款知识，分析第三者责任险与交强险的区别，分析客户案例，加深对交强险"以人为本"的基本思想和对汽车保险服务理念的认识。

3. 演练内容：三者险保险责任分析、三者险责任限额赔偿分析、三者险责任免除案例分析、三者险的赔偿分析。

三、任务分组

在这个任务中，采用分组实施方式进行，以 4~8 人为一组，通过学生自荐或者推荐的方式选出组长，由组长负责本组的组织协调工作，带头示范、督促，帮助其他组员完成相应工作。

四、任务步骤

学生以小组为单位分析讨论案例并完成工单的填写。

1. 陈某是一家私营企业的老板，与弟弟 5 年前就分家单过了。因经营需要，陈某购买了一辆面包车，并且投保了某保险公司的第三者责任保险，责任限额为 10 万元。三个月后的一天，陈某正在路上正常行驶，途径他弟弟工作的工厂门口时，恰好陈某的弟弟出门，一眼看到哥哥开车经过，就想搭乘哥哥的车进城办事。他一边喊哥哥一边迎着车跑过来，陈某虽然紧急停车，却没能及时停下来，一下子撞到弟弟身上，后来经过抢救，弟弟终于脱离危险，陈某共花掉医疗费 20 万元。但当陈某向保险公司索赔时，却被拒绝了，因为保险公司认为陈某撞伤的是他弟弟，不属于第三者，所以不能理赔。请你解释保险公司拒赔的原因。

2. 某公司承保的大型货车在行驶途中右前轮脱落，将路边等公交车的女青年李某砸死。事后，当地车管所对事故车辆进行鉴定，结论为：标的车辆制动力和驻车制动力达不到标准，灯光装置不合规定。

思考题：

(1) 车辆车轮脱落致路边人死亡，能否构成机动车第三者责任保险的保险责任？

(2) 鉴定结论中的车辆部分技术状况不符合标准是否可认定被保险人违反《保险法》规定的投保人和被保险人义务？保险公司可以以此拒绝赔偿吗？

(3) 判决此案按照人身损害赔偿标准进行赔付。保险人若赔偿此案，应赔偿受害人哪些费用？依据法规是什么？

3. 驾驶员赵某驾驶货车行驶时，轮胎压飞一卵石，卵石高速飞出，击中路边行人李某一只眼睛，使李某重伤，被送医院治疗，共花费 1.8 万余元。交警认定，双方均不负责任，李某经鉴定为 4 级伤残，他以自己无过错为由，向驾驶员赵某提出索赔。由于该车投保了 20 万元的第三者责任险，赵某遂向保险公司就李某的治疗费用提出索赔申请。

思考题：

(1) 本案中的李某致残，虽系车辆行驶所致，但车辆并未与行人接触，是否应该按第三者责任保险赔付？

(2) 假如需要赔付，是否应该就李某的损失全额赔付？

五、任务反思

1. 学生在完成任务过程中的收获和启示。

2. 学生在完成任务过程中的不足。

任务评价

汽车保险服务人员（熟知第三者责任保险）学习任务表现评分表如表 2－5 所示。

表 2－5　学习任务表现评分表

序号	评价项目	分值	评价指标	自评 （30%）	互评 （30%）	师评 （40%）
1	职业素养 30 分	5	小组分工明确，能够对学习任务内容及实施步骤进行精心准备			
		5	有团队意识、合作能力			
		5	能完成任务实施内容，能完成第三者责任保险相关案例分析			
		5	成果展示内容充实，语言规范			
		5	能客观独立地思考问题，具有探索求知精神			
		5	有诚信做人、诚信做事的社会主义核心价值观			
2	专业能力 60 分	15	学习积极主动，态度认真，遵守教学秩序			
		15	掌握第三者责任险的保险责任、赔偿限额、责任免除等内容			
		15	能灵活应用知识点进行相关案例分析			
		15	对知识的理解把握具有自学意识与动手能力			
3	创新意识 10 分	10	有创新型思维和行动			
总配分		100	总得分			
综合评价						

项目二任务三
同步测试

任务四　认识车上人员责任险

任务描述

　　机动车车上人员责任险是车辆商业险基本险的一种，负责赔偿保险车辆意外事故造成的本车人员伤亡，主要保障车辆发生意外事故（不是行为人出于故意，而是行为人不可预见的以及不可抗拒的，造成人员伤亡或财产损失的突发事件），导致车上的司机或乘客人员伤亡造成的费用损失，以及为减少损失而支付的必要合理的施救、保护费用，由保险公司承担赔偿责任。机动车车上人员责任险和人身意外险有很多相似之处。通过学习本任务，学生要全面掌握机动车车上人员责任险的内容，能更专业地为客户提供车险服务。

思维导图

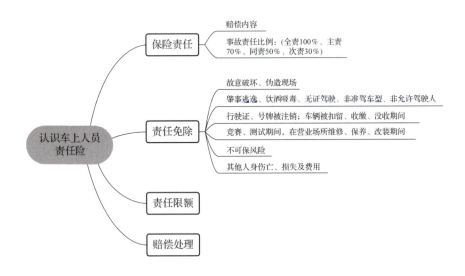

任务知识

　　车上人员是指保险事故发生时在被保险机动车上的自然人。

一、保险责任

（一）赔偿内容

保险期间内，被保险人或其允许的合法驾驶人在使用被保险机动车过程中发生意外事故，致使车上人员遭受人身伤亡，依法应当由被保险人承担的损害赔偿，保险人依照保险合同的约定负责赔偿。

（二）事故责任比例

保险人依据被保险机动车一方在事故中所负的事故责任比例，承担相应的赔偿责任。

被保险人或被保险机动车一方根据有关法律法规选择自行协商或由公安机关交通管理部门处理事故，但未确定事故责任比例的，按照下列规定确定事故责任比例：

被保险机动车一方负主要事故责任的，事故责任比例为70%；

被保险机动车一方负同等事故责任的，事故责任比例为50%；

被保险机动车一方负次要事故责任的，事故责任比例为30%。

涉及司法或仲裁程序的，以法院或仲裁机构最终生效的法律文书为准。

二、责任免除

（一）下列情况下，不论任何原因造成的人身伤亡，保险人均不负责赔偿

（1）事故发生后，被保险人或驾驶人故意破坏、伪造现场，毁灭证据；

（2）驾驶人有下列情形之一者：

①交通肇事逃逸；

②饮酒、吸食或注射毒品、服用国家管制的精神药品或者麻醉药品；

③无驾驶证，驾驶证被依法扣留、暂扣、吊销、注销期间；

④驾驶与驾驶证载明的准驾车型不相符合的机动车；

⑤非被保险人允许的驾驶人。

（3）被保险机动车有下列情形之一者：

①发生保险事故时被保险机动车行驶证、号牌被注销的；

②被扣留、收缴、没收期间；

③竞赛、测试期间，在营业性场所维修、保养、改装期间；

④全车被盗窃、被抢劫、被抢夺、下落不明期间。

（二）下列原因导致的人身伤亡，保险人不负责赔偿

（1）战争、军事冲突、恐怖活动、暴乱、污染（含放射性污染）、核反应、核辐射；

（2）被保险机动车被转让、改装、加装或改变使用性质等，导致被保险机动车危险程度显著增加，且未及时通知保险人，因危险程度显著增加而发生保险事故的；

（3）投保人、被保险人或驾驶人故意制造保险事故。

（三）下列人身伤亡、损失和费用，保险人不负责赔偿

（1）被保险人及驾驶人以外的其他车上人员的故意行为造成的自身伤亡；

（2）车上人员因疾病、分娩、自残、斗殴、自杀、犯罪行为造成的自身伤亡；

（3）罚款、罚金或惩罚性赔款；

（4）超出《道路交通事故受伤人员临床诊疗指南》和国家基本医疗保险同类医疗费用标准的费用部分；

（5）律师费，未经保险人事先书面同意的诉讼费、仲裁费；

（6）投保人、被保险人或驾驶人知道保险事故发生后，故意或者因重大过失未及时通知，致使保险事故的性质、原因、损失程度等难以确定的，保险人对无法确定的部分，不承担赔偿责任，但保险人通过其他途径已经知道或者应当及时知道保险事故发生的除外；

（7）精神损害抚慰金；

（8）应当由机动车交通事故责任强制保险赔付的损失和费用。

三、责任限额

驾驶人每次事故责任限额和乘客每次事故责任限额由投保人和保险人在投保时协商确定。投保乘客座位数按照被保险机动车的核定载客数确定。

四、赔偿处理

每次事故车上人员的人身伤亡按照国家有关法律、法规规定的赔偿范围、项目和标准以及保险合同的约定进行赔偿。驾驶人的赔偿金额不超过保险单载明的驾驶人每次事故责任限额；每位乘客的赔偿金额不超过保险单载明的乘客每次事故每人责任限额，赔偿人数以投保乘客座位数为限。保险人按照国家基本医疗保险的标准核定医疗费用的赔偿金额。未经保险人书面同意被保险人自行承诺或支付的赔偿金额，保险人有权重新核定，不属于保险人赔偿范围或超出保险人应赔偿金额的，保险人不承担赔偿责任。

任务实施

一、任务场景

理实一体化教室。

二、任务要求

1. 演练任务：学生应用车上人员责任险知识进行案例分析演练。

2. 演练目的：掌握车上人员责任险的保险责任、责任免除等条款知识，以车上人员责任险赔偿车上人员的伤亡情况为宗旨分析客户案例。

3. 演练内容：车上人员责任险保险责任分析、车上人员责任险责任免除案例分析、车上人员责任险赔偿分析。

三、任务分组

在这个任务中，采用分组实施方式进行，以 4~8 人为一组，通过学生自荐或者推荐的方式选出组长，由组长负责本组的组织协调工作，带头示范、督促，帮助其他组员完成相应工作。

四、任务步骤

学生以小组为单位分析讨论案例并完成工单的填写。

1. 小袁年轻好胜，特别喜欢开快车。2022 年 4 月，小袁为自己的年轻气盛付出了代价。他在开车载着女朋友去郊区游玩时，由于超速行驶，在一处弯道超车时撞上了另一辆私家车，这场事故导致两部汽车严重受损，对方车主、小袁和其女朋友均有不同程度的受伤，被及时送往医院救治。事后，交警部门出具道路交通事故认定书，认定小袁负全部责任。此前，小袁已为爱车投保了交强险、车辆损失险和三者险，对方车主的医疗费用由保险公司负责赔付，但是小袁自己和其女朋友的医疗费用却要自己掏腰包。

思考题：为什么小袁和其女朋友的医疗费却要自己掏腰包？

2. 郑女士开车送母亲看病，到了医院门口，郑女士将车停靠在路边。雨天路滑，郑母下车时想避让路边台阶下的积水，却不小心踩空，摔倒在地，造成胳膊等多处擦伤，治疗费总共花去 1 000 多元。郑女士觉得既然自己投保了车上人员责任险，而且母亲是从车上到车下的过程中摔倒的，应属于车上人员责任险范畴。郑女士便拿着医疗单到保险公司要求理赔，不料遭到拒绝。郑女士非常纳闷：母亲在下车过程中一只脚还在车内，为何得不到理赔呢？保险公司是否应该赔偿？请阐述理由。

3. 2022 年 8 月 18 日，任某乘坐刘某驾驶的中巴车时，由于刘某未关车门，任某从车上摔下，随后被该车碾轧，致其右小腿受伤。该起事故经交警大队认定，司机刘某负事故的全部责任。后经鉴定，任某为 10 级伤残。

思考题：车上人员险是否理赔？若保险齐全，应由哪些保险对任某进行理赔？

五、任务反思

1. 学生在完成任务过程中的收获和启示。

2. 学生在完成任务过程中的不足。

任务评价

汽车保险服务人员（认识车上人员责任险）学习任务表现评分表如表2-6所示。

表2-6　学习任务表现评分表

序号	评价项目	分值	评价指标	自评（30%）	互评（30%）	师评（40%）
1	职业素养 30分	5	小组分工明确，能够对学习任务内容及实施步骤进行精心准备			
		5	有团队意识、合作能力			
		5	能完成任务实施内容，能完成车上人员责任险相关案例分析			
		5	成果展示内容充实，语言规范			
		5	有独立思考能力，有求知探索精神			
		5	有诚信做人、诚信做事的社会主义核心价值观			
2	专业能力 60分	15	学习积极主动，态度认真，遵守教学秩序			
		15	掌握车上人员责任险的保险责任及责任免除事项			
		15	能灵活应用知识点进行相关案例分析			
		15	对知识的理解把握具有自学意识与动手能力			
3	创新意识 10分	10	有创新型思维和行动			
总配分		100	总得分			
综合评价						

项目二任务四
同步测试

任务五　认识附加险

任务描述

　　机动车附加险是指附加在基本险下的附加险种，它不可以单独投保，要购买附加险，必须先购买基本险。一般来说，附加险所交的保险费比较少，但它的存在是以基本险的存在为前提的，不能脱离基本险，基本险和附加险形成了一个比较全面的保险保障。附加险是针对基本险的部分责任免除而设置的，不能单独承保。学生只有掌握机动车商业保险的内容，掌握基本险和附加险的内容及关系，才能正确解读机动车保险条例，向客户作出合理的解释，做好服务工作。

　　附加险条款的法律效力优于主险条款。附加险条款未尽事宜，以主险条款为准。除附加险条款另有约定外，主险中的责任免除、双方义务同样适用于附加险。主险保险责任终止的，其相应的附加险保险责任同时终止。

思维导图

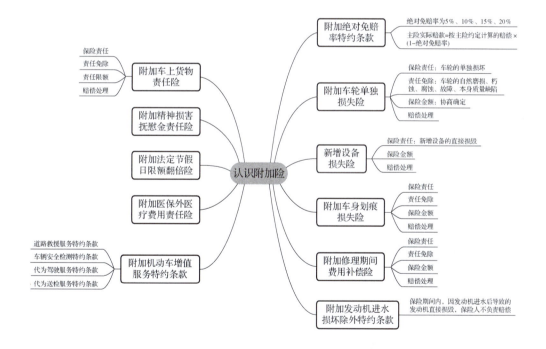

任务知识

一、附加绝对免赔率特约条款

　　绝对免赔率为5％、10％、15％、20％，由投保人和保险人在投保时协商确定，具体以保险单载明为准。

被保险机动车发生主险约定的保险事故，保险人按照主险的约定计算赔款后，扣减本特约条款约定的免赔。

即：

$$主险实际赔款 = 按主险约定计算的赔款 \times (1 - 绝对免赔率)$$

二、附加车轮单独损失险

投保了机动车损失保险的机动车，可投保本附加险。

（一）保险责任

保险期间内，被保险人或被保险机动车驾驶人在使用被保险机动车过程中，因自然灾害、意外事故，导致被保险机动车未发生其他部位的损失，仅有车轮（含轮胎、轮毂、轮毂罩）单独的直接损失，且不属于免除保险人责任的范围，保险人依照附加险合同的约定负责赔偿。

（二）责任免除

（1）车轮（含轮胎、轮毂、轮毂罩）的自然磨损、朽蚀、腐蚀、故障、本身质量缺陷；

（2）未发生全车盗抢，仅车轮单独丢失。

（三）保险金额

保险金额由投保人和保险人在投保时协商确定。

（四）赔偿处理

（1）发生保险事故后，保险人依据本条款约定在保险责任范围内承担赔偿责任。赔偿方式由保险人与被保险人协商确定；

（2）赔款 = 实际修复费用 – 被保险人已从第三方获得的赔偿金额；

（3）在保险期间内，累计赔款金额达到保险金额，附加险保险责任终止。

三、新增设备损失险

投保了机动车损失保险的机动车，可投保本附加险。

（一）保险责任

保险期间内，投保了本附加险的被保险机动车因发生机动车损失保险责任范围内的事故，造成车上新增加设备的直接损毁，保险人在保险单载明的本附加险的保险金额内，按照实际损失计算赔偿。

（二）保险金额

保险金额根据新增加设备投保时的实际价值确定。新增加设备的实际价值是指新增加设备的购置价减去折旧金额后的金额。

（三）赔偿处理

发生保险事故后，保险人依据本条款约定在保险责任范围内承担赔偿责任。赔偿方式由保险人与被保险人协商确定。

$$赔款 = 实际修复费用 - 被保险人已从第三方获得的赔偿金额$$

四、附加车身划痕损失险

投保了机动车损失保险的机动车，可投保本附加险。

（一）保险责任

保险期间内，被保险机动车在被保险人或被保险机动车驾驶人使用过程中，发生无明显碰撞痕迹的车身划痕损失，保险人按照保险合同约定负责赔偿。

（二）责任免除

（1）被保险人及其家庭成员、驾驶人及其家庭成员的故意行为造成的损失；

（2）因投保人、被保险人与他人的民事、经济纠纷导致的任何损失；

（3）车身表面自然老化、损坏、腐蚀造成的任何损失。

（三）保险金额

保险金额为 2 000 元、5 000 元、10 000 元或 20 000 元，由投保人和保险人在投保时协商确定。

（四）赔偿处理

（1）发生保险事故后，保险人依据本条款约定在保险责任范围内承担赔偿责任，赔偿方式由保险人与被保险人协商确定。

$$赔款 = 实际修复费用 - 被保险人已从第三方获得的赔偿金额$$

（2）在保险期间内，累计赔款金额达到保险金额，本附加险保险责任终止。

五、附加修理期间费用补偿险

投保了机动车损失保险的机动车，可投保本附加险。

（一）保险责任

保险期间内，投保了本条款的机动车在使用过程中，发生机动车损失保险责任范围内的事故，造成车身损毁，致使被保险机动车停驶，保险人按保险合同约定，在保险金额内向被保险人补偿修理期间费用，作为代步车费用或弥补停驶损失。

（二）责任免除

下列情况下，保险人不承担修理期间费用补偿：

（1）因机动车损失保险责任范围以外的事故而致被保险机动车的损毁或修理；

（2）非在保险人认可的修理厂修理时，因车辆修理质量不合要求造成返修；

（3）被保险人或驾驶人拖延车辆送修期间。

（三）保险金额

本附加险保险金额 = 补偿天数 × 日补偿金额。补偿天数及日补偿金额由投保人与保险人协商确定并在保险合同中载明，保险期间内约定的补偿天数最高不超过 90 天。

（四）赔偿处理

全车损失，按保险单载明的保险金额计算赔偿；部分损失，在保险金额内按约定的日补偿金额乘以从送修之日起至修复之日止的实际天数计算赔偿，实际天数超过双方约定修理天数的，以双方约定的修理天数为准。

保险期间内，累计赔款金额达到保险单载明的保险金额，本附加险保险责任终止。

六、附加发动机进水损坏除外特约条款

投保了机动车损失保险的机动车，可投保本附加险。

保险期间内，投保了本附加险的被保险机动车在使用过程中，因发动机进水后导致的发动机的直接损毁，保险人不负责赔偿。

七、附加车上货物责任险

投保了机动车第三者责任保险的营业货车（含挂车），可投保本附加险。

（一）保险责任

保险期间内，发生意外事故致使被保险机动车所载货物遭受直接损毁，依法应由被保险人承担的损害赔偿责任，保险人负责赔偿。

（二）责任免除

（1）偷盗、哄抢、自然损耗、本身缺陷、短少、死亡、腐烂、变质、串味、生锈，动物走失、飞失、货物自身起火燃烧或爆炸造成的货物损失；

（2）违法、违章载运造成的损失；

（3）因包装、紧固不善，装载、遮盖不当导致的任何损失；

（4）车上人员携带的私人物品的损失；

（5）保险事故导致的货物减值、运输延迟、营业损失及其他各种间接损失；

（6）法律、行政法规禁止运输的货物的损失。

（三）责任限额

责任限额由投保人和保险人在投保时协商确定。

（四）赔偿处理

（1）被保险人索赔时，应提供运单、起运地货物价格证明等相关单据。保险人在责任限额内按起运地价格计算赔偿；

（2）发生保险事故后，保险人依据本条款约定在保险责任范围内承担赔偿责任，赔偿方式由保险人与被保险人协商确定。

八、附加精神损害抚慰金责任险

投保了机动车第三者责任保险或机动车车上人员责任保险的机动车，可投保本附加险。

（一）保险责任

在投保人仅投保机动车第三者责任保险的基础上附加本附加险时，保险人只负责赔偿第三者的精神损害抚慰金；在投保人仅投保机动车车上人员责任保险的基础上附加本附加险时，保险人只负责赔偿车上人员的精神损害抚慰金。

保险期间内，被保险人或其允许的驾驶人在使用被保险机动车的过程中，发生投保的主险约定的保险责任内的事故，造成第三者或车上人员的人身伤亡，受害人据此提出精神损害赔偿请求，保险人依据法院判决及保险合同约定，对应由被保险人或被保险机动车驾驶人支付的精神损害抚慰金，在扣除机动车交通事故责任强制保险应当支付的赔款后，在本保险赔偿限额内负责赔偿。

（二）责任免除

（1）根据被保险人与他人的合同协议，应由他人承担的精神损害抚慰金；

（2）未发生交通事故，仅因第三者或本车人员的惊恐而引起的损害；

（3）怀孕妇女的流产发生在交通事故发生之日起 30 天以外的。

（三）赔偿限额

本保险每次事故赔偿限额由保险人和投保人在投保时协商确定。

（四）赔偿处理

本附加险赔偿金额依据生效法律文书或当事人达成且经保险人认可的赔付协议，在保险单所载明的赔偿限额内计算赔偿。

九、附加法定节假日限额翻倍险

投保了机动车第三者责任保险的家庭自用汽车，可投保本附加险。

保险期间内，被保险人或其允许的驾驶人在法定节假日期间使用被保险机动车发生机动车第三者责任保险范围内的事故，并经公安部门或保险人查勘确认的，被保险机动车第三者责任保险所适用的责任限额在保险单载明的基础上增加一倍。

十、附加医保外医疗费用责任险

投保了机动车第三者责任保险或机动车车上人员责任保险的机动车，可投保本附加险。

（一）保险责任

保险期间内，被保险人或其允许的驾驶人在使用被保险机动车的过程中，发生主险保险事故，对于被保险人依照中华人民共和国法律（不含港澳台地区法律）应对第三者或车上人员承担的医疗费用，保险人对超出《道路交通事故受伤人员临床诊疗指南》和国家基本医疗保险同类医疗费用标准的部分负责赔偿。

（二）责任免除

下列损失、费用，保险人不负责赔偿：
（1）在相同保障的其他保险项下可获得赔偿的部分；
（2）所诊治伤情与主险保险事故无关联的医疗、医药费用；
（3）特需医疗类费用。

（三）赔偿限额

赔偿限额由投保人和保险人在投保时协商确定，并在保险单中载明。

（四）赔偿处理

被保险人索赔时，应提供由具备医疗机构执业许可的医院或药品经营许可的药店出具的、足以证明各项费用赔偿金额的相关单据。保险人根据被保险人实际承担的责任，在保险单载明的责任限额内计算赔偿。

十一、附加机动车增值服务特约条款

投保了机动车保险后，可投保本特约条款。

本特约条款包括道路救援服务特约条款、车辆安全检测特约条款、代为驾驶服务特约条款、代为送检服务特约条款共四个独立的特约条款，投保人可以选择投保全部特约条款，也可以选择投保其中部分特约条款。保险人依照保险合同的约定，按照承保特约条款分别提供增值服务。

（一）道路救援服务特约条款

1. 服务范围

保险期间内，被保险机动车在使用过程中发生故障而丧失行驶能力时，保险人或其受托人根据被保险人请求，向被保险人提供如下道路救援服务：
（1）单程 50 公里以内拖车；
（2）送油、送水、送防冻液、搭电；

（3）轮胎充气、更换轮胎；

（4）车辆脱离困境所需的拖拽、吊车。

2. 责任免除

（1）根据所在地法律法规、行政管理部门的规定，无法开展相关服务项目的情形；

（2）送油、更换轮胎等服务过程中产生的油料、防冻液、配件、辅料等材料费用；

（3）被保险人或驾驶人的故意行为。

3. 责任限额

保险期间内，保险人提供 2 次免费服务，超出 2 次的，由投保人和保险人在签订保险合同时协商确定，分为 5 次、10 次、15 次、20 次四档。

（二）车辆安全检测特约条款

1. 服务范围

保险期间内，为保障车辆安全运行，保险人或其受托人根据被保险人请求，为被保险机动车提供车辆安全检测服务。

2. 责任免除

（1）检测中发现的问题部件的更换、维修费用；

（2）洗车、打蜡等常规保养费用；

（3）车辆运输费用。

车辆安全检测
服务的内容

3. 责任限额

保险期间内，本特约条款的检测项目及服务次数上限由投保人和保险人在签订保险合同时协商确定。

（三）代为驾驶服务特约条款

1. 服务范围

保险期间内，保险人或其受托人根据被保险人请求，在被保险人或其允许的驾驶人因饮酒、服用药物等原因无法驾驶或存在重大安全驾驶隐患时提供单程 30 公里以内的短途代驾服务。

2. 责任免除

根据所在地法律法规、行政管理部门的要求，无法开展相关服务项目的情形。

3. 责任限额

保险期间内，本特约条款的服务次数上限由投保人和保险人在签订保险合同时协商确定。

（四）代为送检服务特约条款

1. 服务范围

保险期间内，按照《中华人民共和国道路交通安全法实施条例》，被保险机动车需由机动车安全技术检验机构实施安全技术检验时，根据被保险人请求，由保险人或其受托人代替车辆所有人进行车辆送检。

2. 责任免除

（1）根据所在地法律法规、行政管理部门的要求，无法开展相关服务项目的情形；

（2）车辆检验费用及罚款；

（3）维修费用。

任务实施

一、任务场景

理实一体化教室。

二、任务要求

1. 演练任务：学生应用附加险知识进行案例分析演练。

2. 演练目的：掌握附加险的保险责任、责任免除等条款知识，分析附加险的特点，以"真诚服务客户"的基本思想分析客户案例。

3. 演练内容：附加险保险责任的分析、附加险责任免除案例分析、附加险的赔偿分析。

三、任务分组

在这个任务中，采用分组实施方式进行，以4~8人为一组，通过学生自荐或者推荐的方式选出组长，由组长负责本组的组织协调工作，带头示范、督促，帮助其他组员完成相应工作。

四、任务步骤

学生以小组为单位分析讨论案例并完成工单的填写。

1. 保险期间内，王先生投保的车辆在自家楼下停放过程中，由于自家老人带着被保险人的子女在楼下违规燃放爆竹，使车辆风挡玻璃和机器盖受损。被保险人向保险公司提出索赔，请问应如何处理？

2. 附加车轮单独损失险责任免除情形有哪几项?

3. 甲的车辆停在自己小区楼下，不知被谁在车门上涂鸦了，甲没有购买附加车身划痕险，无明显碰撞痕迹的车身划痕损失不在保险责任范围内，无奈甲自费维修车辆，但甲依然向保险公司提出了索赔，原因是其购买了附加修理期间费用补偿险，你认为是否合理，为什么?

五、任务反思

1. 学生在完成任务过程中的收获和启示。

2. 学生在完成任务过程中的不足。

任务评价

汽车保险服务人员（认识附加险）学习任务表现评分表如表 2-7 所示。

表 2-7　学习任务表现评分表

序号	评价项目	分值	评价指标	自评（30%）	互评（30%）	师评（40%）
1	职业素养 30 分	5	小组分工明确，能够对学习任务内容及实施步骤进行精心准备			
		5	有团队意识、合作能力			
		5	能完成任务实施内容，能完成附加险相关案例分析			
		5	成果展示内容充实，语言规范			
		5	有独立思考能力，有求知探索精神			
		5	有诚信做人、诚信做事的社会主义核心价值观			

续表

序号	评价项目	分值	评价指标	自评 （30%）	互评 （30%）	师评 （40%）
2	专业能力 60分	15	学习积极主动，态度认真，遵守教学秩序			
		15	掌握附加险保险条款及赔偿条件			
		15	能灵活应用知识点进行相关案例分析			
		15	对知识的理解把握具有自学意识与动手能力			
3	创新意识 10分	10	有创新型思维和行动			
总配分		100	总得分			
综合评价						

项目二任务五
同步测试

某保险公司的续保业务员接到小组任务，根据客户基本信息完成保险推介工作。要求能够针对不同客户推介车辆投保险种。

请完成以下工单：

1. 任务目的

通过查阅书籍或上网查阅相关资料，掌握在汽车保险服务行业中，想要给客户进行专业的保险服务，需要掌握的知识和技能，专业的车险服务人员应该具备的职业素养，并培养车险服务人员的自主学习能力及对资料的分析总结能力。

2. 任务设备

汽车保险相关资料、计算机等。

3. 任务内容

（1）以小组为单位，掌握最新的保险条款内容并能针对具体案例进行理赔分析；

（2）查阅有关参考资料和手册，明确各个险种保险条款的含义；

（3）查阅有关参考资料和手册，掌握商业险种中主险和附加险之间的关系；

（4）对相关内容进行小组讨论，掌握险种推介话术。

（5）根据相关材料撰写一份保险推介话术报告。

道路交通事故社会救助基金

1. 救助基金的定义

道路交通事故社会救助基金（以下简称救助基金）由国家设立，是指依法筹集用于垫付机动车道路交通事故中受害人人身伤亡的丧葬费用、部分或者全部抢救费用的社会专项基金。我国 2010 年 1 月 1 日起由五部委联合颁布施行的《道路交通事故社会救助基金管理试行办法》中对救助基金进行了严格规定。

救助基金实行统一政策，地方筹集、分级管理、分工负责。

其中财政部会同有关部门制定救助基金的有关政策，并对各省、自治区、直辖市（以下简称"省级"）救助基金的筹集、使用和管理进行指导和监督。省级人民政府应当设立救助基金。救助基金主管部门及省级以下救助基金管理级次由省级人民政府确定。地方财政部门负责对同级救助基金的筹集、使用和管理进行指导和监督。地方保险监督管理机构负责对保险公司是否按照规定及时足额向救助基金管理机构缴纳救助基金实施监督检查。地方公安机关交通管理部门负责通知救助基金管理机构垫付道路交通事故中受害人的抢救费用。地方农业机械化主管部门负责协助救助基金管理机构向涉及农业机械的道路交通事故责任人追偿。地方卫生主管部门负责监督医疗机构按照《道路交通事故受伤人员临床诊疗指南》及时抢救道路交通事故中的受害人及依法申请救助基金垫付抢救费用。

2. 救助基金的筹集

救助基金的来源包括：

（1）按照交强险的保险费的一定比例提取的资金。每年 3 月 1 日前，财政部会同中国银行保险监督管理委员会（以下简称银保监会）根据上一年度救助基金的收支情况，按照收支平衡的原则，确定当年从交强险保险费收入中提取救助基金的比例幅度。省级人民政府在一定幅度范围内确定本地区具体提取比例。办理交强险业务的保险公司应当按照确定的比例，从交强险保险费中提取资金，并在每季度结束后 10 个工作日内，通过银行转账方式全额转入省级救助基金特设专户。

（2）对未按照规定投保交强险的机动车的所有人、管理人的罚款。财政部门应当根据当年预算在每季度结束后 10 个工作日内，将未按照规定投保交强险的罚款全额划拨至省级救助基金特设专户。

（3）救助基金管理机构依法向道路交通事故责任人追偿的资金。

（4）救助基金孳息。

（5）其他资金。其他资金包括地方政府按照保险公司经营交强险缴纳营业税数额给予的财政补助以及社会捐款等。其中省级财政部门应当根据当年预算于每季度结束后 10 个工作日内，按照上一个季度保险公司交纳交强险营业税数额和救助基金收支情况，向本地省级救助基金拨付财政补助。

3. 救助基金的使用

有下列情形之一时，道路交通事故中受害人人身伤亡的丧葬费用、部分或者全部抢救费用，由救助基金先行垫付，救助基金管理机构有权向道路交通事故责任人追偿：

(1) 抢救费用超过交强险责任限额。

(2) 肇事机动车未参加交强险。

(3) 机动车肇事后逃逸。

抢救费用是指机动车发生道路交通事故导致人员受伤时，医疗机构按照《道路交通事故受伤人员临床诊疗指南》，对生命体征不平稳和虽然生命体征平稳但如果不采取处理措施产生生命危险，或者导致残疾、器官功能障碍，或者导致病程明显延长的受伤人员，采取必要的处理措施所发生的医疗费用。

丧葬费用是指丧葬所必需的遗体运送、停放、冷藏、火化的服务费用。具体费用应当按机动车道路交通事故发生地物价部门制定的收费标准确定。

依法应当由救助基金垫付的受害人丧葬费用、部分或者全部抢救费用的，由道路交通事故发生地的救助基金管理机构及时垫付。

救助基金一般垫付受害人自接受抢救之时起 72 小时内的抢救费用，特殊情况下超过 72 小时的费用由医疗机构书面说明理由，具体应当按照机动车道路交通事故发生地物价部门核定的收费标准核算。

需要救助基金垫付部分或者全部抢救费用的，公安机关交通管理部门应当在 3 个工作内书面通知救助基金管理机构。

医疗机构在抢救受害人结束后，对尚未结算的抢救费用，可以向救助基金管理机构提出垫付申请，并提供有关抢救费用的证明材料。

对符合垫付要求的，救助基金管理机构应当将相关费用划入医疗机构账户。对不符合垫付要求的，不予垫付，并向医疗机构说明理由。

救助基金管理机构与医疗机构就垫付抢救费用问题发生争议时，由救助基金主管部门会同卫生主管部门协调解决。

需要救助基金垫付丧葬费用的，由受害人亲属凭处理该交通事故的公安机关交通管理部门出具的《尸体处理通知书》和本人身份证明向救助基金管理机构提出书面垫付申请。对无主或者无法确认身份的遗体，由公安部门按照有关规定处理。

救助基金管理机构收到丧葬费用垫付申请和有关证明材料后，对符合垫付要求的，应当在 3 个工作日内按照有关标准垫付丧葬费用，并书面告知处理该交通事故的公安机关交通管理部门。对不符合垫付要求的，不予垫付，并向申请人说明理由。

救助基金管理机构对抢救费用和丧葬费用的垫付申请进行审核时，可以向公安机关交通管理部门、医疗机构和保险公司等有关单位核实情况，有关单位应当子以配合。

项目三　新能源汽车保险条款

[情境1] 28岁的李先生，驾龄2年，经济状况中等，刚刚购买了一辆新能源汽车，新车购置价20万元，该车一般停在露天停车位，主要是作为上班的代步车，有时节假日全家一起就近自驾游，日常充电主要在公共的充电站进行。请问李先生在用车过程中会面临什么风险？作为汽车保险工作人员，应该给李先生推荐什么样的投保方案？请对新能源汽车各个保险条款进行全面介绍。

[情境2] 某年10月，麦某驾驶新能源小型轿车从事网约车经营活动，行驶至某市某区二塔路与一辆二轮摩托车发生碰撞，造成一起双方车辆受损、摩托车驾驶员送医院抢救无效死亡、摩托车乘客受伤的交通事故。事故发生后，交通部门认定麦某负事故的全部责任。

分析：

1. 新能源车主麦某如何投保，才能够将此次事故的损失赔偿降到最低？针对事故中的损失，保险公司应如何赔偿？

2. 假设麦某为车辆投保的是非营业性质车辆保险，发生此次事故后，向保险公司索赔时，会遇到什么问题？为什么？麦某正确的做法是什么？

3. 通过这两起事故，你获得了哪些启示？

1. 知识目标

- 掌握新能源汽车商业保险条款的内容；
- 掌握新能源汽车损失保险、新能源汽车第三者责任保险、新能源汽车车上人员责任保险的保险责任、责任免除和赔偿处理；
- 理解新能源汽车各附加险的保险责任和责任免除。

2. 实践目标

- 能够正确理解新能源汽车各个保险条款；
- 能够准确分析和判断实际案例所适用的保险条例；
- 能够向客户作出合理的新能源汽车保险的解释，并做好服务工作；
- 能够指导客户进行新能源汽车投保。

3. 素养目标

- 具有创新进取的爱国情怀和民族精神；
- 具有精益求精的工匠精神；

- 具有为客户服务的良好职业素养；
- 具有一定的风险规避意识；
- 具有敬畏生命、生命至上的价值观；
- 具有良好的职业认同感和服务意识。

任务一　了解《新能源汽车商业保险示范条款（试行）》

任务描述

随着我国新能源汽车保有量的不断增加，燃油车保险产品已经不能满足新的市场需求，虽然新能源汽车也能购买传统燃油车的保险，但是出现的新能源汽车独有部分的故障和损失，是无法得到有效保障的。而《新能源汽车商业保险示范条款（试行）》的发布，能够确保车主在使用新能源汽车时，针对出现的损失获得保险的保驾护航。为了能够更好地服务客户，提升消费者对新能源汽车使用过程中的信心，保险从业人员应当对该条款的发布背景及特点等方面内容更加熟悉。

思维导图

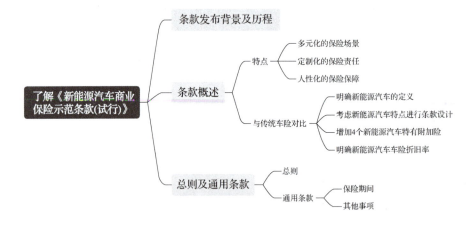

任务知识

一、条款发布背景及历程

2021 年 12 月 14 日，在充分考虑公开征集意见的基础上，中国保险行业协会正式发布《中国保险行业协会新能源汽车商业保险专属条款（试行）》［简称《新能源汽车商业保险专属条款（试行）》］，包括《中国保险行业协会新能源汽车商业保险示范条款（试行）》［简称《新能源汽车商业保险示范条款（试行）》或条款］和《中国保险行业协会新能源汽车驾乘人员意外伤害保险示范条款（试行）》。2021年12月27日零点，新能源汽车商业保险专属产品在全国车险信息平台成功上线。

按照新能源汽车商业保险示范条款费率切换时间，所有新保和续保的新能源汽车（但不包括摩托车、拖拉机、特种车），统一适用《新能源汽车商业保险示范条款（试行）》承保，不再适用《中国保险行业协会机动车商业保险示范条款（2020版）》。非新能源汽车不能适用《新能源汽车商业保险示范条款（试行）》承保。

新能源汽车商业
保险条款发布
背景简介

其中，《中国保险行业协会新能源汽车驾乘人员意外伤害保险示范条款（试行）》主险及附加险条款基本沿用《驾乘人员意外伤害保险示范条款（2020版）》，仅是释义部分明确了新能源汽车的定义，并将充电纳入"车辆使用过程"范围，本书主要介绍《中国保险行业协会新能源汽车商业保险示范条款（试行）》。

二、条款概述

（一）特点

《中国保险行业协会新能源汽车商业保险示范条款（试行）》制定工作坚决贯彻以人民为中心的发展思想和高质量发展要求，认真落实车险综合改革工作部署，为新能源汽车消费者提供更加有效和有针对性的保险保障。在保险责任上，既为"三电"系统提供保障，又全面涵盖新能源汽车行驶、停放、充电及作业的使用场景。在条款开发上，既考虑当前的主流技术路线，又对新能源汽车产业的新业态留有创新空间。

1. 多元化的保险场景

条款结合新能源汽车充电使用的特点，开发《自用充电桩损失保险》《自用充电桩责任保险》，既涵盖本车损失，又包含充电桩等辅助设备自身损失以及设备本身可能引起的财产损失及人身伤害；集中解决新技术应用中辅助设施产生的风险。这是车险首次承保车外固定辅助设备，是车险领域内的一次创新和探索。

2. 定制化的保险责任

条款以列明式的表述，突出新能源汽车"三电"系统的构造特征。如电池及储能系统、电机及驱动系统等，文字内容一目了然，方便消费者阅读理解。同时，将保障范围扩大至车辆使用的特定场景，如自助充电、专用车辆工程作业等，升级优化传统车险的内涵与外延，增强了条款的适用性、针对性。

3. 人性化的保险保障

结合新能源汽车充电过程中的风险，设计《附加外部电网故障损失险》，承保由于外部电网输变电故障、电流电压异常等导致的车辆损失，通过保险机制，分散风险。

（二）与传统车险的对比

1. 明确新能源汽车的定义

《中国保险行业协会新能源汽车商业保险示范条款（试行）》第2条对新能源汽车的外延进行明确，"被保险新能源汽车是指在中华人民共和国境内（不含港、澳、台地区）行驶，采用新型动力系统，完全或主要依靠新型能源驱动，上道路行驶的供人员乘用或者用于运送物品以及进行专项作业的轮式车辆、履带式车辆和其他运载工具，但不包括摩托车、拖拉机、特种车。"

2. 考虑新能源汽车特点进行条款设计

（1）将所有涉及"机动车"的字样，统一替换为"新能源汽车"，以便和《中国保险行业协会机动车商业保险示范条款（2020 版）》进行区分。

（2）同时在车辆损失险、第三者责任险、车上人员责任险 3 个主险里，明确意外事故包含起火燃烧，回应消费者对新能源汽车火灾事故的隐忧。

（3）在车辆损失险中，明确"三电"系统及出厂设备属于车损险的保险责任。列明下列设备的直接损失由保险人负责赔偿，包括：

①车身；

②电池及储能系统（电池）、电机及驱动系统（电机）、其他控制系统（电控）；

③其他所有出厂时的设备。

（4）明确新能源汽车的使用状态包括行驶、停放、充电及作业，相比传统车使用，增加了充电过程。

（5）类比于《中国保险行业协会机动车商业保险示范条款（2020 版）》中的自然磨损，将电池衰减的损耗排除在《中国保险行业协会新能源汽车商业保险示范条款（试行）》保险责任之外。

（6）在车辆损失险中，明确充电期间因外部电网故障导致的损失不在保险范围内。

（7）由于新能源汽车大部分不再具有燃油发动机，因此在《中国保险行业协会新能源汽车商业保险示范条款（试行）》中剔除了发动机进水损坏除外特约条款。

3. 增加 4 个新能源汽车特有附加险

《中国保险行业协会新能源汽车商业保险示范条款（试行）》中新增了附加外部电网故障损失险、附加自用充电桩损失保险、附加自用充电桩责任保险、附加新能源汽车增值服务特约条款 4 个附加险。同时，还可相应投保《中国保险行业协会机动车商业保险示范条款（2020 版）》中的附加绝对免赔率特约条款、附加车轮单独损失险、附加新增加设备损失险、附加车身划痕损失险、附加修理期间费用补偿险、附加车上货物责任险、附加精神损害抚慰金责任险、附加法定节假日限额翻倍险、附加医保外医疗费用责任险。综上，投保《中国保险行业协会新能源汽车商业保险示范条款（试行）》主险，共可以投保 13 个附加险。

4. 明确新能源汽车车险折旧率

《中国保险行业协会新能源汽车商业保险示范条款（试行）》的释义中明确了新能源汽车的折旧率。相比传统车险，新能源汽车车险折旧率的变化，主要体现在 9 座以下家庭自用车和非营业客车上。相比传统车险 0.6% 的折旧率，新能源汽车车险的折旧率根据燃料类型，分为纯电动汽车、插电式混合动力与燃料电池汽车两档。纯电动汽车折旧率根据价格区间，从 0.68%~0.82%，且价格越低，折旧越快；插电式混合动力与燃料电池汽车所有价格区间均为 0.63%，均高于传统车险 0.6% 的折旧率。

三、总则及通用条款

本书以中国保险行业协会发布的《中国保险行业协会新能源汽车商业保险示范条款（试行）》为例介绍新能源汽车商业保险的总则和通用条款。

（一）总则

（1）《中国保险行业协会新能源汽车商业保险示范条款（试行）》分为主险、附加险。主险包括新能源汽车损失险、新能源汽车第三者责任险、新能源汽车车上人员责任险共三个独立的险种，投保人可以选择投保全部险种，也可以选择投保其中部分险种。保险人依照保险合同的约定，按照承保险种分别承担保险责任。附加险不能独立投保。附加险条款与主险条款相抵触的，以附加险条款为准，附加险条款未尽之处，以主险条款为准。

（2）保险合同中的被保险新能源汽车是指在中华人民共和国境内（不含港、澳、台地区）行驶，采用新型动力系统，完全或主要依靠新型能源驱动，上道路行驶的供人员乘用或者用于运送物品以及进行专项作业的轮式车辆、履带式车辆和其他运载工具，但不包括摩托车、拖拉机、特种车。

（3）保险合同中的第三者是指因被保险新能源汽车发生意外事故遭受人身伤亡或者财产损失的人，但不包括被保险新能源汽车本车车上人员、被保险人。

（4）保险合同中的车上人员是指发生意外事故的瞬间，在被保险新能源汽车车体内或车体上的人员，包括正在上下车的人员。

（5）保险合同中的各方权利和义务，由保险人、投保人遵循公平原则协商确定。

除保险合同另有约定外，投保人应在保险合同成立时一次交清保险费。保险费未交清前，保险合同不生效。

（二）通用条款

在《中国保险行业协会新能源汽车商业保险示范条款（试行）》中，主险的通用条款如下：

1. 保险期间

除另有约定外，保险期间为一年，以保险单载明的起讫时间为准。

2. 其他事项

（1）发生保险事故时，被保险人或驾驶人应当及时采取合理的、必要的施救和保护措施，防止或者减少损失，并在保险事故发生后48小时内通知保险人。被保险新能源汽车全车被盗抢的，被保险人知道保险事故发生后，应在24小时内向出险当地公安刑侦部门报案，并通知保险人。被保险人索赔时，应当向保险人提供与确认保险事故的性质、原因、损失程度等有关的证明和资料。被保险人应当提供保险单、损失清单、有关费用单据、被保险新能源汽车行驶证和发生事故时驾驶人的驾驶证。

属于道路交通事故的，被保险人应当提供公安机关交通管理部门或法院等机构出具的事故证明、有关的法律文书（判决书、调解书、裁定书、裁决书等）及其他证明。被保险人或其允许的驾驶人根据有关法律法规规定选择自行协商方式处理交通事故的，被保险人应当提供依照《道路交通事故处理程序规定》签订记录交通事故情况的协议书。被保险新能源汽车被盗抢的，被保险人索赔时，须提供保险单、损失清单、有关费用单据、机动车登记证书、机动车来历凭证以及出险当地县级以上公安刑侦部门出具的盗抢立案证明。

（2）保险人按照保险合同的约定，认为被保险人索赔提供的有关证明和资料不完整的，应当及时一次性通知被保险人补充提供。

（3）保险人收到被保险人的赔偿请求后，应当及时作出核定；情形复杂的，应当在30

日内作出核定。保险人应当将核定结果通知被保险人；对属于保险责任的，在与被保险人达成赔偿协议后10日内，履行赔偿义务。保险合同对赔偿期限另有约定的，保险人应当按照约定履行赔偿义务。保险人未及时履行前款约定义务的，除支付赔款外，应当赔偿被保险人因此受到的损失。

（4）保险人依照本条款的约定作出核定后，对不属于保险责任的，应当自作出核定之日起3日内向被保险人发出拒绝赔偿通知书，并说明理由。

（5）保险人自收到赔偿请求和有关证明、资料之日起60日内，对其赔偿数额不能确定的，应当根据已有证明和资料可以确定的数额先予支付；保险人最终确定赔偿数额后，应当支付相应的差额。

（6）保险人受理报案、现场查勘、核定损失、参与诉讼、进行抗辩、要求被保险人提供证明和资料、向被保险人提供专业建议等行为，均不构成保险人对赔偿责任的承诺。

（7）在保险期间内，被保险新能源汽车转让他人的，受让人继承被保险人的权利和义务。被保险人或者受让人应当及时通知保险人，并及时办理保险合同变更手续。因被保险新能源汽车转让导致被保险新能源汽车危险程度发生显著变化的，保险人自收到前款约定的通知之日起30日内，可以相应调整保险费或者解除保险合同。

（8）保险责任开始前，投保人要求解除保险合同的，应当向保险人支付应交保险费金额3%的退保手续费，保险人应当退还保险费。保险责任开始后，投保人要求解除保险合同的，自通知保险人之日起，保险合同解除。保险人按日收取自保险责任开始之日起至合同解除之日止期间的保险费，并退还剩余部分保险费。

（9）因履行保险合同发生的争议，由当事人协商解决，协商不成的，由当事人从下列两种合同争议解决方式中选择一种，并在保险合同中载明：

①提交保险单载明的仲裁委员会仲裁；

②依法向人民法院起诉。

任务实施

一、任务场景

理实一体化教室。

二、任务要求

1. 演练任务：了解《新能源汽车商业保险条款（试行）》发布的背景，了解《新能源汽车商业保险示范条款（试行）》的特点以及与传统车险的区别，了解《新能源汽车商业保险示范条款（试行）》中的总则相关内容。

2. 演练目的：通过对《新能源汽车商业保险示范条款（试行）》发布背景及特点的学习，提升对新能源汽车使用过程的信心，提升服务意识，为后续不同险种的学习做好铺垫。

3. 演练内容：制作PPT进行汇报，汇报内容包括《新能源汽车商业保险示范条款（试行）》的发布历程、背景、特点、总则及通用条款等，并谈一谈你对该条款发布的看法。

三、任务分组

在这个任务中，采用分组实施方式进行，以 4～8 人为一组，通过学生自荐或者推荐的方式选出组长，由组长负责本组的组织协调工作，带头示范、督促，帮助其他组员完成相应工作。

四、任务步骤

1. 学生以小组为单位分析讨论。

（1）《新能源汽车商业保险示范条款（试行)》的发布历程。

（2）为什么机动车商业保险条款无法满足新能源汽车的保险需求。

（3）《新能源汽车商业保险示范条款（试行)》的特点。

（4）《新能源汽车商业保险示范条款（试行)》与传统车险的区别。

（5）《新能源汽车商业保险示范条款（试行)》总则及通用条款与传统车险相比，是否有变化？

2. 制作 PPT，小组选取代表，展示和讲解 PPT 内容。

五、任务反思

1. 学生在完成任务过程中的收获和启示。

2. 学生在完成任务过程中的不足。

任务评价

汽车保险服务人员［熟悉《新能源汽车商业保险示范条款（试行）》］学习任务表现评分表如表 3 - 1 所示。

表 3 - 1　学习任务表现评分表

序号	评价项目	分值	评价指标	自评（30%）	互评（30%）	师评（40%）
1	职业素养 30 分	5	小组分工明确，能够对学习任务内容及实施步骤进行精心准备			
		5	有团队意识、合作能力			
		5	PPT 展示仪表着装得体，能较好地激发学习兴趣，营造良好的学习氛围			
		5	成果展示内容充实、语言规范、声音洪亮、吐字清晰			
		5	展示有本人看法，开场和结束有吸引力的			
		5	体现以"人民为中心"的发展思想			
2	专业能力 60 分	15	学习积极主动，态度认真，遵守教学秩序			
		15	PPT 制作技术美观、新颖，布局合理			
		15	PPT 内容层次清晰，重点突出			
		15	PPT 中有关《新能源汽车商业保险示范条款（试行）》的内容表述正确			
3	创新意识 10 分	10	有创新型思维和行动			
	总配分	100	总得分			
	综合评价					

项目三任务一
同步测试

任务二 认识新能源汽车损失保险

任务描述

新能源汽车损失保险与机动车损失保险类似，都是保障自身车辆。在新能源汽车损失保险条款中，主要包括保险责任、责任免除、免赔额、保险金额和赔偿处理等内容。作为一名合格的车险从业人员，应该熟练掌握新能源汽车损失保险相关保险条款，并且能够向客户作出通俗易懂的解释；同时能够熟练应用条款中的内容，解答客户在现实生活中所遇到的各种疑问，做一名有温度的车险服务人员。

思维导图

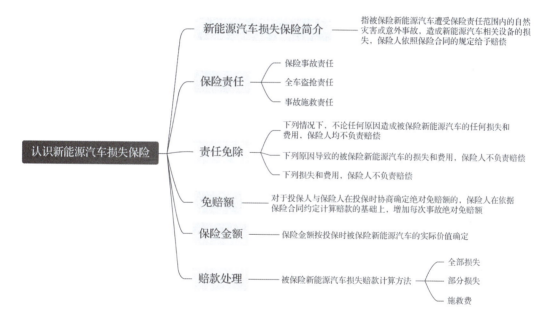

任务知识

一、新能源汽车损失保险简介

新能源汽车损失保险是指被保险新能源汽车遭受保险责任范围内的自然灾害或意外事故，造成新能源汽车相关设备的损失，保险人依照保险合同的规定给予赔偿。新能源汽车损失保险是对自身新能源汽车的保障，若不投保该险种，自身新能源汽车碰撞后的修理费都得自己承担。

新能源汽车损失保险为不定值保险，即在新能源汽车损失保险合同中，当事人双方事先不确定保险标的的实际价值，而只列保险金额作为最高赔偿限额。

二、保险责任

（一）保险事故责任

保险期间内，被保险人或被保险新能源汽车驾驶人在使用被保险新能源汽车的过程中，因自然灾害、意外事故（含起火燃烧）造成被保险新能源汽车下列设备的直接损失，且不属于免除保险人责任的范围，保险人依照保险合同的约定负责赔偿。

保险术语释义

（1）车身；

（2）电池及储能系统、电机及驱动系统、其他控制系统；

（3）其他所有出厂时的设备。

（二）全车盗抢责任

在保险期间内，被保险新能源汽车被盗窃、抢劫、抢夺，经出险地县级以上公安刑侦部门立案证明，满 60 天未查明下落的全车损失，以及因被盗窃、抢劫、抢夺受到损坏造成的直接损失，且不属于免除保险人责任的范围，保险人依照保险合同的约定负责赔偿。

（三）事故施救责任

发生保险事故时，被保险人或驾驶人为防止或者减少被保险新能源汽车的损失所支付的必要的、合理的施救费用，由保险人承担；施救费用数额在被保险新能源汽车损失赔偿金额以外另行计算，最高不超过保险金额。

三、责任免除

（一）下列情况下，不论任何原因造成被保险新能源汽车的任何损失和费用，保险人均不负责赔偿

（1）事故发生后，被保险人或驾驶人故意破坏、伪造现场，毁灭证据；

（2）驾驶人有下列情形之一者：

①交通肇事逃逸；

②饮酒、吸食或注射毒品、服用国家管制的精神药品或者麻醉药品；

③无驾驶证，驾驶证被依法扣留、暂扣、吊销、注销期间；

④驾驶与驾驶证载明的准驾车型不相符合的新能源汽车。

（3）被保险新能源汽车有下列情形之一者：

①发生保险事故时被保险新能源汽车行驶证、号牌被注销；

②被扣留、收缴、没收期间；

③竞赛、测试期间，在营业性场所维修、保养、改装期间；

④被保险人或驾驶人故意或重大过失，导致被保险新能源汽车被利用从事犯罪行为。

（二）下列原因导致的被保险新能源汽车的损失和费用，保险人不负责赔偿

（1）战争、军事冲突、恐怖活动、暴乱、污染（含放射性污染）、核反应、核辐射；

（2）违反安全装载规定；

（3）被保险新能源汽车被转让、改装、加装或改变使用性质等，导致被保险新能源汽车危险程度显著增加，且未及时通知保险人，因危险程度显著增加而发生保险事故的；

（4）投保人、被保险人或驾驶人故意制造保险事故。

（三）下列损失和费用，保险人不负责赔偿

（1）因市场价格变动造成的贬值、修理后因价值降低引起的减值损失；

（2）自然磨损、电池衰减、朽蚀、腐蚀、故障、本身质量缺陷；

（3）投保人、被保险人或驾驶人知道保险事故发生后，故意或者因重大过失未及时通知保险公司，致使保险事故的性质、原因、损失程度等难以确定的，保险人对无法确定的部分，不承担赔偿责任，但保险人通过其他途径已经知道或者应当及时知道保险事故发生的除外；

（4）因被保险人违反赔偿处理中的相关条款，导致无法确定的损失；

其中相关条款为：因保险事故损坏的被保险新能源汽车，修理前被保险人应当会同保险人检验，协商确定维修机构、修理项目、方式和费用。无法协商确定的，双方委托共同认可的有资质的第三方进行评估。

（5）车轮单独损失、无明显碰撞痕迹的车身划痕，以及新增加设备的损失；

（6）非全车盗抢、仅车上零部件或附属设备被盗窃；

（7）充电期间因外部电网故障导致被保险新能源汽车的损失。

四、免赔额

对于投保人与保险人在投保时协商确定绝对免赔额的，保险人在依据保险合同约定计算赔款的基础上，增加每次事故绝对免赔额。

五、保险金额

保险金额按投保时被保险新能源汽车的实际价值确定。

投保时被保险新能源汽车的实际价值由投保人与保险人根据投保时的新车购置价减去折旧金额后的价格协商确定或其他市场公允价值协商确定。

折旧金额可根据保险合同列明的参考折旧系数表确定，具体折旧系数如表 3 - 2～表 3 - 4所示。

表 3 - 2　新能源汽车折旧系数　　　　　　　　　　　　　%

车辆种类	月折旧系数			
	家庭自用	非营业	营业	
			出租	其他
9 座以下客车	表 3 - 3 和表 3 - 4	表 3 - 3 和表 3 - 4	1.10	0.90
10 座以上客车	0.90	0.90	1.10	0.90
微型载货汽车	—	0.90	1.10	1.10
带拖挂的载货汽车	—	0.90	1.10	1.10
低速货车和三轮汽车	—	1.10	1.40	1.40
其他车辆	—	0.90	1.10	0.90

表 3-3　9 座以下客车家庭自用和非营业纯电动新能源汽车折旧系数

新车购置价格区间/万元	纯电动汽车折旧系数（每月）/%
0~10	0.82
10~20	0.77
20~30	0.72
30 以上	0.68

注：凡涉及新车购置价区间分段的陈述都按照"含起点不含终点"的原则来解释。

表 3-4　9 座以下客车家庭自用和非营业插电式混合动力与燃料电池新能源汽车折旧系数

新车购置价格区间	插电式混合动力与燃料电池汽车折旧系数（每月）/%
所有价格区间	0.63

折旧按月计算，不足一个月的部分，不计折旧。最高折旧金额不超过投保时被保险新能源汽车新车购置价的 80%。

$$折旧金额 = 新车购置价 × 被保险新能源汽车已使用月数 × 月折旧系数$$

六、赔偿处理

（1）发生保险事故后，保险人依据新能源汽车损失保险条款约定在保险责任范围内承担赔偿责任，赔偿方式由保险人与被保险人协商确定。

（2）因保险事故损坏的被保险新能源汽车，修理前被保险人应当会同保险人检验，协商确定维修机构、修理项目、方式和费用，无法协商确定的，双方委托共同认可的有资质的第三方进行评估。

（3）被保险新能源汽车遭受损失后的残余部分由保险人、被保险人协商处理，如果归被保险人的，由双方协商确定其价值并在赔款中扣除。

（4）因第三方对被保险新能源汽车的损害而造成保险事故，被保险人向第三方索赔的，保险人应积极协助；被保险人也可以直接向本保险人索赔，保险人在保险金额内先行赔付被保险人，并在赔偿金额内代位行使被保险人对第三方请求赔偿的权利。

（5）被保险人已经从第三方取得损害赔偿的，保险人进行赔偿时，相应扣减被保险人从第三方已取得的赔偿金额。保险人未赔偿之前，被保险人放弃对第三方请求赔偿的权利的，保险人不承担赔偿责任。

被保险人故意或者因重大过失致使保险人不能行使代位请求赔偿的权利的，保险人可以扣减或者要求返还相应的赔款。

保险人向被保险人先行赔付的，保险人向第三方行使代位请求赔偿的权利时，被保险人应当向保险人提供必要的文件和所知道的有关情况。

（6）被保险新能源汽车损失赔款计算方法如下：

①全部损失。

$$赔款 = 保险金额 - 被保险人已从第三方获得的赔偿金额 - 绝对免赔额$$

②部分损失。

被保险新能源汽车发生部分损失，保险人按实际修复费用在保险金额内计算赔偿。

赔款＝实际修复费用－被保险人已从第三方获得的赔偿金额－绝对免赔额

③施救费。

施救的财产中，含有保险合同之外的财产，应按保险合同保险财产的实际价值占总施救财产的实际价值比例分摊施救费用。

（7）被保险新能源汽车发生保险事故，导致全部损失，或一次赔款金额与免赔金额之和（不含施救费）达到保险金额，保险人按保险合同约定支付赔款后，保险责任终止，保险人不退还新能源汽车损失保险及其附加险的保险费。

任务实施

一、任务场景

理实一体化教室。

二、任务要求

1. 演练任务：向投保人介绍新能源汽车损失保险索赔事项，分析相关案例。

2. 演练目的：掌握新能源汽车损失保险的保险责任、责任免除、免赔额、保险金额和索赔事项。

3. 演练内容：根据客户实际情况，利用所学知识向客户介绍新能源汽车损失保险，并分析损失保险赔付的相关案例。

三、任务分组

在这个任务中，采用分组实施方式进行，以4~8人为一组，通过学生自荐或者推荐的方式选出组长，由组长负责本组的组织协调工作，带头示范、督促，帮助其他组员完成相应工作。

四、任务步骤

学生以小组为单位分析讨论，并完成工单的填写。

1. 介绍新能源汽车损失保险的保险责任。

2. 介绍新能源汽车损失保险的责任免除。

3. 介绍新能源汽车损失保险的免赔额。

4. 介绍新能源汽车损失保险的保险金额。

5. 介绍新能源汽车损失保险的赔偿处理。

6. 2022 年 1 月 10 日，王甲在平安北分公司为其小轿车投保新能源汽车损失保险。该投保车辆为纯电动轿车，购买此车享受新能源汽车购置优惠政策。涉案事故车辆在扣除国家补贴之后，王甲实际支付购车款为 6 万元。平安北分公司以该车补贴前的官方指导价格为标准进行评估，计算保险费用。车损险的赔偿限额为 169 801.2 元。在保险期间内，2022 年 11 月 13 日，王甲的父亲王乙驾驶该车辆在北京市房山区燕山石化东岭路上行驶时发生交通事故，造成车辆受损。事故发生后，王乙立即向平安北分公司报险并说明事故情况。后王甲将事故车辆送至平安北分公司合作厂北京西三旗中海同创汽车销售有限公司维修，支付维修费用 70 365 元。

王甲认为涉案事故车辆在平安北分公司投保车损险，保险金额为 169 801.2 元，本案事故发生在保险期间内，平安北分公司应按照保险合同约定向王甲赔偿保险金 70 365 元。平安北分公司认为涉案事故车辆应该以王甲实际购车价格的折旧价值 55 380 元为赔偿计算标准，不应该按照投保时的车辆保险金额 169 801.2 元进行赔偿，故不同意王甲主张的赔偿金额。如果你作为法官，你认为保险公司的赔偿金额应该是多少？为什么？

五、任务反思

1. 学生在完成任务过程中的收获和启示。

2. 学生在完成任务过程中的不足。

任务评价

汽车保险服务人员（掌握新能源汽车损失保险）学习任务表现评分表如表 3 – 5 所示。

表 3 – 5　学习任务表现评分表

序号	评价项目	分值	评价指标	自评（30%）	互评（30%）	师评（40%）
1	职业素养 30 分	5	小组分工明确，能够对学习任务内容及实施步骤进行精心准备			
		5	有团队意识、合作能力			
		5	能完成任务实施内容			
		5	任务报告结构完整，观点正确			
		5	成果展示内容完整，语言规范			
		5	能体现精益求精的岗位职责			
2	专业能力 60 分	15	学习积极主动，态度认真，遵守教学秩序			
		15	掌握新能源汽车损失保险条款相关知识			
		15	能灵活应用知识点进行相关案例分析			
		15	对知识的理解把握具有自学意识与动手能力			
3	创新意识 10 分	10	有创新型思维和行动			
总配分		100	总得分			
综合评价						

项目三任务二
同步测试

任务三　认识新能源汽车第三者责任保险

任务描述

新能源汽车第三者责任保险主要用来赔偿事故中第三者的损失，其条款内容与机动车第三者责任保险类似。作为一名合格的车险从业人员，对新能源汽车第三者责任保险条款中的保险责任、责任免除、责任限额和赔偿处理等内容要熟练掌握。同时，在实际工作中，不仅能够向客户解释该保险的作用和使用时的注意事项，更能够准确分析和判断某一事故所造成的损失是否为保险责任。

思维导图

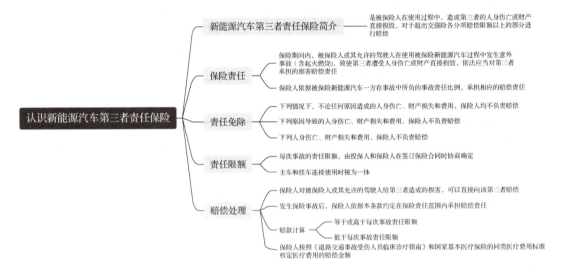

任务知识

一、新能源汽车第三者责任保险简介

新能源汽车第三者责任保险指的是被保险人在使用过程中，造成第三者的人身伤亡或财产直接损毁，对于超出交强险各分项赔偿限额以上的部分进行赔偿。

二、保险责任

（1）保险期间内，被保险人或其允许的驾驶人在使用被保险新能源汽车过程中发生意外事故（含起火燃烧），致使第三者遭受人身伤亡或财产直接损毁，依法应当对第三者承担的损害赔偿责任，且不属于免除保险人责任的范围，保险人依照保险合同的约定，对于超过机动车交通事故责任强制保险各分项赔偿限额的部分负责赔偿。

（2）保险人依据被保险新能源汽车一方在事故中所负的事故责任比例，承担相应的赔偿责任。

被保险人或被保险新能源汽车一方根据有关法律法规选择自行协商或由公安机关交通管理部门处理事故，但未确定事故责任比例的，按照下列规定确定事故责任比例：

被保险新能源汽车一方负主要事故责任的，事故责任比例为70%；

被保险新能源汽车一方负同等事故责任的，事故责任比例为50%；

被保险新能源汽车一方负次要事故责任的，事故责任比例为30%。

涉及司法或仲裁程序的，以法院或仲裁机构最终生效的法律文书为准。

三、责任免除

（一）下列情况下，不论任何原因造成的人身伤亡、财产损失和费用，保险人均不负责赔偿

（1）事故发生后，被保险人或驾驶人故意破坏、伪造现场，毁灭证据；

（2）驾驶人有下列情形之一者：

①交通肇事逃逸；

②饮酒、吸食或注射毒品、服用国家管制的精神药品或者麻醉药品；

③无驾驶证，驾驶证被依法扣留、暂扣、吊销、注销期间；

④驾驶与驾驶证载明的准驾车型不相符合的新能源汽车；

⑤非被保险人允许的驾驶人。

（3）被保险新能源汽车有下列情形之一者：

①发生保险事故时被保险新能源汽车行驶证、号牌被注销的；

②被扣留、收缴、没收期间；

③竞赛、测试期间，在营业性场所维修、保养、改装期间；

④全车被盗窃、抢劫、抢夺、下落不明期间。

（二）下列原因导致的人身伤亡、财产损失和费用，保险人不负责赔偿

（1）战争、军事冲突、恐怖活动、暴乱、污染（含放射性污染）、核反应、核辐射；

（2）第三者、被保险人或驾驶人故意制造保险事故、犯罪行为，第三者与被保险人或其他致害人恶意串通的行为；

（3）被保险新能源汽车被转让、改装、加装或改变使用性质等，导致被保险新能源汽车危险程度显著增加，且未及时通知保险人，因危险程度显著增加而发生保险事故的。

（三）下列人身伤亡、财产损失和费用，保险人不负责赔偿

（1）被保险新能源汽车发生意外事故，致使任何单位或个人停业、停驶、停电、停水、停气、停产、通信或网络中断、电压变化、数据丢失造成的损失以及其他各种间接损失；

（2）第三者财产因市场价格变动造成的贬值，修理后因价值降低引起的减值损失；

（3）被保险人及其家庭成员、驾驶人及其家庭成员所有、承租、使用、管理、运输或代管的财产的损失，以及本车上财产的损失；

（4）被保险人、驾驶人、本车车上人员的人身伤亡；

（5）停车费、保管费、扣车费、罚款、罚金或惩罚性赔款；

（6）超出《道路交通事故受伤人员临床诊疗指南》和国家基本医疗保险同类医疗费用标准的费用部分；

（7）律师费，未经保险人事先书面同意的诉讼费、仲裁费；

（8）投保人、被保险人或驾驶人知道保险事故发生后，故意或者因重大过失未及时通知，致使保险事故的性质、原因、损失程度等难以确定的，保险人对无法确定的部分，不承担赔偿责任，但保险人通过其他途径已经知道或者应当及时知道保险事故发生的除外；

（9）因被保险人违反赔偿处理中的相关条款，导致无法确定的损失；

其中相关条款是指：发生保险事故后，保险人依据《新能源汽车第三者责任保险》条款约定在保险责任范围内承担赔偿责任。赔偿方式由保险人与被保险人协商确定。因保险事故损坏的第三者财产，修理前被保险人应当会同保险人检验，协商确定维修机构、修理项目、方式和费用。无法协商确定的，双方委托共同认可的有资质的第三方进行评估。

（10）精神损害抚慰金；

（11）应当由机动车交通事故责任强制保险赔偿的损失和费用。

保险事故发生时，被保险新能源汽车未投保机动车交通事故责任强制保险或机动车交通事故责任强制保险合同已经失效的，对于机动车交通事故责任强制保险责任限额以内的损失和费用，保险人不负责赔偿。

四、责任限额

（一）每次事故的责任限额，由投保人和保险人在签订保险合同时协商确定

现行新能源汽车第三者责任保险责任限额分为 8 个档次：5 万元、10 万元、15 万元、20 万元、30 万元、50 万元、100 万元和 100 万元以上且最高不超过 1 000 万元。

（二）主车和挂车连接使用时视为一体

发生保险事故时，由主车保险人和挂车保险人按照保险单上载明的第三者责任保险责任限额的比例，在各自的责任限额内承担赔偿责任。

五、赔偿处理

（一）保险人对被保险人或其允许的驾驶人给第三者造成的损害，可以直接向该第三者赔偿

被保险人或其允许的驾驶人给第三者造成损害，对第三者应负的赔偿责任确定的，根据被保险人的请求，保险人应当直接向该第三者赔偿。被保险人怠于请求的，第三者就其应获赔偿部分直接向保险人请求赔偿的，保险人可以直接向该第三者赔偿。

被保险人或其允许的驾驶人给第三者造成损害，未向该第三者赔偿的，保险人不得向被保险人赔偿。

（二）发生保险事故后，保险人依据本条款约定在保险责任范围内承担赔偿责任

赔偿方式由保险人与被保险人协商确定。

因保险事故损坏的第三者财产，修理前被保险人应当会同保险人检验，协商确定维修机构、修理项目、方式和费用。无法协商确定的，双方委托共同认可的有资质的第三方进行评估。

（三）赔款计算

（1）当（依合同约定核定的第三者损失金额 – 机动车交通事故责任强制保险的分项赔偿限额）×事故责任比例等于或高于每次事故责任限额时：

$$赔款 = 每次事故责任限额$$

（2）当（依合同约定核定的第三者损失金额 – 机动车交通事故责任强制保险的分项赔偿限额）×事故责任比例低于每次事故责任限额时：

$$赔款 = （依合同约定核定的第三者损失金额 – 机动车交通事故责任$$
$$强制保险的分项赔偿限额）×事故责任比例$$

（四）保险人按照《道路交通事故受伤人员临床诊疗指南》和国家基本医疗保险的同类医疗费用标准核定医疗费用的赔偿金额

未经保险人书面同意，被保险人自行承诺或支付的赔偿金额，保险人有权重新核定。不属于保险人赔偿范围或超出保险人应赔偿金额的，保险人不承担赔偿责任。

任务实施

一、任务场景
理实一体化教室。

二、任务要求
1. 演练任务：向投保人介绍新能源汽车第三者责任保险索赔事项，分析相关案例。
2. 演练目的：掌握新能源汽车第三者责任保险的保险责任、责任免除、责任限额和索赔事项。
3. 演练内容：根据客户实际情况，利用所学知识向客户介绍新能源汽车第三者责任保险，并分析该保险赔付的相关案例。

三、任务分组
在这个任务中，采用分组实施方式进行，以4~8人为一组，通过学生自荐或者推荐的方式选出组长，由组长负责本组的组织协调工作，带头示范、督促，帮助其他组员完成相应工作。

四、任务步骤
学生以小组为单位分析讨论，并完成工单的填写。
1. 介绍新能源汽车第三者责任保险的保险责任。

2. 介绍新能源汽车第三者责任保险的责任免除。

3. 介绍新能源汽车第三者责任保险的责任限额。

4. 介绍新能源汽车第三者责任保险的赔偿处理。

5. 凌晨，某停车场内车辆发生火灾，一辆新能源轿车和一辆普通轿车被烧毁，四个新能源汽车充电桩不同程度受损。消防救援大队出具的火灾事故认定书载明，起火部位位于新能源轿车动力电池组内部左侧，起火原因可以排除遗留火种引发火灾，不排除动力电池组故障引发火灾。引发火灾的新能源轿车归某销售公司所有，该车的商业险保险单显示，该销售公司购买的新能源汽车第三者责任保险责任限额为 100 万元。一年前，该销售公司与刘某签订车辆以租代购合同一份，约定刘某以租代购方式购买新能源轿车一辆从事滴滴运输业务。火灾发生前一晚，刘某将车停放在某停车场内充电。

火灾发生后，被引燃的普通轿车车主向自家车辆投保的保险公司报案，经保险公司核查，该车已全部烧毁，无法修复，遂向车主支付理赔款 12 万余元。后该保险公司向法院提起保险人代位求偿权诉讼，要求新能源轿车所有人及其保险公司返还 12 万余元垫付款。

庭审中，新能源轿车所投保的保险公司辩称，销售公司对该车按照非营业企业车辆进行投保，实际却将车辆出租给刘某从事网约车业务，增加了车辆的使用风险，事后也未通知保险公司并增加保费，故其不应在第三者险责任限额内进行赔付。你认为新能源轿车所投保的保险公司是否应该进行赔付？如果你是法官，你会如何判呢？为什么？

五、任务反思

1. 学生在完成任务过程中的收获和启示。

2. 学生在完成任务过程中的不足。

任务评价

汽车保险服务人员（掌握新能源汽车第三者责任保险）学习任务表现评分表如表 3－6 所示。

表 3－6　学习任务表现评分表

序号	评价项目	分值	评价指标	自评（30%）	互评（30%）	师评（40%）
1	职业素养30分	5	小组分工明确，能够对学习任务内容及实施步骤进行精心准备			
		5	有团队意识、合作能力			
		5	能完成任务实施内容			
		5	任务报告结构完整，观点正确			
		5	成果展示内容完整，语言规范			
		5	有风险规避意识			
2	专业能力60分	15	学习积极主动，态度认真，遵守教学秩序			
		15	能掌握新能源汽车第三者责任保险条款相关知识			
		15	能灵活应用知识点进行相关案例分析			
		15	对知识的理解把握具有自学意识与动手能力			
3	创新意识10分	10	有创新型思维和行动			
总配分		100	总得分			
综合评价						

项目三任务三
同步测试

任务四　认识新能源汽车车上人员责任保险

任务描述

新能源汽车车上人员责任保险是新能源汽车商业险主险的一种，主要负责赔偿被保险车辆交通意外造成的本车人员伤亡。在进行本任务学习的过程中，要求学生熟练掌握该保险条款中的保险责任、责任免除、责任限额和赔偿处理等内容，并能够准确区别该保险与新能源汽车驾乘人员意外伤害保险。同时，还能够灵活应用条款内容，针对具体的事故案例进行准确分析。

思维导图

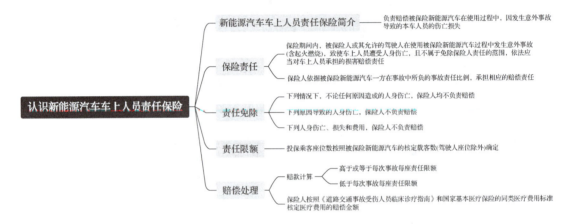

任务知识

一、新能源汽车车上人员责任保险简介

新能源汽车车上人员责任保险又称为新能源汽车车上座位责任保险或新能源汽车车上责任保险，主要功能是负责赔偿被保险新能源汽车在使用过程中，因发生意外事故导致的本车人员的伤亡损失。

二、保险责任

（1）保险期间内，被保险人或其允许的驾驶人在使用被保险新能源汽车过程中发生意外事故（含起火燃烧），致使车上人员遭受人身伤亡，且不属于免除保险人责任的范围，依法应当对车上人员承担的损害赔偿责任，保险人依照保险合同的约定负责赔偿。

（2）保险人依据被保险新能源汽车一方在事故中所负的事故责任比例，承担相应的赔偿责任。

被保险人或被保险新能源汽车一方根据有关法律法规选择自行协商或由公安机关交通管

理部门处理事故，但未确定事故责任比例的，按照下列规定确定事故责任比例：

被保险新能源汽车一方负主要事故责任的，事故责任比例为70%；

被保险新能源汽车一方负同等事故责任的，事故责任比例为50%；

被保险新能源汽车一方负次要事故责任的，事故责任比例为30%。

涉及司法或仲裁程序的，以法院或仲裁机构最终生效的法律文书为准。

三、责任免除

（一）下列情况下，不论任何原因造成的人身伤亡，保险人均不负责赔偿

（1）事故发生后，被保险人或驾驶人故意破坏、伪造现场，毁灭证据；

（2）驾驶人有下列情形之一者：

①交通肇事逃逸；

②饮酒、吸食或注射毒品、服用国家管制的精神药品或者麻醉药品；

③无驾驶证，驾驶证被依法扣留、暂扣、吊销、注销期间；

④驾驶与驾驶证载明的准驾车型不相符合的新能源汽车；

⑤非被保险人允许的驾驶人。

（3）被保险新能源汽车有下列情形之一者：

①发生保险事故时被保险新能源汽车行驶证、号牌被注销的；

②被扣留、收缴、没收期间；

③竞赛、测试期间，在营业性场所维修、保养、改装期间；

④全车被盗窃、抢劫、抢夺、下落不明期间。

（二）下列原因导致的人身伤亡，保险人不负责赔偿

（1）战争、军事冲突、恐怖活动、暴乱、污染（含放射性污染）、核反应、核辐射；

（2）被保险新能源汽车被转让、改装、加装或改变使用性质等，导致被保险新能源汽车危险程度显著增加，且未及时通知保险人，因危险程度显著增加而发生保险事故的；

（3）投保人、被保险人或驾驶人故意制造保险事故。

（三）下列人身伤亡、损失和费用，保险人不负责赔偿

（1）被保险人及驾驶人以外的其他车上人员的故意行为造成的自身伤亡；

（2）车上人员因疾病、分娩、自残、斗殴、自杀、犯罪行为造成的自身伤亡；

（3）罚款、罚金或惩罚性赔款；

（4）超出《道路交通事故受伤人员临床诊疗指南》和国家基本医疗保险同类医疗费用标准的费用部分；

（5）律师费，未经保险人事先书面同意的诉讼费、仲裁费；

（6）投保人、被保险人或驾驶人知道保险事故发生后，故意或者因重大过失未及时通知，致使保险事故的性质、原因、损失程度等难以确定的，保险人对无法确定的部分，不承担赔偿责任，但保险人通过其他途径已经知道或者应当及时知道保险事故发生的除外；

（7）精神损害抚慰金；

（8）应当由机动车交通事故责任强制保险赔付的损失和费用。

四、责任限额

驾驶人每次事故责任限额和乘客每次事故每人责任限额由投保人和保险人在投保时协商确定。投保乘客座位数按照被保险新能源汽车的核定载客数（驾驶人座位除外）确定。

五、赔偿处理

（一）赔款计算

（1）对每座的受害人，当（依合同约定核定的每座车上人员人身伤亡损失金额－应由机动车交通事故责任强制保险赔偿的金额）×事故责任比例高于或等于每次事故每座责任限额时：

$$赔款 = 每次事故每座责任限额$$

（2）对每座的受害人，当（依合同约定核定的每座车上人员人身伤亡损失金额－应由机动车交通事故责任强制保险赔偿的金额）×事故责任比例低于每次事故每座责任限额时：

$$赔款 = （依合同约定核定的每座车上人员人身伤亡损失金额 - 应由机动车$$
$$交通事故责任强制保险赔偿的金额）×事故责任比例$$

（二）保险人按照《道路交通事故受伤人员临床诊疗指南》和国家基本医疗保险的同类医疗费用标准核定医疗费用的赔偿金额

未经保险人书面同意，被保险人自行承诺或支付的赔偿金额，保险人有权重新核定。不属于保险人赔偿范围或超出保险人应赔偿金额的，保险人不承担赔偿责任。

任务实施

一、任务场景
理实一体化教室。

二、任务要求
1. 演练任务：向投保人介绍新能源汽车车上人员责任保险索赔事项，分析相关案例。
2. 演练目的：掌握新能源汽车车上人员责任保险的保险责任、责任免除、责任限额和索赔事项。
3. 演练内容：根据客户实际情况，利用所学知识向客户介绍新能源汽车车上人员责任保险，并分析该保险赔付的相关案例。

三、任务分组
在这个任务中，采用分组实施方式进行，以4~8人为一组，通过学生自荐或者推荐的方式选出组长，由组长负责本组的组织协调工作，带头示范、督促，帮助其他组员完成相应工作。

四、任务步骤

学生以小组为单位分析讨论，并完成工单的填写。

1. 介绍新能源汽车车上人员责任保险的保险责任。

2. 介绍新能源汽车车上人员责任保险的责任免除。

3. 介绍新能源汽车车上人员责任保险的责任限额。

4. 介绍新能源汽车车上人员责任保险的赔偿处理。

5. 车主王先生在高速公路上驾驶某品牌电动车时发生爆胎，于是在紧急停车带上下车更换轮胎，结果被后面来车撞成重伤，送医院后抢救无效死亡。经了解，王先生生前投保了车上人员责任保险，因此王先生的亲人在悲痛之余找保险公司索赔，你认为保险公司会对王先生赔偿吗？为什么？

6. 车主李先生驾驶一辆混合动力大客车在高速公路行驶中发生意外，坐在前排座位的一位乘客被从车内甩出，跌落在路面上，随即被这辆客车的后轮碾压致死，经了解李先生已经购买了车上人员责任保险，那么当车主李先生向保险公司索赔时，保险公司是否会对李先生赔偿呢？为什么？

五、任务反思

1. 学生在完成任务过程中的收获和启示。

2. 学生在完成任务过程中的不足。

任务评价

汽车保险服务人员（掌握新能源汽车车上人员责任保险）学习任务表现评分表如表 3 – 7 所示。

表 3 – 7　学习任务表现评分表

序号	评价项目	分值	评价指标	自评 （30%）	互评 （30%）	师评 （40%）
1	职业素养 30 分	5	小组分工明确，能够对学习任务内容及实施步骤进行精心准备			
		5	有团队意识、合作能力			
		5	能完成任务实施内容，能完成德技并修相关案例分析			
		5	任务报告结构完整，观点正确			
		5	成果展示内容完整，语言规范			
		5	能体现敬畏生命、生命至上的价值观			
2	专业能力 60 分	15	学习积极主动，态度认真，遵守教学秩序			
		15	能掌握新能源汽车车上人员责任保险条款相关知识			
		15	能灵活应用知识点进行相关案例分析			
		15	对知识的理解把握具有自学意识与动手能力			
3	创新意识 10 分	10	有创新型思维和行动			
	总配分	100	总得分			
	综合评价					

项目三任务四
同步测试

任务五 熟悉新能源汽车附加险

任 务 描 述

　　新能源汽车附加险是以主险存在为前提的保险，不能脱离主险，主险和附加险一块形成了一个比较全面的保险保障。作为车险服务人员，为了使客户能够获得更全面的保险保障，除了要掌握新能源汽车商业保险中的三个主险外，还要熟练掌握新能源汽车附加险的种类，以及不同附加险的保险责任、责任免除、责任限额和赔偿处理等内容，并能够根据客户的需求和实际情况，为客户投保提出更合理的意见。

思 维 导 图

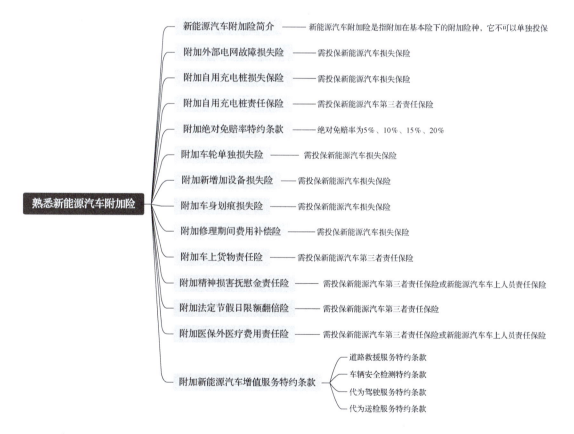

任 务 知 识

一、新能源汽车附加险简介

　　新能源汽车附加险是指附加在基本险下的附加险种，它不可以单独投保。即只有投保了新能源汽车损失保险、新能源汽车第三者责任保险或新能源汽车车上人员责任保险，才能投保新能源汽车附加险。附加险是针对主险的部分责任免除而设置的。附加险条款的法律效力优于主险条款，附加险条款未尽事宜，以主险条款为准。除附加险条款另有约定外，主险中的责任免除、双方义务同样适用于附加险。主险保险责任终止的，其相应的附加险保险责任同时终止。在投保了新能源汽车相关主险后，可以投保的新能源汽车附加险包括附加外部电网故障损失险、附加自用充电桩损失保险、附加自用充电桩责任保险、附加绝对免赔率特约条款、附加车轮单独损失险、附加新增加设备损失险、附加车身划痕损失险、附加修理期间费用补偿险、附加车上货物责任险、附加精神损害抚慰金责任险、附加法定节假日限额翻倍险、附加医保外医疗费用责任险和附加新能源汽车增值服务特约条款。

二、附加外部电网故障损失险

投保了新能源汽车损失保险的新能源汽车，可投保本附加险。

（1）保险期间内，投保了本附加险的被保险新能源汽车在充电期间，因外部电网故障，导致被保险新能源汽车的直接损失，且不属于免除保险人责任的范围，保险人依照本保险合同的约定负责赔偿。

（2）发生保险事故时，被保险人为防止或者减少被保险新能源汽车的损失所支付的必要的、合理的施救费用，由保险人承担；施救费用数额在被保险新能源汽车损失赔偿金额以外另行计算，最高不超过主险保险金额。

三、附加自用充电桩损失保险

投保了新能源汽车损失保险的新能源汽车，可投保本附加险。

（一）保险责任

保险期间内，保险单载明地址的，被保险人的符合充电设备技术条件、安装标准的自用充电桩，因自然灾害、意外事故、被盗窃或遭他人损坏导致的充电桩自身损失，保险人在保险单载明的本附加险的保险金额内，按照实际损失计算赔偿。

（二）责任免除

投保人、被保险人或驾驶人故意制造保险事故。

（三）保险金额

保险金额为2 000元、5 000元、10 000元或20 000元，由投保人和保险人在投保时协商确定。

（四）赔偿处理

（1）发生保险事故后，保险人依据本条款约定在保险责任范围内承担赔偿责任，赔偿方式由保险人与被保险人协商确定。

$$赔款 = 实际修复费用 - 被保险人已从第三方获得的赔偿金额$$

（2）在保险期间内，累计赔款金额达到保险金额，本附加险保险责任终止。

四、附加自用充电桩责任保险

投保了新能源汽车第三者责任保险的新能源汽车，可投保本附加险。

（一）保险责任

保险期间内，保险单载明地址的，被保险人的符合充电设备技术条件、安装标准的自用充电桩造成第三者人身伤亡或财产损失，依法应由被保险人承担的损害赔偿责任，保险人负责赔偿。

（二）责任免除

因被保险人的故意行为导致的第三者人身伤亡或财产损失。

（三）责任限额

责任限额由投保人和保险人在投保时协商确定。

五、附加绝对免赔率特约条款

绝对免赔率为5%、10%、15%、20%，由投保人和保险人在投保时协商确定，具体以保险单载明为准。

被保险新能源汽车发生主险约定的保险事故，保险人按照主险的约定计算赔款后，扣减本特约条款约定的免赔。即：

$$主险实际赔款 = 按主险约定计算的赔款 \times (1 - 绝对免赔率)$$

六、附加车轮单独损失险

投保了新能源汽车损失保险的新能源汽车，可投保本附加险。

（一）保险责任

保险期间内，被保险人或被保险新能源汽车驾驶人在使用被保险新能源汽车过程中，因自然灾害、意外事故，导致被保险新能源汽车未发生其他部位的损失，仅有车轮（含轮胎、轮毂、轮毂罩）单独的直接损失，且不属于免除保险人责任的范围，保险人依照本附加险合同的约定负责赔偿。

（二）责任免除

（1）车轮（含轮胎、轮毂、轮毂罩）的自然磨损、朽蚀、腐蚀、故障、本身质量缺陷；
（2）未发生全车盗抢，仅车轮单独丢失。

（三）保险金额

保险金额由投保人和保险人在投保时协商确定。

（四）赔偿处理

（1）发生保险事故后，保险人依据本条款约定在保险责任范围内承担赔偿责任。赔偿方式由保险人与被保险人协商确定；

$$赔款 = 实际修复费用 - 被保险人已从第三方获得的赔偿金额$$

（2）在保险期间内，累计赔款金额达到保险金额，本附加险保险责任终止。

七、附加新增加设备损失险

投保了新能源汽车损失保险的新能源汽车，可投保本附加险。

（一）保险责任

保险期间内，投保了本附加险的被保险新能源汽车因发生新能源汽车损失保险责任范围内的事故，造成车上新增加设备的直接损毁，保险人在保险单载明的本附加险的保险金额内，按照实际损失计算赔偿。

（二）保险金额

保险金额根据新增加设备投保时的实际价值确定。新增加设备的实际价值是指新增加设备的购置价减去折旧金额后的金额。

（三）赔偿处理

发生保险事故后，保险人依据本条款约定在保险责任范围内承担赔偿责任。赔偿方式由保险人与被保险人协商确定。

$$赔款 = 实际修复费用 - 被保险人已从第三方获得的赔偿金额$$

八、附加车身划痕损失险

投保了新能源汽车损失保险的新能源汽车，可投保本附加险。

（一）保险责任

保险期间内，被保险新能源汽车在被保险人或被保险新能源汽车驾驶人使用过程中，发生无明显碰撞痕迹的车身划痕损失，保险人按照保险合同约定负责赔偿。

（二）责任免除

（1）被保险人及其家庭成员、驾驶人及其家庭成员的故意行为造成的损失；
（2）因投保人、被保险人与他人的民事、经济纠纷导致的任何损失；
（3）车身表面自然老化、损坏、腐蚀造成的任何损失。

（三）保险金额

保险金额为 2 000 元、5 000 元、10 000 元或 20 000 元，由投保人和保险人在投保时协商确定。

（四）赔偿处理

（1）发生保险事故后，保险人依据本条款约定在保险责任范围内承担赔偿责任，赔偿方式由保险人与被保险人协商确定。

$$赔款 = 实际修复费用 - 被保险人已从第三方获得的赔偿金额$$

（2）在保险期间内，累计赔款金额达到保险金额，本附加险保险责任终止。

九、附加修理期间费用补偿险

投保了新能源汽车损失保险的新能源汽车，可投保本附加险。

（一）保险责任

保险期间内，投保了本条款的新能源汽车在使用过程中，发生新能源汽车损失保险责任范围内的事故，造成车身损毁，致使被保险新能源汽车停驶，保险人按保险合同约定，在保险金额内向被保险人补偿修理期间费用，作为代步车费用或弥补停驶损失。

（二）责任免除

下列情况下，保险人不承担修理期间费用补偿：
（1）因新能源汽车损失保险责任范围以外的事故而致被保险新能源汽车的损毁或修理；
（2）非在保险人认可的修理厂修理时，因车辆修理质量不合要求造成返修；
（3）被保险人或驾驶人拖延车辆送修期间。

（三）保险金额

本附加险保险金额 = 补偿天数 × 日补偿金额。补偿天数及日补偿金额由投保人与保险人协商确定并在保险合同中载明，保险期间内约定的补偿天数最高不超过90天。

（四）赔偿处理

全车损失，按保险单载明的保险金额计算赔偿；部分损失，在保险金额内按约定的日补偿金额乘以从送修之日起至修复之日止的实际天数计算赔偿，实际天数超过双方约定修理天数的，以双方约定的修理天数为准。

保险期间内，累计赔款金额达到保险单载明的保险金额，本附加险保险责任终止。

十、附加车上货物责任险

投保了新能源汽车第三者责任保险的营业货车，可投保本附加险。

（一）保险责任

保险期间内，发生意外事故致使被保险新能源汽车所载货物遭受直接损毁，依法应由被保险人承担的损害赔偿责任，保险人负责赔偿。

（二）责任免除

（1）偷盗、哄抢、自然损耗、本身缺陷、短少、死亡、腐烂、变质、串味、生锈，动物走失、飞失，货物自身起火燃烧或爆炸造成的货物损失；

（2）违法、违章载运造成的损失；

（3）因包装、紧固不善，装载、遮盖不当导致的任何损失；

（4）车上人员携带的私人物品的损失；

（5）保险事故导致的货物减值、运输延迟、营业损失及其他各种间接损失；

（6）法律、行政法规禁止运输的货物的损失。

（三）责任限额

责任限额由投保人和保险人在投保时协商确定。

（四）赔偿处理

（1）被保险人索赔时，应提供运单、起运地货物价格证明等相关单据，保险人在责任限额内按起运地价格计算赔偿。

（2）发生保险事故后，保险人依据本条款约定在保险责任范围内承担赔偿责任，赔偿方式由保险人与被保险人协商确定。

十一、附加精神损害抚慰金责任险

投保了新能源汽车第三者责任保险或新能源汽车车上人员责任保险的新能源汽车，可投保本附加险。

在投保人仅投保新能源汽车第三者责任保险的基础上附加本附加险时，保险人只负责赔偿第三者的精神损害抚慰金；在投保人仅投保新能源汽车车上人员责任保险的基础上附加本附加险时，保险人只负责赔偿车上人员的精神损害抚慰金。

（一）保险责任

保险期间内，被保险人或其允许的驾驶人在使用被保险新能源汽车的过程中，发生投保的主险约定的保险责任内的事故，造成第三者或车上人员的人身伤亡，受害人据此提出精神损害赔偿请求，保险人依据法院判决及保险合同约定，对应由被保险人或被保险新能源汽车驾驶人支付的精神损害抚慰金，在扣除机动车交通事故责任强制保险应当支付的赔款后，在本保险赔偿限额内负责赔偿。

（二）责任免除

（1）根据被保险人与他人的合同协议，应由他人承担的精神损害抚慰金；

（2）未发生交通事故，仅因第三者或本车人员的惊恐而引起的损害；

（3）怀孕妇女的流产发生在交通事故发生之日起 30 天以外的。

（三）赔偿限额

本保险每次事故赔偿限额由保险人和投保人在投保时协商确定。

（四）赔偿处理

本附加险赔偿金额依据生效法律文书或当事人达成且经保险人认可的赔付协议，在保险单所载明的赔偿限额内计算赔偿。

十二、附加法定节假日限额翻倍险

投保了新能源汽车第三者责任保险的家庭自用汽车，可投保本附加险。

保险期间内，被保险人或其允许的驾驶人在法定节假日期间使用被保险新能源汽车发生新能源汽车第三者责任保险范围内的事故，并经公安部门或保险人查勘确认的，被保险新能源汽车第三者责任保险所适用的责任限额在保险单载明的基础上增加一倍。

十三、附加医保外医疗费用责任险

投保了新能源汽车第三者责任保险或新能源汽车车上人员责任保险的新能源汽车，可投保本附加险。

（一）保险责任

保险期间内，被保险人或其允许的驾驶人在使用被保险新能源汽车的过程中，发生主险保险事故，对于被保险人依照中华人民共和国法律（不含港、澳、台地区法律）应对第三者或车上人员承担的医疗费用，保险人对超出《道路交通事故受伤人员临床诊疗指南》和国家基本医疗保险同类医疗费用标准的部分负责赔偿。

（二）责任免除

下列损失、费用，保险人不负责赔偿：
（1）在相同保障的其他保险项下可获得赔偿的部分；
（2）所诊治伤情与主险保险事故无关联的医疗、医药费用；
（3）特需医疗类费用。

（三）赔偿限额

赔偿限额由投保人和保险人在投保时协商确定，并在保险单中载明。

（四）赔偿处理

被保险人索赔时，应提供由具备医疗机构执业许可的医院或药品经营许可的药店出具的、足以证明各项费用赔偿金额的相关单据。保险人根据被保险人实际承担的责任，在保险单载明的责任限额内计算赔偿。

十四、附加新能源汽车增值服务特约条款

投保了新能源汽车保险后，可投保本特约条款。

本特约条款包括道路救援服务特约条款、车辆安全检测特约条款、代为驾驶服务特约条款、代为送检服务特约条款共四个独立的特约条款，投保人可以选择投保全部特约条款，也可以选择投保其中部分特约条款。保险人依照保险合同的约定，按照承保特约条款分别提供增值服务。

（一）道路救援服务特约条款

1. 服务范围

保险期间内，被保险新能源汽车在使用过程中发生故障而丧失行驶能力时，保险人或其受托人根据被保险人请求，向被保险人提供如下道路救援服务。

（1）单程 50 公里以内拖车；

（2）送油、送水、送防冻液、搭电；

（3）轮胎充气、更换轮胎；

（4）车辆脱离困境所需的拖拽、吊车。

2. 责任免除

（1）根据所在地法律法规、行政管理部门的规定，无法开展相关服务项目的情形；

（2）更换轮胎等服务过程中产生的油料、防冻液、配件、辅料等材料费用；

（3）被保险人或驾驶人的故意行为。

3. 责任限额

保险期间内，保险人提供 2 次免费服务，超出 2 次的，由投保人和保险人在签订保险合同时协商确定，分为 5 次、10 次、15 次、20 次四档。

（二）车辆安全检测特约条款

1. 服务范围

保险期间内，为保障车辆安全运行，保险人或其受托人根据被保险人请求，为被保险新能源汽车提供车辆安全检测服务。

安全检测
项目的内容

2. 责任免除

（1）检测中发现的问题部件的更换、维修费用；

（2）洗车、打蜡等常规保养费用；

（3）车辆运输费用。

3. 责任限额

保险期间内，本特约条款的检测项目及服务次数上限由投保人和保险人在签订保险合同时协商确定。

（三）代为驾驶服务特约条款

1. 服务范围

保险期间内，保险人或其受托人根据被保险人请求，在被保险人或其允许的驾驶人因饮

酒、服用药物等原因无法驾驶或存在重大安全驾驶隐患时提供单程 30 公里以内的短途代驾服务。

2. 责任免除

根据所在地法律法规、行政管理部门的要求，无法开展相关服务项目的情形。

3. 责任限额

保险期间内，本特约条款的服务次数上限由投保人和保险人在签订保险合同时协商确定。

（四）代为送检服务特约条款

1. 服务范围

保险期间内，按照《中华人民共和国道路交通安全法实施条例》，被保险新能源汽车需由机动车安全技术检验机构实施安全技术检验时，根据被保险人请求，由保险人或其受托人代替车辆所有人进行车辆送检。

2. 责任免除

（1）根据所在地法律法规、行政管理部门的要求，无法开展相关服务项目的情形；

（2）车辆检验费用及罚款；

（3）维修费用。

任务实施

一、任务场景
理实一体化教室。

二、任务要求
1. 演练任务：向投保人介绍新增新能源汽车附加险，并分析相关案例。
2. 演练目的：掌握新增新能源汽车附加险的保险责任、责任免除。
3. 演练内容：根据客户实际情况，利用所学知识向客户介绍新增新能源汽车附加险，并分析该保险赔付的相关案例。

三、任务分组
在这个任务中，采用分组实施方式进行，以 4~8 人为一组，通过学生自荐或者推荐的方式选出组长，由组长负责本组的组织协调工作，带头示范、督促，帮助其他组员完成相应工作。

四、任务步骤
学生以小组为单位分析讨论，并完成工单的填写。
1. 介绍附加外部电网故障损失险的保险责任。

2. 介绍附加自用充电桩损失保险的保险责任和责任免除。

3. 介绍附加自用充电桩责任保险的保险责任和责任免除。

4. 介绍附加新能源汽车增值服务特约条款的内容及责任免除。

5. 在柳州市的一个地下车库中，刘先生购买的一辆新能源汽车在充电的时候引起了火灾，在消防人员的救援下，这场火最终被扑灭，但是现场烧伤了刘先生的车辆与邻家车辆，估损金额近千万。试着分析一下，事故损失的金额保险公司是否会承担？如果承担，需要车主刘先生购买哪些险种？说一说这些险种的联系和区别。

五、任务反思

1. 学生在完成任务过程中的收获和启示。

2. 学生在完成任务过程中的不足。

任务评价

汽车保险服务人员（掌握新能源汽车附加险）学习任务表现评分表如表 3-8 所示。

表 3-8　学习任务表现评分表

序号	评价项目	分值	评价指标	自评 （30%）	互评 （30%）	师评 （40%）
1	职业素养 30 分	5	小组分工明确，能够对学习任务内容及实施步骤进行精心准备			
		5	有团队意识、合作能力			
		5	能完成任务实施内容			
		5	任务报告结构完整，观点正确			
		5	成果展示内容完整，语言规范			
		5	有职业认同感和服务意识			

续表

序号	评价项目	分值	评价指标	自评 （30%）	互评 （30%）	师评 （40%）
2	专业能力 60分	15	学习积极主动，态度认真，遵守教学秩序			
		15	掌握新能源汽车附加险条款相关知识			
		15	能灵活应用知识点进行相关案例分析			
		15	对知识的理解把握具有自学意识与动手能力			
3	创新意识 10分	10	有创新型思维和行动			
	总配分	100	总得分			
	综合评价					

项目三任务五
同步测试

企业任务链接

某保险公司的理赔业务员接到任务，要求根据描述，完成不同新能源汽车保险相关案例的分析。请完成以下任务工作单：

任务一：某物流公司驾驶员李某驾驶新能源汽车在山路上行驶，忽遇路面滑坡，车辆顺势滑至坡下30余米处，所幸李某没有受伤。李某小心翼翼地下车，发现车子还有可能继续下滑，就准备用砖块支撑以防继续下滑。就在李某操作时，车辆忽然下滑，李某因躲闪不及被车辆压住，导致腰椎骨折。

事故发生后，该物流公司迅速向保险公司报案，并提出索赔请求。保险公司核赔时发现该车只投保了新能源汽车损失保险，遂告知物流公司对于李某的伤残费用不负赔偿责任。该物流公司认为李某是在对车辆施救过程中受的伤，其伤残费用应属于施救费用，应属车损险赔偿责任，并申请在车辆修复金额之外单独计算并予以赔偿。保险公司拒绝了物流公司的请求，该物流公司遂向法院起诉。

1. 收集资料，分析什么是施救费用？

2. 针对该任务，法院的判决结论如何？依据是什么？对事故施救时，应注意什么？

任务二：客户陈先生购买了一辆新能源汽车，并购买了新能源汽车第三者责任保险和新能源汽车损失保险，某天在出去游玩时不小心磕到了车辆底部的电池包，导致故障灯点亮需要进行维修。但其并未在意，而是将车停到停车场，结果在凌晨时车辆起火燃烧，导致旁边的车辆也被烧成灰烬。于是，陈先生第一时间向保险公司报案，但是却遭到保险公司的拒赔。

1. 收集资料，了解新能源汽车损失保险的保险责任。

2. 针对该任务，思考一下陈先生为什么会遭到保险公司的拒赔？

课外拓展

贯彻"以人民为中心"的发展思想

车险起源于 100 多年前的一场赛车比赛。英国在汽车发明之后，颁布了一项令人啼笑皆非的《红旗法案》，规定汽车不少于 3 人操作，一个人要在前方 55 米处拿着红旗开路，汽车时速不得高于 4 英里[①]。这一法案严重阻碍了汽车工业的发展，后来不得不废除。1896年，英国民众为了庆祝废除《红旗法案》，举行了一场由 33 辆汽车参加的比赛。当时一家保险公司为参赛汽车的损失提供保险，也包括车辆乘员以及车辆行驶过程中对他人造成的人身伤害保障，这是有史记载的第一份现代汽车保险。从这份保险可以看出，车险的最早承保对象聚焦于与汽车相关的物体和人身损失，所有的风险保障都是以车为中心的。

随着工业社会的进一步发展，特别是福特的"T"型车和流水线生产，推动汽车走进千家万户，使其成为大众化的交通工具。在这个过程中，车险也获得了飞速发展。英国于1903 年最早成立了汽车通用保险公司，专门经营车险，很快在全球 20 多个国家都有了汽车保险，车险条款和费率基本实现了标准化。经过一百多年的发展，车险种类变得丰富多样，

---

① 1 英里 =1.609 千米。

成为财产险中最大的险种，保险范围从驾驶员责任险、第三者责任险，到车辆损失险、盗抢险、涉水险等各类保障，近年还出现了针对新能源汽车的专属商业保险。但无论险种如何变化，车险的基本模式和风险保障对象并未发生改变。

随着新一轮科技与产业革命的推进，5G、物联网、人工智能等技术，将从根本上改变交通的形态和模式。未来的智慧交通将是人、车、路、网的协同融合，逐步实现车与人"互动"、车与车"互动"、车与路"互动"，每一辆汽车都是行驶在网络之中的一个智能节点，车辆将不再需要人来驾驶，而是由人工智能、车联网络来指挥和操控。大家可能都有一个疑问，如果没有人开车了，还需要保险吗？从现实情况来看，自动驾驶和智慧交通中依然存在大量的风险环节，依然需要保险的保障。比如，这几年自动驾驶车屡屡发生事故，还发生了黑客入侵摄像头数据库的"黑客门"、刹车失灵突然加速的"失控门"等重大风险事件。所以说，只要有风险，就会有保险的存在，未来车险的承保对象将更广更宽，从以车为中心的风险保障，延伸到对整个智能交通网络的全面保障，百年历史的老车险在新交通时代将迎来全新的发展契机。

从交通业的发展图景看，保险业要做好充分的准备。一方面，全面的自动驾驶不会马上到来，目前还是要优化和完善传统车险产品，不断提升从人、从车的产品差异化定价水平，为人民群众提供更加专业的风险保障；另一方面，要面向未来推动车险的升级与创新，针对新交通中车辆物理损失越来越小、而责任风险越来越大的趋势，与车辆主机厂、车联网及自动驾驶技术研发企业等强化合作，加强对新交通各环节保险需求的预判，推动车险在自动驾驶时代的系统集成、网络共享、外界交互等方面的产品创新。比如，针对自动驾驶车辆系统及硬件设施风险，探索开发自动驾驶系统设计缺陷险、系统故障责任险、视觉识别设备失灵险等产品；针对车联网网络开放共享的风险，探索开发因黑客攻击导致设备失控险、隐私泄露责任险、智能交通网络安全责任险等产品；针对车辆与外界环境交互产生的风险，探索开发交通数据泄露责任险、信号控制责任险等产品，不断延伸车险的内涵与外延，把握行业未来发展的主动权。

但是，大家应该始终牢记，保险要始终服务国家战略发展，要以人民为中心，满足消费者的多元需求，这样的保险才是好的保险。

（资料来源于网络）

项目四　汽车保险投保与承保实务

[情境1]　王先生，某企业员工，年龄 30 岁，月收入 8 000 元，买了一辆大众朗逸用于上下班代步。车子一般停放在小区，新车购置价 13.99 万元，有发动机防盗，无新增设备。若投保机动车第三者责任险、机动车损失险、车身划痕损失险、车上人员责任险、医保外医疗费用责任险，约定第三者责任险的责任限额为 200 万元，机动车损失险保险金额为 13.99 万元。

分析：

1. 作为汽车保险从业人员，如何开展汽车保险业务，推介汽车保险？

2. 针对以上险种，王先生需要缴纳多少保险费？

3. 如何按照流程开展投保业务？

4. 在投保的过程中应该注意什么问题？

[情境2]　吴女士，某个体老板，年龄 28 岁，年收入 40 万元左右，买了一辆宝马 5 系用于上下班代步、会客。车子一般停放在小区或者是商铺门口，新车购置价 56.25 万元，无附加装潢。若投保机动车第三者责任险、机动车损失险、车身划痕损失险、车上人员责任险、车轮单独损失险，约定第三者责任险的责任限额为 300 万元，机动车损失险保险金额为 56.25 万元，车上人员责任险的每座每次事故责任限额均为 2 万元，金额为 10 万元。

分析：

1. 作为汽车保险从业人员，如何开展汽车保险业务，推介汽车保险？

2. 针对以上险种，吴女士需要缴纳多少保险费？

3. 如何按照流程开展投保业务？

4. 在投保的过程中应该注意什么问题？

1. 知识目标

- 了解汽车投保流程；
- 熟悉汽车投保单的内容；
- 熟悉不同用途汽车的投保险种；
- 熟悉不同保险险种的保费计算方法；
- 了解汽车投保过程中的注意事项。

2. 实践目标

- 能够根据不同保险险种计算保费；

- 能够帮助客户填写汽车保险单；
- 能够按照流程进行汽车保险的投保。

3. 素养目标

- 能够正确认识风险，学会保护自己，保护他人；
- 具有强烈的民族自豪感和爱国情怀；
- 具有对汽车保险行业的职业认同感；
- 具有明确的汽车保险行业就业意向；
- 具有诚信做人、诚信做事的社会主义核心价值观；
- 具有实事求是的工作态度、勇于追求真理的工作作风；
- 具有做事严谨、认真负责的态度。

任务一　认识汽车保险投保流程

任务描述

　　汽车投保是指车主和保险公司或者保险人签订保险合同，并按照保险合同支付保险费的过程，投保人也叫要保人，是与保险人订立保险合同并按照保险合同负有支付保险费义务的人。自然人与法人皆可成为投保人。成为投保人的条件为：具有相应的民事权利能力和行为能力；对保险标的具有保险利益。投保是投保人向保险人表达缔结保险合同的意愿。通过本任务的学习，学生要能够帮助客户按照汽车保险投保流程完成汽车保险的投保业务。

思维导图

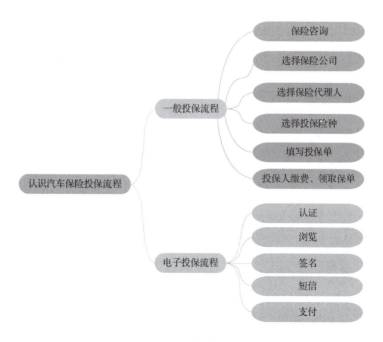

任 务 知 识

一、一般投保流程

一般投保流程如图 4 – 1 所示。

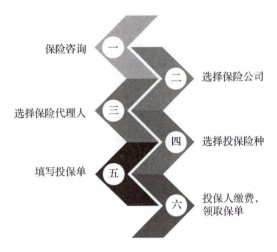

图 4 – 1　一般投保流程

（一）保险咨询

投保人通过保险咨询，了解保险条款及费率，根据实际需要购买。

投保人选择汽车保险时，应了解自身的风险和特征，根据实际情况选择个人所需的风险保障。对于汽车保险市场现有产品应进行充分了解，以便购买适合自身需要的汽车保险。

投保人应认真了解汽车保险条款内容，重点是汽车保险有关险种的保险责任、除外责任和特别约定，被保险人权利和义务，免赔率或免赔额的计算，申请赔偿的手续、退保、保费计算的规定等。此外，还应当注意汽车保险的费率是否与银保监会批准的费率一致，了解保险公司的费率优惠和无赔款优待的规定。通常保险责任比较全面的产品，保险费较高；保险责任少的产品，保险费较低。

（二）选择保险公司

投保人应选择具有合法资格的保险公司营业机构购买汽车保险。汽车保险的售后服务与产品本身一样重要，投保人在选择保险公司时，要了解各保险公司提供服务的内容及信誉度，以充分保障自己的利益。

（三）选择保险代理人

投保人也可以通过代理人购买汽车保险。选择代理人时，应选择具有职业资格证书、展业证及与保险公司签有正式代理合同的代理人；应当了解汽车保险条款中涉及赔偿责任和权利义务的部分，防止个别代理人片面夸大产品保障功能，回避责任免除条款内容。

（四）选择投保险种

1. 最低保障方案

险种组合：机动车交通事故责任强制保险。

保障范围：只对第三者的损失负赔偿责任。

特点：机动车交通事故责任强制保险只适用于那些怀有侥幸心理，认为买保险没用的人或急于拿保险单去上牌照或验车的人。

适用对象：所有车辆。

优点：可以用来应付上牌照或验车。

缺点：一旦撞车或撞人，对方的损失能得到保险公司的一些赔偿，赔偿金额有时候还不够损失金额，且自己车的损失只有自己负担。

2. 基本保障方案

险种组合：机动车交通事故责任强制保险＋车辆损失险＋第三者责任险。

保障范围：只投保基本险，不含任何附加险。

特点：适用那些认为发生事故后修车费用很高的车主，他们认为意外事故发生率比较高，为自己的车和第三者的人身伤亡和财产损毁寻求保障，此组合为很多车主所青睐。

适用对象：有一定经济压力的个人或单位。

优点：必要性最高。

缺点：不是最佳组合。

3. 经济保障方案

险种组合：机动车交通事故责任强制保险＋车辆损失险＋第三者责任险＋机动车车上人员责任保险。

特点：投保最必要、最有价值的险种。

适用对象：适用于善于精打细算的人。

优点：投保最优价值的险种，保险性价比最高；医保的报销有很大不确定性，如果伤者治疗时需要用到进口器材、高价药等，这部分高昂费用保险公司不会报销，购买这些险种可以让自己的爱车、自己及家人朋友多一分安全保障。

4. 最佳保障方案

险种组合：机动车交通事故责任强制保险＋车辆损失险＋第三者责任险＋车上人员责任险＋医保外医疗费用责任险＋车身划痕损失险＋法定节假日限额翻倍险＋增值服务特约条款。

特点：在经济投保方案的基础上，加入了车身划痕损失险、医保外医疗费用责任险、法定节假日限额翻倍险、增值服务特约条款，使乘客及车辆易损部分得到安全保障。

适用对象：一般公司或个人。

优点：投保价值大的险种，不花冤枉钱，物有所值。

5. 完全保障方案

险种组合：机动车交通事故责任强制保险＋车辆损失险＋第三者责任险＋车上人员责任险＋医保外医疗费用责任险＋车身划痕损失险＋法定节假日限额翻倍险＋增值服务特约条款＋新增加设备损失险＋车上货物责任险＋修理期间费用补偿险＋精神损害抚慰金责任险　＋车

轮单独损失险。

特点：保全险，居安思危，才能有备无患。能保的险种全部投保，从容上路，不必担心交通事故所带来的种种风险。

适用对象：机关、事业单位、大公司。

优点：几乎与汽车有关的全部事故损失都能得到赔偿。投保人不必为少保某一个险种而得不到赔偿，承担投保决策失误的损失。

缺点：保全险保费较高，某些险种出险的概率非常小。

（五）填写投保单

投保单是保险合同订立过程中的重要单证，是投保人向保险人进行要约的证明，是确定保险合同内容的重要依据。

投保人需要根据保险公司提供的一些资料，如条款和费率等，针对投保单的主要内容如投保人的有关情况，按照保险人的要求认真填写投保单，并将其交给保险人，切忌保险代理人代替投保人填写投保单。

汽车投保单的填写方式如下：

（1）投保人或经办人口述，由保险企业人员或代理人员录入业务处理系统，打印后由投保人签字。

（2）投保人利用保险公司电子商务投保系统等工具自动录入，打印后由投保人签字。

（3）投保人手工填写后签字或盖章。

（六）投保人缴费、领取保单

保险人审核投保单，如果符合保险条件，则保险人在投保单上签章，作出对投保人要求的承诺即承保，投保人交保险费，并得到保险人签发的保险单，如果不符合保险条件，则保险人作出拒绝承保的决定，将投保单退回给投保人。

另外，投保人购买汽车保险，应注意以下事项：

1. 对保险重要单证的使用和保管

投保者在购买汽车保险时，应如实填写投保单上规定的各项内容，取得保险单后应核对其内容是否与投保单上的有关内容完全一致。对所有的保险单、保险卡、批单、保费发票等有关重要凭证应妥善保管，以便在出险时能及时提供理赔依据。

2. 如实告知义务

投保者在购买汽车保险时，应履行如实告知义务，对与保险标的的风险有直接关系的情况，比如发生保险车辆的行驶区域有变动，或保险车辆的使用性质、所有权变化等重要事实，应当如实告知保险公司。

3. 缴纳保险费

购买汽车保险后，应及时缴纳保险费，并按照条款规定履行被保险人义务。

4. 合同纠纷的解决方式

对于保险合同产生的纠纷，投保人应当依据在购买汽车保险时与保险公司的约定，以仲裁或诉讼方式解决。

5. 投诉

投保人在购买汽车保险的过程中，如发现保险公司、中介机构有误导或销售未经批准的汽车保险等行为，可及时向保险监督管理部门投诉，以维护自身的正当权益。

二、电子投保流程

在确定投保险种及保险费用后，投保人需要按照流程提示，如图4-2所示，先后完成认证、浏览、签名、短信、支付五个步骤。

图4-2　电子投保流程

（一）认证

认证阶段：在电子投保系统中输入投保人身份证号后四位，即可确认投保人信息，进入浏览界面查看相关信息。如图4-3所示。

（二）浏览

浏览阶段：在系统中进入浏览界面，投保人可以查看机动车保险投保单，即可以查看欲购买的机动车交通事故责任强制险保单、商业险保单信息内容、机动车的交强险条款、商业险条款，同时还可以查看免责说明书项目内容。确认客户、车辆、保险内容等信息是否存在问题，若内容准确无误，则进入下一阶段。如图4-4所示。

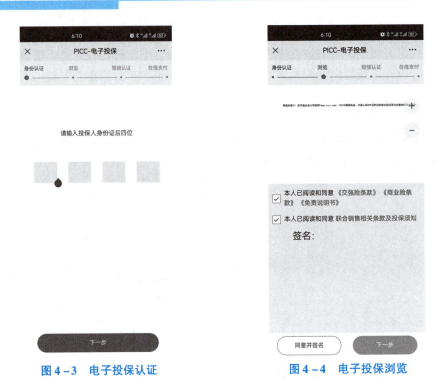

图4-3 电子投保认证　　　　图4-4 电子投保浏览

（三）签名

签名阶段：浏览完车辆的投保单，并确认准确无误之后，就可以进行签字确认，签字时要注意在空白签名区域从左至右签。如图4-5所示。

图4-5 电子投保签名

（四）短信

短信阶段：在签字完成之后，系统将进入短信阶段，在该阶段，预留的手机号码默认为投保人的手机号码，系统向该手机号码发送验证码，将验证码输入系统中，确认后进入支付阶段。如图 4 - 6 所示。

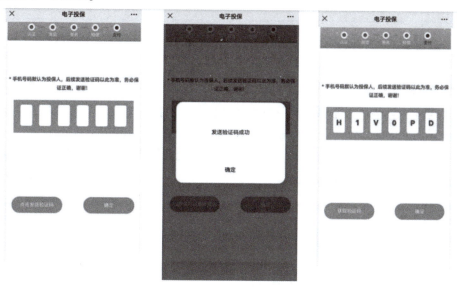

图 4 - 6　电子投保短信

（五）支付

支付阶段：在确认信息无误之后，可以选择微信支付，或者选择刷卡支付。待支付完成后，汽车保险将于次日凌晨整点生效。如图 4 - 7 所示。

图 4 - 7　电子投保支付

任务实施

一、任务场景

理实一体化教室。

二、任务要求

1. 演练任务：确认投保人投保必备的证件和投保险种，熟悉保单的填写形式并根据案例填写保单。

2. 演练目的：了解汽车保险的一般投保流程和电子投保流程，了解保险条款及费率、机动车投保的条件、投保人必备的证件、投保单的填写形式等信息。

3. 演练内容：利用所学知识，查看汽车保险条例，根据不同投保信息，分析投保人的投保条件，进行投保流程演练。

三、任务分组

在这个任务中，采用分组实施方式进行，以4~8人为一组，通过学生自荐或者推荐的方式选出组长，由组长负责本组的组织协调工作，带头示范、督促，帮助其他组员完成相应工作。

四、任务步骤

分析案例并完成任务。

[案例]

29岁的张先生，驾龄两年，经济情况中等，自用一辆使用一年的捷达车，新车购置价12万元，车辆配有气囊、防盗装置、中控锁、ESP等装置，无加装设备，该车一般停在露天停车位，张先生经常驾车出游。收集资料，分析张先生的用车习惯及合适的保险项目。

1. 学生以小组为单位分析客户信息，熟悉汽车保险的条款和费率，确认投保人必备的证件，选择合适的投保方案，并由系统计算保费。

2. 熟悉投保单的填写项目，确认项目应填写的具体内容，如投保人信息、被保险人信息、投保车辆情况等。

3. 模拟演练电子投保流程。

五、任务反思

1. 学生在完成任务过程中的收获和启示。

2. 学生在完成任务过程中的不足。

任务评价

汽车保险服务人员（认识汽车保险投保流程）学习任务表现评分表如表4-1所示。

表4-1　学习任务表现评分表

序号	评价项目	分值	评价指标	自评 （30%）	互评 （30%）	师评 （40%）
1	职业素养 30分	5	小组分工明确，能够对学习任务内容及实施步骤进行精心准备			
		5	有团队意识、合作能力			
		5	能完成任务实施内容，能完成任务实施案例分析			
		5	成果展示内容充实，语言规范			
		5	能独立思考，具有求知探索精神			
		5	有"以顾客为中心"的服务意识			
2	专业能力 60分	15	学习积极主动，态度认真，遵守教学秩序			
		15	掌握汽车保险的一般投保流程以及电子投保流程			
		15	能灵活应用知识点分析投保人及投保车辆的信息			
		15	对知识的理解把握具有自学意识与动手能力			

续表

序号	评价项目	分值	评价指标	自评 （30%）	互评 （30%）	师评 （40%）
3	创新意识 10分	10	有创新型思维和行动			
总配分		100	总得分			
综合评价						

项目四任务一
同步测试

任务二　填写投保单

任务描述

　　投保单亦称要保单或投保申请书，是投保人申请保险的一种书面形式。通常由保险人提供，即由投保人填写订立保险单所需要的项目。投保单是保险合同订立过程中的重要单证，是投保人向保险人进行要约的证明，是确定保险合同内容的重要依据，因保险合同的要约一般要求为书面形式，所以汽车保险的投保需要填写投保单。

思维导图

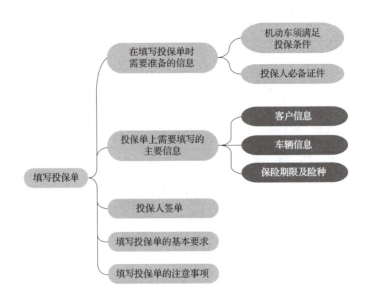

任务知识

一、在填写投保单时需要准备的信息

（一）机动车须满足投保条件

（1）有交通管理部门核发的车辆号牌，对于新车投保则需要购车发票。

（2）有交通管理部门签发的机动车行驶证。

（3）有车辆检验合格证。

（二）投保人必备证件

投保人应提供机动车行驶证、被保险人身份证复印件、投保人身份证复印件；被保险人与车主不一致时，应提供由车主出具的能够证明被保险人与投保车辆关系的证明或契约。并且投保人需要根据保险公司提供的一些资料，如条款和费率等，针对投保单的主要内容如投保人的有关情况、汽车的厂牌车型、车辆种类、车牌号码、发动机号码和车架号码、汽车的使用性质、吨位或座位数、行驶证初次登记年月、汽车的保险价值、保险金额或赔偿限额以及特别约定等信息，按照保险人的要求认真填写投保单并将其交付给保险人，切忌保险代理人代替投保人填写投保单。

二、投保单上需要填写的主要信息

（一）客户信息

如图4-8所示，客户信息主要包括投保人与被保险人姓名、地址、联系方式等基本信息。

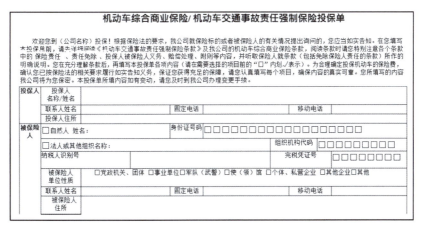

图4-8 投保单上的客户信息

（二）车辆信息

1. 车龄规则

当车龄（保险起期—车辆初登日期）小于9个月（可配置），且平台未匹配到标的车存在完整年度历史保单时，平台判断标的车为"新车"。投保车辆所填信息如图 4 - 9 所示。

投保车辆情况	被保险人与机动车的关系			□所有　□使用　□管理		车　主		
	号牌号码				号牌底色	□蓝 □黑 □黄 □白 □白蓝 □其他颜色		
	厂牌型号				发动机号			
	VIN码	□□□□□□□□□□□□□□□□□				车架号		
	核定载客	人	核定载质量	千克	排量/功率	L/KW	整备质量：	千克
	初次登记日期	年月		已使用年限		年		
	车身颜色	□黑色 □白色 □红色 □灰色 □蓝色 □黄色 □绿色 □紫色 □粉色 □棕色 □其他颜色						
	机动车种类	□客车 □货车 □客货两用车 □挂车 □低速货车和三轮汽车 □特种车（请填用途）：_____。 □摩托车(不含侧三轮) □侧三轮 □兼用型拖拉机 □运输型拖拉机						
	机动车使用性质	□家庭自用 □非营业（不含家庭自用） □出租/租赁 □城市公交 □公路客运 □营业性货运						
	上年是否在本公司投保商业机动车保险			□是		□否		
	行驶区域		□省内行驶 □场内行驶 □固定线路 具体路线：_____。					
	是否为未还清贷款的车辆		□是 □否	□否				
	上年赔款次数	□交强险赔款次数 次 □商业机动车保险赔款次数 次						

图 4 - 9　车辆信息

2. 汽车本身资料

汽车本身资料包括号牌号码、车主姓名、厂牌型号、发动机号、车架号、车辆种类、座位/吨位、车辆颜色等内容。

注意：填写车辆管理机关核发的号牌号码并注明底色，如闽 D00099（蓝）、闽 DA0398（黄）。填写的号牌号码应与行驶证号牌号码一致。

3. 汽车所有权与使用情况

（1）明确该汽车所属性质；

（2）明确该汽车是否为分期付款购买，如果是，确认卖方企业；

（3）明确该汽车的行驶证上所列明的车主；

（4）明确该汽车的使用性质及行驶区域。

（三）保险期限及险种

详情略。

三、投保人签单

投保人签单即两个确认——确认属实、确认知道。

投保单样式如图 4 - 10 所示。

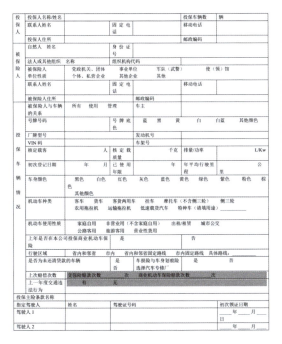
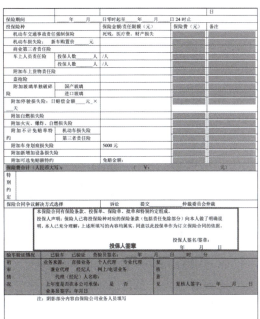

图 4 - 10 投保单样式

四、填写投保单的基本要求

（1）投保单必须保持整洁，不允许折叠和不规范涂改，撕毁投保单视为作废，需重新填写。

（2）填写资料应完整，填写时必须使用黑色钢笔或签字笔以简体字填写。若有难以辨认的字或繁体字，需用简体字注明，如遇到难（偏）字，请用铅笔以拼音注明。

（3）投保人、被保险人需亲笔签名，不得代签；若投保人或被保险人为文盲，需在相应签名处亲自按下大拇指手印。

（4）每份投保单最多可更改三处，须在更改内容处画两道"左下右上"的斜线，并将正确内容填在更改内容上方，不得使用涂改液或采用刮划的方式。投保人须在更改处亲笔签名，若涉及被保险人，还同时须被保险人签名确认。

（5）身份证号码填写有更改时，须附相关人员身份证复印件。

（6）投保单的重要栏目不能涂改：

①投保人、被保险人姓名及签名；

②受益人的姓名；

③投保事项、告知书；

④投保申请日期。

（7）身份证号码与实际情况有出入或无身份证号码者均须附有效法定证件的复印件。

五、填写投保单的注意事项

（一）投保人情况

（1）确定投保人的姓名：其主要目的是确定其资格问题。投保人是保险合同不可缺少的当事人。投保人除应当具有相应权利能力和行为能力外，对保险标的必须具有保险利益。因此，投保人应当在投保单上填写自己的姓名，以便保险人核实其资格，避免出现保险纠纷。

（2）明确投保人的住处：法人或其组织填写主要的办事机构，自然人填写常住地址，精确到门牌号。

（二）被保险人情况

被保险人必须是保险事故发生时遭受损失的人，即受保障的人。因此，投保单上必须注明被保险人的姓名。投保单上需要填写具体投保人与被保险人的详细地址、邮编、电话和联系人，以便联系和作为确定保险费率的参考因素。保险合同生效后，保险人须定期或不定期地向投保人调研自身的服务质量或通知被保险人有关信息。

（三）被保险车辆

分散业务投保单一般为一车一单。

多车业务，投保单可以使用附表形式，投保人情况、被保险人情况、投保车辆种类、投保车辆使用性质及投保主险条款名称等共性的内容在投保单主页上填写，个性的内容填写机动车辆保险投保单附表。如果上述共性的内容一共只有一项有差别，也要另外启用一份投保单，填写共性内容及其附表。比如某企业投保20辆客车，投保人情况、被保险人情况、投保车辆种类、车辆使用性质均相同，其中15辆车选择非营业用汽车损失保险条款和第三者责任险条款投保，另外5辆车只选择第三者责任险条款投保，此时投保主险条款名称不同，要启用两份投保单，分别填写投保单主页和附表。

（1）被保险人与车辆的关系：被保险人与投保车辆机动车行驶证上载明的车主相同时，选择"所有"，被保险人与车主不相符的时候，根据实际情况选择"使用"或"管理"。

（2）车主：被保险人与车辆的关系为"所有"时，可省略不填写；被保险人不是车主时，需填写投保机动车行驶证上载明的车主姓名。

（3）汽车本身资料：包括号牌号码、厂牌型号、发动机号、车架号、车辆种类、座位/吨位、车身颜色等内容。填写车辆管理机关核发的号牌号码并注明底色，填写号牌号码应该与行驶证号牌号码一致。

（4）汽车所有与使用情况：包括该汽车所属性质、是否为分期付款购买。如果是分期购买，则需明确卖方是谁。明确该汽车的行驶证上所列明的车主姓名、使用性质及行驶区域。

（四）投保人签名或签章

投保人对投保单各项内容核对无误并对投保险种对应的保险条款（包括责任免除和投保人义务、被保险人义务）明白理解后须在"投保人签名/签章"处签名签章，投保人为自然人时必须由投保人亲笔签字；投保人为法人或者其他组织时必须加盖公章，有委托书的可不必签章，投保人签章与投保人名称要一致。

（五）确定投保险种及期限

详情略。

任务实施

一、任务场景

理实一体化教室。

二、任务要求

1. 演练任务：根据投保单上的内容准备好相关信息。

2. 演练目的：了解填写投保单的基本要求及注意事项，能够填写投保单。

3. 演练内容：明确机动车投保需满足的条件，根据案例准备好机动车辆的信息、客户信息、投保的期限和险种。

三、任务分组

在这个任务中，采用分组实施方式进行，以 4~8 人为一组，通过学生自荐或者推荐的方式选出组长，由组长负责本组的组织协调工作，带头示范、督促，帮助其他组员完成相应工作。

四、任务步骤

分析案例并完成工单的填写。

[案例]

李老板想为自己公司所属的 10 辆捷达出租车投保汽车保险。这 10 辆捷达车车龄 2 年，已连续投保两年，保险期限已到，办理续保。今年同等车型新车购置价 8 万元，有安全气囊、防盗装置和中控锁，已安装油改气装备。出租车无固定停车位。司机均为驾驶经验丰富的驾驶员，驾龄均为 8 年以上。近两年无重大交通事故发生。

1. 学生以小组为单位分析讨论案例，确定需要准备的信息、机动车需满足的投保条件和客户信息。

2. 确定投保单上需要填写的信息，如客户信息、车辆信息、保险期限及险种等。

3. 填写投保单，填写过程中注意填写的基本要求和注意事项。

五、任务反思

1. 学生在完成任务过程中的收获和启示。

2. 学生在完成任务过程中的不足。

任务评价

汽车保险服务人员（填写投保单）学习任务表现评分表如表4-2所示。

表4-2　学习任务表现评分表

序号	评价项目	分值	评价指标	自评（30%）	互评（30%）	师评（40%）
1	职业素养 30分	5	小组分工明确，能够对学习任务内容及实施步骤进行精心准备			
		5	有团队意识、合作能力			
		5	能完成任务实施内容，能完成相关客户信息、车辆信息分析			
		5	成果展示内容充实，语言规范			
		5	能独立思考，具有求知探索精神			
		5	有"全心全意为客户服务"的意识			
2	专业能力 60分	15	学习积极主动，态度认真，遵守教学秩序			
		15	掌握填写投保单需要准备的相关信息了解填写投保单的基本要求及注意事项能够准确填写投保单			
		15	能灵活应用知识点进行相关案例分析			
		15	对知识的理解把握具有自学意识与动手能力			
3	创新意识 10分	10	有创新型思维和行动			
总配分		100	总得分			
综合评价						

项目四任务二
同步测试

任务三 计算保险费

任务描述

保险费（简称保费）是保险公司根据风险发生概率、资金的时间价值、产品保障内容（如保额、保障责任、保障期限等）、保险公司经营成本及其他可能的附加费用，使用科学的方法综合计算得出的费用。在计算保险费的过程中，被保险人的风险层次和保险金额会被全面考虑，保险费用会更加符合实际情况，也能更好地平衡被保险人和保险公司的利益。同时，计算保险费能够激励被保险人增强风险意识，提高安全系数，从而降低风险发生的可能性，让保险更能够发挥应有的作用。因此，通过学习本任务，学生应能够根据各种相关情况计算保险费。

思维导图

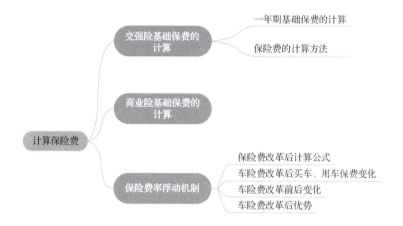

任务知识

一、交强险基础保费的计算

（一）一年期基础保费的计算

投保一年期机动车交通事故责任强制保险的，根据《机动车交通事故责任强制保险基础费率表》中相对应的金额确定基础保险费。

2020 版交强险基础费率表

（二）保险费的计算方法

1. 新交强险责任限额方案

在中华人民共和国境内（不含港、澳、台地区），被保险人在使用被保险机动车过程中发生交通事故，致使受害人遭受人身伤亡或者财产损失，依法应当由被保险人承担的损害赔偿责任，每次事故责任限额为：死亡伤残赔偿限额 18 万元，医疗费用赔偿限额 1.8 万元，财产损失赔偿限额 0.2 万元。被保险人无责任时，死亡伤残赔偿限额 1.8 万元，医疗费用赔偿限额 1 800 元，财产损失赔偿限额 100 元。

2. 新交强险费率浮动系数方案

（1）机动车交通事故责任强制保险基础费率浮动因素和浮动比率按照《机动车交通事故责任强制保险费率浮动暂行办法》第 3 条修改如下：

①内蒙古、海南、青海、西藏 4 个地区实行以下费率调整方案 A，如表 4 - 3 所示。

表 4 - 3　内蒙古、海南、青海、西藏地区费率调整方案 A

方案	浮动因素	浮动比率/%
与道路交通事故相联系的浮动方案 A	A1，上一个年度未发生有责任道路交通事故	- 30
	A2，上两个年度未发生有责任道路交通事故	- 40
	A3，上三个及以上年度未发生有责任道路交通事故	- 50
	A4，上一个年度发生一次有责任不涉及死亡的道路交通事故	0
	A5，上一个年度发生两次及两次以上有责任道路交通事故	10
	A6，上一个年度发生有责任道路交通死亡事故	30

②陕西、云南、广西 3 个地区实行以下费率调整方案 B，如表 4 - 4 所示。

表 4 - 4　陕西、云南、广西地区费率调整方案 B

方案	浮动因素	浮动比率/%
与道路交通事故相联系的浮动方案 B	B1，上一个年度未发生有责任道路交通事故	- 25
	B2，上两个年度未发生有责任道路交通事故	- 35
	B3，上三个及以上年度未发生有责任道路交通事故	- 45
	B4，上一个年度发生一次有责任不涉及死亡的道路交通事故	0
	B5，上一个年度发生两次及两次以上有责任道路交通事故	10
	B6，上一个年度发生有责任道路交通死亡事故	30

③甘肃、吉林、山西、黑龙江、新疆 5 个地区实行以下费率调整方案 C，如表 4 - 5 所示。

表 4 - 5　甘肃、吉林、山西、黑龙江、新疆地区费率调整方案 C

方案	浮动因素	浮动比率/%
与道路交通事故相联系的浮动方案 C	C1，上一个年度未发生有责任道路交通事故	- 20
	C2，上两个年度未发生有责任道路交通事故	- 30
	C3，上三个及以上年度未发生有责任道路交通事故	- 40
	C4，上一个年度发生一次有责任不涉及死亡的道路交通事故	0
	C5，上一个年度发生两次及两次以上有责任道路交通事故	10
	C6，上一个年度发生有责任道路交通死亡事故	30

④北京、天津、河北、宁夏4个地区实行以下费率调整方案D，如表4-6所示。

表4-6　北京、天津、河北、宁夏地区费率调整方案D

方案	浮动因素	浮动比率/%
与道路交通事故相联系的浮动方案D	D1，上一个年度未发生有责任道路交通事故	-15
	D2，上两个年度未发生有责任道路交通事故	-25
	D3，上三个及以上年度未发生有责任道路交通事故	-35
	D4，上一个年度发生一次有责任不涉及死亡的道路交通事故	0
	D5，上一个年度发生两次及两次以上有责任道路交通事故	10
	D6，上一个年度发生有责任道路交通死亡事故	30

⑤江苏、浙江、安徽、上海、湖南、湖北、江西、辽宁、河南、福建、重庆、山东、广东、深圳、厦门、四川、贵州、大连、青岛、宁波20个地区实行以下费率调整方案E，如表4-7所示。

表4-7　江苏、浙江、安徽等20个地区费率调整方案E

方案	浮动因素	浮动比率/%
与道路交通事故相联系的浮动方案E	E1，上一个年度未发生有责任道路交通事故	-10
	E2，上两个年度未发生有责任道路交通事故	-20
	E3，上三个及以上年度未发生有责任道路交通事故	-30
	E4，上一个年度发生一次有责任不涉及死亡的道路交通事故	0
	E5，上一个年度发生两次及两次以上有责任道路交通事故	10
	E6，上一个年度发生有责任道路交通死亡事故	30

（2）将《机动车交通事故责任强制保险费率浮动暂行办法》第4条修改为："交强险最终保险费计算方法是：交强险最终保险费＝交强险基础保险费×（1＋与道路交通事故相联系的浮动比率X，X取ABCDE方案其中之一对应的值）。"

（3）将《机动车交通事故责任强制保险费率浮动暂行办法》第7条修改为："与道路交通事故相联系的浮动比率X为X_1至X_6其中之一，不累加。同时满足多个浮动因素的，按照向上浮动或者向下浮动比率的高者计算。"

（4）几种特殊情况的交强险费率浮动方法：

①首次投保交强险的机动车费率不浮动。

②在保险期限内，被保险机动车所有权转移，应当办理交强险合同变更手续，且交强险费率不浮动。

③机动车临时上道路行驶或境外机动车临时入境投保短期交强险的，交强险费率不浮动。其他投保短期交强险的情况，根据交强险短期基准保险费并按照上述标准浮动。

④被保险机动车经公安机关证实丢失后追回的，根据投保人提供的公安机关证明，在丢失期间发生道路交通事故的，交强险费率不向上浮动。

⑤机动车上一期交强险保单满期后未及时续保的，浮动因素计算区间仍为上期保单出单日至本期保单出单日之间。

⑥在全国车险信息平台联网或全国信息交换前，机动车跨省变更投保地时，如投保人能提供相关证明文件的，可享受交强险费率向下浮动。不能提供的，交强险费率不浮动。

二、商业险基础保费的计算

机动车保险的保险费依据被保险机动车的使用性质、车辆种类、保险金额（责任限额）等因素确定，且须严格按照银保监会批复的费率规章计算。

保险人须按照银保监会审批的商业车险费率方案计算并收取保险费。

投保人投保保险期间小于一年的短期险的，计算公式为：

$$短期保险费 = 年保险费 \times N/365（N 为投保天数）$$

除银保监会审批的商业车险费率方案中规定的费率优惠外，保险人不得给予投保人合同以外的任何返还、折扣和额外优惠。

（一）行业示范商业险基础保费的计算公式

行业示范商业险基础保费的计算公式为：

$$商业险保险费 = 基准保费 \times 费率调整系数$$

其中：

$$基准保费 = 基准纯风险保费/(1 - 附加费用率)$$
$$费率调整系数 = 无赔款优待系数 \times 交通违法系数 \times 自主定价系数$$

费率调整系数适用于机动车商业保险、特种车商业保险、机动车单程提车保险，不适用于摩托车和拖拉机商业保险。系数须严格按照银保监会批复的条款及费率执行，据实使用，严格做到报行一致。

（二）无赔款优待系数计算

如陕西无赔款优待系数（NCD）范围为0.5~2.0，如表4-8所示。

无赔款优待等级计算规则为：首年投保，等级为0；非首年投保，考虑最近三年及以上连续投保和出险情况进行计算，计算规则如下：

（1）连续四年及以上投保且没有发生赔款，等级为-4；

（2）按照最近三年连续投保年数计算降级数，每连续投保1年降1级。按照最近三年出险情况计算升级数，每发生1次赔款升1级。最终等级为升级数减去降级数，最高为5级。

表4-8　陕西无赔款优待系数范围

等级	系数
-4	0.5
-3	0.6
-2	0.7
-1	0.8

续表

等级	系数
0	1
1	1.2
2	1.4
3	1.6
4	1.8
5	2

比如：

连续三年不出险，赔款次数 = 0，连续投保年数 = 3，等级为：0 - 3 = - 3 级；

连续三年出险 2 次，赔款次数 = 2，连续投保年数 = 3，等级为：2 - 3 = - 1 级；

连续三年出险 2 次，赔款次数 = 2，连续投保年数 = 2，等级为：2 - 2 = 0 级。

（3）自主定价系数。

自主定价系数参考无赔款优待系数浮动依据。

常规业务：指往年均正常投保完整一年单，无重复投保、脱保等情况。

投保时，车险平台追溯投保车辆的连续投保情况和出险情况。若上溯 3 个保单年度内存在赔付，最多追溯 3 张连续保单；若上溯 4 个保单年度内无赔付，最多追溯 4 张连续保单。

连续投保：在投保车辆历史保单集合中，起保日期靠后的保单为上张保单（脱保时间大于 6 个月不作为上张保单），保单起保日期与其"上张保单"终保日期间隔不超过 3 个月为连续投保。其中，若不存在"上张保单"或"上张保单"为短期单、过户保单、脱保超过 3 个月，则停止追溯连续保单。

投保人在不承担事故责任的情况下，要求在车损险项下以代位求偿的方式进行理赔的（即无责代位求偿），所产生赔款不计为赔款次数且不作为下一年度费率浮动依据。

（4）其他特殊业务。

不连续投保：在上溯保单年数过程中，若出现脱保导致的不连续投保情况，若脱保时间超 3 个月，则追溯终止；若脱保时间不足 3 个月，则继续向上追溯。

重复投保：在上溯保单年数过程中，若出现重复投保情况，重叠部分大于 6 个月，视为一张保单，起期取早，止期取晚；重叠部分小于等于 6 个月，视为两张连续保单。

短期单：在上溯保单年数过程中，将承保时间未满一年视为短期单，若短期单保期小于等于 6 个月，则继续追溯连续保单，若保期大于 6 个月，则停止追溯连续保单；如"上张保单"或本保单为短期单，则 NCD 系数只上浮不下浮。

首年投保：车辆过户、脱保超 6 个月或未找到上年保单，则 NCD 系数不浮动。

新车投保：NCD 系数不下浮。

脱保：若当前投保保单与"上张保单"脱保 3～6 个月，则 NCD 系数只上浮不下浮。

NCD 系数返回给保险公司后，保险公司必须据实使用，不得更改。

如果发现投保标的车 NCD 系数车险平台返回错误的，若保单在保险期限内，由原承保保险公司调整信息；若保单在保险期间外，由续保保险公司提供行驶证等相关资料，车险平台核实后协助处理。

理赔案件信息错误导致 NCD 系数错误：原保险公司负责处理公司产生的问题赔案。

三、保险费率浮动机制

中国银保监会发文要求各财产保险公司于从 2020 年 9 月 19 日零时起，实施最新的由中国银保监会研究制定的《关于实施车险综合改革的指导意见》，在全国范围内统一实行商业车险费率与道路交通事故挂钩浮动机制。

（一）保险费改革后计算公式

保险费改革后计算公式如图 4 – 11 所示。

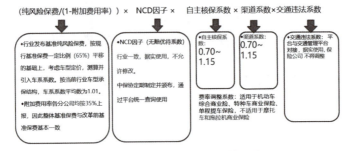

图 4 – 11　保险费改革后计算公式

（二）车险费改革后买车、用车保费变化

保费与买车用车息息相关，一般车主在买车之后都会购买相应的车险。下面介绍车险费改革后车主买车、用车保费变化。

1. 保费与车型费率表相关

车险费改革参考行业理赔大数据后，制作了车型费率表，不同品牌不同车型的保险费率均不同。

2. 保费与出险次数相关

违规较多、社会信用差的车主投保将面临更高的费用。

3. 保费与零整比相关

车辆零整比就是市场上该车型全部零配件的价格之和与新车销售价格的比值。一般而言，零整比越高的车，意味着售后维修成本越高，因此车险费率会提高。

（三）车险费改革前后变化

（1）出险次数和保费折扣挂钩；

（2）取消车灯、倒车镜单独险，并入车损险；

（3）取消三者险不赔直系亲属的条款；

（4）连续三年未出险：60%；

（5）连续两年未出险：70%；

（6）上年未出险：85%；

（7）上年出险一次：不打折；

（8）上年出险两次：上浮125%；

（9）上年出险三次：上浮150%；

（10）上年出险四次：上浮175%；

（11）上年出险五次：上浮200%。

车险费改革前后对比如表4-9所示。

折扣系数浮动区间拉大后，小事故是报保险还是自担损失，究竟哪个更合算，对车主来说还真是个纠结的问题。想要判断是报保险还是自担损失，简单来说，要比较损失金额与上浮保费后才能定，损失金额大于上浮保费的，报保险更合算；损失金额低于上浮保费的，建议自担损失。

表4-9　车险费改革前后对比

出险次数	车险费改革前系数	车险费改革后系数
一年不出险	0.57	0.85
两年不出险	0.522 5	0.7
三年不出险	0.475	0.6
一年出险一次	0.665	1
一年出险两次	0.95	1.25
一年出险三次	1.045	1.5
一年出险四次	1.235	1.75
一年出险五次以上	1.425	2.0

对于车主而言，小事故的损失金额大致可以预估，但如果报保险的话，来年保费就要上浮，表4-10为多出1次险的折扣系数变化。

表4-10　多出1次险的折扣系数变化

保单已出险次数	明年续保浮动系数	增加1次出险后的折扣系数	下年系数上浮比例/%
连续3年没有发生赔款	0.6	1	0.4
连续2年没有发生赔款	0.7	1	0.3
上年没有发生赔款	0.85	1	0.15
1次赔款	1	1.25	0.25
2次赔款	1.25	1.5	0.25
3次赔款	1.5	1.75	0.25
4次赔款	1.75	2	0.25
5次及以上赔款	2	2	0

相关案例：

[案例1]

保单基准保费是4 000元，原保单已连续3年没有发生赔款，若今年发生一次赔款，则下一年的折扣系数由 0.6 上升至 1.0，保费由 4 000 × 0.6 = 2 400（元）上升至 4 000 × 1.0 = 4 000（元）；若不索赔，则下一年可节省保费 1 600 元。

［案例 2］

保单基准保费为 4 000 元，原保单已发生 1 次赔款，若今年再发生第二次赔款，则下一年折扣系数由 1.0 上升至 1.25，保费由 4 000 × 1.0 = 4 000（元）上升至 4 000 × 1.25 = 5 000（元），若不索赔，则下一年可节省保费 1 000 元。

实行新的费率标准，对于安全意识高、具有良好驾驶习惯的车主是个利好消息。多年未出险的，保费更是低至 5 折以下。

（四）车险费改革后优势

（1）车辆没挂牌出事故可获赔；

（2）司机家人也列入第三者责任险赔付范围；

（3）冰雹、台风等自然灾害和所载货物及车上人员意外撞击导致的车损也可获赔；

（4）代位求偿：在遭遇交通事故，若交警判定对方全责，但对方拒赔时，可让自己投保的保险公司先行赔付，再由保险公司向对方追偿。

任务实施

一、任务场景

理实一体化教室。

二、任务要求

1. 演练任务：掌握计算保费的方法，并能够利用计算保费的方法计算案例中的保费。

2. 演练目的：通过对交强险、商业险保费的了解，计算相应的保费。

3. 演练内容：请同学们分析投保的险种，然后利用相应的计算方法计算保费。

三、任务分组

在这个任务中，采用分组实施方式进行，以 4 ~ 8 人为一组，通过学生自荐或者推荐的方式选出组长，由组长负责本组的组织协调工作，带头示范、督促，帮助其他组员完成相应工作。

四、任务步骤

1. 根据案例完成相应内容。

［案例 1］

一位车主 2022 年 11 月买了一台 6 座以下的新车，第一年他的交强险保费为 950 元，计算这位车主 2023 年交强险的保费。

［案例 2］

顾客王先生 2008 年 11 月买了一辆新车，车价为 10 万元，车损保费应该怎样计算？

[案例3]

王先生所投保的商业险中，已明确要求车上人员险司机保额为5万元，4个乘客座位每个保1万元，那么保费应是多少呢？

2. 熟悉保险费率的浮动机制，能对比车险费改革前后保险费的变化。

3. 根据不同车辆信息，能灵活运用车险费改革后的计算公式计算交强险基础保费、商业险基础保费。

五、任务反思

1. 学生在完成任务过程中的收获和启示。

2. 学生在完成任务过程中的不足。

任务评价

汽车保险服务人员（计算保险费）学习任务表现评分表如表4-11所示。

表4-11 学习任务表现评分表

序号	评价项目	分值	评价指标	自评（30%）	互评（30%）	师评（40%）
1	职业素养 30分	5	小组分工明确，能够对学习任务内容及实施步骤进行精心准备			
		5	有团队意识、合作能力			
		5	能完成任务实施内容，能根据不同的案例完成保险费的计算			
		5	成果展示内容充实，语言规范			
		5	能独立思考，有求知探索精神			
		5	有诚信做人、诚信做事的社会主义核心价值观			
2	专业能力 60分	15	学习积极主动，态度认真，遵守教学秩序			
		15	掌握计算保险费的相关概念			
		15	能灵活应用知识点进行相关案例分析			
		15	对知识的理解把握具有自学意识与动手能力			

续表

序号	评价项目	分值	评价指标	自评（30%）	互评（30%）	师评（40%）
3	创新意识 10分	10	有创新型思维和行动			
总配分		100	总得分			
综合评价						

项目四任务三
同步测试

任务四　熟悉汽车投保注意事项

任 务 描 述

在投保汽车保险时，保险人已通过书面形式向投保人详细介绍并提供投保险种所适用的条款，对其中免除保险人责任的条款（包括责任免除条款、免赔额、免赔率等免除或者减轻保险人责任的条款）以及保险合同中付费约定和特别约定的内容向投保人做了书面说明，投保人应充分理解并接受投保内容，同意以此作为订立保险合同的依据。投保人应自愿投保保单上的险种。

思 维 导 图

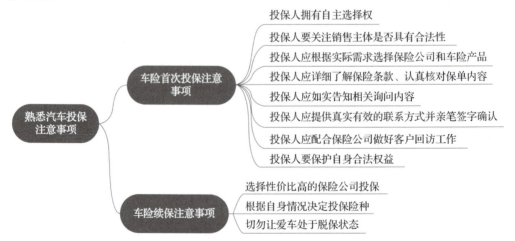

任务知识

一、车险首次投保注意事项

为了维护投保人的合法权益，各省保监局提示投保机动车保险时，应注意以下事项：

（一）投保人拥有自主选择权

投保人在购买车险产品时，享有自主选择销售渠道、保险机构和车险产品的权利，任何机构和人员均不得以任何方式强迫、诱导车主购买车险产品。

（二）投保人要关注销售主体是否具有合法性

在订立保险合同前，请确认销售主体是否具有合法销售资质。投保人应选择具有合法车险销售资质的保险公司或者中介机构网点购买。如果是通过保险公司业务员、个人代理人或保险中介机构办理投保，可以通过查看工作证、执业证书或经营保险业务许可证，或通过拨打保险公司客服电话的方式确认业务员、个人代理人或保险中介机构的销售资格。查询具有合法资格的保险专业中介机构，可登录"iir. circ. gov. cn"网站"保险专业中介机构查询"模块。不要轻信没有保险经营资质的商家"买车险送商品，买商品送车险"等促销活动，否则将面临买到假保单、遭遇伪劣商品和难以维权等风险。

（三）投保人应根据实际需求选择保险公司和车险产品

投保人在购买车险产品时，不应简单依照保费价格高低来选择投保的保险公司，更应考虑险种组合是否符合自身需求，保险公司理赔服务是否高效、是否具有特色增值服务举措等。在综合衡量保险公司品牌实力、服务网络、保障规划、理赔服务质量和参考报价等因素的基础上，合理选择保险公司，理性购买车险产品。

（四）投保人应详细了解保险条款、认真核对保单内容

投保前投保人应认真阅读保险条款，重点关注保险责任、责任免除、投保人和被保险人义务、赔偿处理、免赔率或者免赔额和保单中的特别约定等内容，并全面了解保险公司提供的各种车险服务内容。认真准确填写投保单，及时索要保单正本、保费发票、条款等重要单证，并认真核对。同时，应认真核对保单上载明的销售机构名称和销售人员是否与实际一致。

（五）投保人应如实告知相关询问内容

保险机构在与投保人订立车险合同时，应就合同中的免责条款和保障范围向投保人作出明确说明，确保投保人对车险条款的知情权。对于保险机构就保险标的或者被保险人的有关情况提出询问的，投保人应如实告知。

（六）投保人应提供真实有效的联系方式并亲笔签字确认

投保人在购买车险过程中，应将真实有效的联系方式告知保险公司，通过保险中介机构

或个人代理人购买的车险保单，应及时拨打保险公司的客服电话核对保单信息和联系方式的真实性，并亲自在投保单、投保提示书等相关资料上签字确认，以维护投保人的合法权益，这样才能及时享受到保险公司为投保人提供的相关车险增值服务。当投保人的联系方式变更时，应及时拨打保险公司客服电话更改。

（七）投保人应配合保险公司做好客户回访工作

各保险公司按监管规定开展客户回访工作，请对回访问题进行如实答复，不清楚的地方可以立即提出，要求保险公司详细解释。

（八）投保人要保护自身合法权益

投保人在购买车辆保险的过程中，如有疑问或问题，可拨打保险公司客服电话、各省保险行业协会电话，或 12378 保险消费者投诉维权热线进行咨询，各省保监局将依法维护消费者合法权益。

以上提示旨在提醒投保人在车险投保过程中应知晓和关注的一些情形，并非保险合同的构成要件，具体权益和责任应以正式的保险合同条款为准。

二、车险续保注意事项

（一）选择性价比高的保险公司投保

由于竞争激烈，除了传统的车险代理人和保险公司的网电销售渠道，也有不少互联网车险平台提供专业的车险选择建议和优惠投保方案。所以，车主在给车辆续保时，可以通过评估对比，选择性价比更高的保险公司投保。

（二）根据自身情况决定投保险种

由于新手车主的车辆受损概率比较高，因此选购保险一定是比较全面的。但是随着驾龄的增长，驾驶经验也越来越丰富，这时候车主续保可以根据自身情况来决定投保哪些险种。

（三）切勿让爱车处于脱保状态

对于爱车来说，没有及时进行续保导致脱保是很危险的。脱保不仅会增加保费，而且一旦出险，是没有保障的。所以及时续保，对于车主而言很有必要。

任务实施

一、任务场景

理实一体化教室。

二、任务要求

1. 演练任务：熟悉车险首次投保注意事项，尤其是在投保的过程中，保险人应详细了解保险条款并认真核对保单内容；熟悉续保的注意事项。

2. 演练目的：结合前期对车辆投保流程、计算保险费、填写投保单等内容的学习，明确车险首次投保和续保的注意事项。

3. 演练内容：请同学根据课程内容总结知识点，制作PPT进行汇报。

三、任务分组

在这个任务中，采用分组实施方式进行，以4～8人为一组，通过学生自荐或者推荐的方式选出组长，由组长负责本组的组织协调工作，带头示范、督促，帮助其他组员完成相应工作。

四、任务步骤

学生以小组为单位分析讨论，并完成工单的填写。

1. 车险首次投保注意事项。

2. 续保的注意事项。

3. 制作PPT，小组选取代表，展示和讲解PPT内容。

五、任务反思

1. 学生在完成任务过程中的收获和启示。

2. 学生在完成任务过程中的不足。

任务评价

汽车保险服务人员（熟悉汽车投保注意事项）学习任务表现评分表如表4-12所示。

表 4 – 12　学习任务表现评分表

序号	评价项目	分值	评价指标	自评 （30%）	互评 （30%）	师评 （40%）
1	职业素养 30分	5	小组分工明确，能够对学习任务内容及实施步骤进行精心准备			
		5	有团队意识、合作能力			
		5	PPT展示仪表着装得体，能较好地激发学习兴趣，营造良好的学习氛围			
		5	成果展示内容充实、语言规范、声音洪亮、吐字清晰			
		5	展示车辆投保注意事项，开场和结束有吸引力，有服务意识			
		5	有爱国、敬业的社会主义核心价值观			
2	专业能力 60分	15	学习积极主动，态度认真，遵守教学秩序			
		15	PPT制作技术美观、新颖，布局合理			
		15	PPT内容层次清晰，重点突出			
		15	PPT中有关汽车保险合同的内容表述正确			
3	创新意识 10分	10	有创新型思维和行动			
	总配分	100	总得分			
	综合评价					

项目四任务四
同步测试

任务五　熟悉汽车保险销售

任务描述

　　汽车保险销售是将保险产品卖出的一种行为，是保险营销过程中的一个环节。这一环节可能是通过保险销售人员（包括保险公司的直接与间接销售人员）推荐并指导消费者购买保险产品完成的，也可能是消费者通过获取相关信息后主动购买保险产品而完成的。汽车保险产品只有转移到消费者手中，才能使保险产品产生效用，实现保险活动的宗旨。做好保险销售，能不断扩大承保数量，拓宽承保面，实现保险业务规模经营，满足大数法则的要求，保持偿付能力，实现保险公司的利润目标。

思 维 导 图

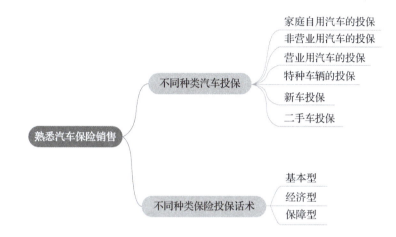

任 务 知 识

一、不同种类汽车投保

（一）家庭自用汽车的投保

1. 险种选择

家庭自用汽车在投保前，需要综合考虑车辆本身的风险程度。就家庭自用车而言，在投保机动车交通事故责任强制保险的基础上，最好选择投保车辆损失险、第三者责任险、车上人员责任险、车轮单独损失险、医保外医疗费用责任险。

2. 责任限额选择

如果车主经常开夜车，则建议第三者责任险限额最好买200万元作为交强险的补充。

3. 保险公司的选择

如果车主经常跑长途，或经常到所在地以外的地区，建议选择服务周到、信誉优良的保险公司投保，因为便捷的服务是选择保险公司的关键。保险与其他商品不同，不是一次性消费，而是关系到人的一生。选择一个服务周到、信誉优良的保险公司，无疑会使以后投保和索赔都更加方便。

（二）非营业用汽车的投保

1. 险种选择

对于非营业用汽车的投保，作为用车单位，除投保机动车交通事故责任强制保险之外，首选的险种是车辆损失险、第三者责任险、车上人员责任险、车轮单独损失险、医保外医疗费用责任险。必要时可投保精神损害抚慰金责任险。

2. 责任限额选择

作为单位的非营业用汽车，商业第三者责任险的责任限额最好选择 300 万元，可以获得更大的保障。

3. 保险公司的选择

对于非营业用汽车的投保，不能只看重价格，保障和服务才是更重要的。比如有的保险公司报价低，但是保障功能可能也随之降低，理赔服务也会相对较慢，某些险种条款升值存在漏洞，真正出了险，很有可能遭到拒赔。

除保费价格、险种条款外，保险公司推出的个性化服务也是选择保险公司的一个依据。

（三）营业用汽车的投保

1. 险种选择

作为营业用汽车，使用频率较高，且会经常跑长途，出险率较高。除投保机动车交通事故责任强制保险外，建议首选险种为车辆损失险、第三者责任险、车上人员责任险、车上货物责任险、车辆停驶损失险、修理期间费用补偿险、车轮单独损失险、精神损害抚慰金责任险、节假日限额翻倍金、医保外医疗费用责任险。

2. 责任限额选择

一般情况下，货车及客车出现重大事故的概率较高，其商业第三者责任险的责任限额最好选择 500 万元以上。

3. 保险公司的选择

各保险公司对营业用汽车保险的保费做了调整，适度提高了保费。建议选择服务网点较多的保险公司投保，这样才能满足跑长途的客车或货车的特殊要求。

（四）特种车辆的投保

1. 险种选择

特种车辆行驶区域比较固定，使用频率不高，但车内装有特殊仪器，且价值都较高，一旦发生保险事故，损失巨大。因此，在投保机动车交通事故责任强制保险的基础上，建议投保车辆损失险、第三者责任险、车上人员责任险、新增加设备损失险、车上货物责任险、车轮单独损失险、精神损害抚慰金责任险、医保外医疗费用责任险、发动机进水损坏除外特约条款。

2. 责任限额选择

作为特种车辆，建议商业第三者责任险的责任限额最好选择 500 万元以上比较合适。

3. 保险公司的选择

对于特种车辆来说，面临的最大风险就是操作过程中造成的损失和车内仪器的损失，因此要选择有特种车辆保险条款和拓展条款的保险公司投保，在众多保险公司中，挑选出所提供的条款能覆盖特种车辆所能发生的各种风险的保险公司。

（五）新车投保

新车建议选择投保全险，一方面是因为新手开车不太熟，出险的概率相对较高，同时新手也特别爱惜新车。就新车新手而言，上路出险率相对较高，容易出现刮擦的情况，在投保机动车交通事故责任强制保险的基础上，最好选择投保车辆损失险、第三者责任险、车上人员责任险、车身划痕损失险、车轮单独损失险、医保外医疗费用责任险、精神损害抚慰金责任险。

1. 责任限额选择

如果新车车主出车率较高，则建议第三者责任险限额最好买 300 万元作为交强险的补充。

2. 保险公司的选择

建议车主选择服务周到、信誉优良的保险公司投保，因为便捷、周到的服务是选择保险公司的关键。保险与其他商品不同，不是一次性消费，而是关系到人的一生。选择一个服务周到的保险公司，无疑会使以后的投保和索赔更加方便。

（六）二手车投保

在二手车交易过程中，交强险有"随车"原则，除条款约定的特殊情况外，不得解除保险合同。也就是说，二手车在买卖后，交强险自动转到新车主名下。因此，车主购买到二手车后，不必先问"二手车交强险多少钱"，而应查看二手车是否还带有交强险。另外，新车主除"继承"交强险外，还应过户剩余车险。虽然按照新《保险法》的规定，保险标的转让后，无论保险标的转让是否通知保险公司，保险公司都将承担保险责任。但对于购买二手车的新车主来说，依然有义务在完成车辆变更后，及时向保险公司申请车险变更手续。

二、不同种类保险投保话术

（一）基本型

机动车交通事故责任强制保险 + 车辆损失险 + 第三者责任险（200 万元）

促成话术：

保险推销员："王先生，您好。您的车首先要上一个交强险，这是国家规定必须上的，如果您的车不投保交强险就上路的话，一旦被交警抓住，除了要扣车，补交交强险外，还要处以保费两倍的罚款。所以，交强险是必须要买的。"

投保人王先生："那除了交强险外，还需要买什么保险？"

保险推销员："除了交强险，您一定要买一个第三者责任险做补充。交强险对于经常在路上行驶的汽车来说，保障是远远不够的。您别看交强险保额是 18 万元，但那可是分项赔偿的。交强险在您有责的情况下对第三者的医疗费用最多只赔 18 000 元，财产损失最多赔 2 000 元，现在医药费这么贵，就算看个骨折，花上一两万都很正常。再加上误工费、护理费……交强险根本就不够赔。"

投保人王先生："那应该买多少保额的第三者责任险？"

保险推销员："对于第三者责任险，我建议您保 200 万元的，因为 100 万元的三者险保障还是低了一些，而且保 200 万元比 100 万元的三者险保费才贵了 100 元多一点，但保额提高了一倍，还是比较值的。而且我跟您说，商业三者险赔起来可是不分项的，不管医疗费用还是财产损失费用，都在这 200 万元限额内赔。现在的超豪华车很多，商业三者险多买一些准没错。"

话术点评：

对交强险做了简要的介绍，较细致地说明了交强险的分项赔偿原则，并举例说明，最后得出其保障不够的结论。

对商业三者险的卖点做了比较深入的说明，挖掘了客户风险需求。

（二）经济型

机动车交通事故责任强制保险＋车辆损失险＋第三者责任险（300万元）＋
机动车车上人员责任保险＋医保外医疗费用责任险

促成话术：

保险推销员："赵先生您好，对于您的车，交强险是一定要上的。除了交强险，第三者责任险推荐您保300万元的，对于稍微严重一些的交通事故，300万元基本够用了，而且保200万元的三者险和300万元的三者险保费才差了100多元钱，但保障却提高了一倍，相当于每天才多交几毛钱，但心里可踏实多了。另外，建议您为自己的爱车同时购买车辆损失险，车损险是赔您自己车本身损失的，也是必保的项目，平常有些剐蹭的，就有保障了，而且对于火灾、爆炸、雷击、冰雹、暴雨等灾害造成的损失也可以赔付。这是一个性价比很高的险种，大部分的车辆损伤都可以赔付。"

投保人赵先生："有时候我要带家人出行，需要购买什么保险？"

保险推销员："因为车上经常要坐人，建议您购买机动车车上人员责任险，另外，一旦发生人伤事故，医保外的用药是需要自理的，所以建议您同时购买医保外医疗费用责任险，这样医保外的医疗费也可以报销。"

投保人赵先生："还有其他需要买的吗？"

保险推销员："知道您追求最高的性价比，尽量花最少的钱得到最高的保障，所以其他一些险种就没向您推荐，比如划痕险，一般保的都是别人故意或者无意对您车辆的划伤。再比如发动机进水损坏特约条款，这个您只要不把车在下雨的时候往低洼的地方开，就不会出险。您就购买我刚才给您推荐的这些险种就基本上可以满足您的需要了。"

话术点评：

向经济型客户推荐了车辆损失险、机动车车上人员责任保险、医保外医疗费用责任险，突出介绍了这三个险种的性价比。

根据客户情况灵活组合险种，对车上人员责任险的承保提出了较专业合理的建议。

简要介绍了不推荐投保的险种，讲明建议不保的原因，同时也介绍了风险点，给客户提供了一定的选择空间。

（三）保障型

机动车交通事故责任强制保险＋车辆损失险＋第三者责任险（300万元）＋机动车车上人员
责任保险＋医保外医疗费用责任险＋车轮单独损失险＋车身划痕期间费用补偿险

促成话术：

保险推销员："王女士，您好，由于女性驾驶员比男性驾驶员的出险率高，您的驾龄也较短，再加上您的车是豪华品牌新车，要想让您的车得到比较全的保障。我推荐您除了购买机动车交通事故责任强制保险、车辆损失险、第三者责任险（300万元）、机动车车上人员责任保险、医保外医疗费用责任险外，还需要购买车轮单独损失险和车身划痕期间费用补偿险。

首先，交强险是必须上的，它赔偿的是交通事故中第三者的人身伤亡和财产损失。交强险实行的是分项赔偿原则，死亡伤残最多赔 18 万元，医疗费用最多赔 1.8 万元，财产损失最多赔 2 000 元，所以保障是远远不够的，必须投保商业三者险作为补充。商业三者险的保额大多数人选择保 200 万元或 300 万元，我建议您保 300 万元的，对于稍微严重一些的事故，能得到比较充分的保障。"

投保人王女士："对于我自己的车，对应的保险是哪个？"

保险推销员："车损险是赔您自己车本身损失的，也是必保的项目，平常单独有些剐蹭的，就有保障了，而且对于火灾、爆炸、雷击、冰雹、暴雨等灾害造成的损失也可以赔付，这是一个性价比很高的险种。

车上人员责任险是对于交通事故中车上人员人身伤亡负责赔偿的险种，相对来说，是一个比较实惠的意外险，还是不记名的，您可以按照需求给车上人员购买。

车身划痕期间费用补偿险保的是无明显碰撞痕迹的车身划痕，假如车停在路上被人故意或者无意间划了，这个险种负责赔偿。

车轮单独损失险仅保车轮，包括轮胎、轮毂、轮毂罩的单独直接损失都可以赔偿，当然，自然磨损、腐蚀、故障、本身质量缺陷是不可以赔的。"

投保人王女士："对于人的保险是哪个险种？"

保险推销员："因为车上经常要坐人，建议您同时购买机动车车上人员责任险，另外，一旦发生人伤事故，医保外的用药是需要自理的，所以建议您同时购买医保外医疗费用责任险，这样医保外的医疗费也可以报销。

我们的车险附加险条款有 11 个，但我觉得真正对您有用、性价比又比较高的就是这几个，购买刚才给您推荐的这几项，您的爱车基本上就能得到相对全面的保障。"

话术点评：

系统、全面地讲解了机动车存在的风险及各险种卖点。

讲解险种时使用了较为专业的术语，提升了专业形象。

任务实施

一、任务场景

理实一体化教室。

二、任务要求

1. 演练任务：了解不同种类汽车投保时，保险险种的搭配选择，针对不同种类保险的推荐进行话术演练，并在课堂上展示。

2. 演练目的：能够对不同种类汽车进行不同险种的搭配，针对不同险种采用不同话术并成功推荐。

3. 演练内容：请同学们利用所学知识分析案例并搭配险种，根据案例信息进行险种推荐的话术演练，并以小组为单位扮演不同角色展示。

三、任务分组

在这个任务中，采用分组实施方式进行，以 4~8 人为一组，通过学生自荐或者推荐的方式选出组长，由组长负责本组的组织协调工作，带头示范、督促，帮助其他组员完成相应工作。

四、任务步骤

根据案例完成工单填写。

[案例]

王先生是一位具有 12 年驾龄的老司机，开车比较谨慎，今天在 4S 店买了一台宝马三系，王先生购买该车的用途主要是上下班以及接送孩子，假期偶尔出去旅游。

1. 根据案例中的客户需求，搭配合适的保险险种。

2. 根据客户信息和推荐的险种，制定话术并演练。

3. 制作 PPT 展示成果。

五、任务反思

1. 学生在完成任务过程中的收获和启示。

2. 学生在完成任务过程中的不足。

任务评价

汽车保险服务人员（熟悉汽车保险销售）学习任务表现评分表如表4-13所示。

表4-13　学习任务表现评分表

序号	评价项目	分值	评价指标	自评（30%）	互评（30%）	师评（40%）
1	职业素养 30分	5	小组分工明确，能够对学习任务内容及实施步骤进行精心准备			
		5	有团队意识、合作能力			
		10	成果展示时仪表着装得体，能较好地激发学习兴趣，营造良好的学习氛围			
		5	成果展示内容充实、语言规范、声音洪亮、吐字清晰			
		5	有"以人为本"的根据顾客需求服务的意识			
2	专业能力 60分	15	学习积极主动，态度认真，遵守教学秩序			
		15	展示过程中话术合理、具有逻辑性			
		15	能够根据顾客信息合理制定推荐方案			
		15	有关推荐方案中的内容表述正确			
3	创新意识 10分	10	有创新型思维和行动			
总配分		100	总得分			
综合评价						

项目四任务五
同步测试

　　某保险公司的续保业务员接到任务，要求他能根据客户基本信息完成保险推介工作，能够针对不同客户制定相应保险方案，并选择合适的话术推介。

请完成以下工单：

任务一：去年9月份，河北保定的张师傅在驾车行驶时，为了避让一辆疾驰而来的小轿车，撞向了路边的防护栏，造成车辆的左前部受损。保险公司很快派出工作人员到现场核实，根据合同评估预算，赔偿张师傅1 600元。作为专业的汽车保险续保人员，请分析车主张师傅想要得到全面的保险保障，需要在来年续保时投保哪些险种？

1. 收集资料，分析客户的信息和车辆信息。

2. 针对客户张师傅的需求推荐合适的投保方案。

3. 估算投保费用。

4. 制定相应推介话术。

5. 假设续保成功，请填写投保的保险单。

任务二：今天，张先生去4S店购置一辆比亚迪汉新能源轿车，花费20万元，张先生购置该车主要用于平时跑滴滴，现需要对该车进行首次投保。

1. 收集资料，分析该客户的信息和车辆信息。

2. 针对客户张先生的需求推荐合适的投保方案。

3. 估算投保费用。

4. 制定相应推介话术。

5. 假设投保成功，请填写投保的保险单。

摩托车、拖拉机保险相关险种

摩托车保险条款分为主险、附加险。

1. 主险

主险包括摩托车、拖拉机损失保险，摩托车、拖拉机第三者责任保险，摩托车、拖拉机车上人员责任保险，摩托车、拖拉机全车盗抢保险共四个独立的险种，投保人可以选择投保全部险种，也可以选择投保其中部分险种。保险人依照保险合同的约定，按照承保险种分别承担保险责任。

摩托车、拖拉机损失保险的保险责任：在保险期间内，被保险人或被保险机动车驾驶人在使用被保险机动车过程中，因下列原因造成被保险机动车的直接损失，且不属于免除保险人责任的范围，保险人依照保险合同的约定负责赔偿。

摩托车、拖拉机第三者责任保险的保险责任：在保险期间内，被保险人或其允许的驾驶人在使用被保险机动车过程中发生意外事故，致使第三者遭受人身伤亡或财产直接损毁，依法应当对第三者承担的损害赔偿责任，且不属于免除保险人责任的范围，保险人依照保险合同的约定，对于超过机动车交通事故责任强制保险各分项赔偿限额的部分负责赔偿。

摩托车、拖拉机车上人员责任保险的保险责任：在保险期间内，被保险人或其允许的驾驶人在使用被保险机动车过程中发生意外事故，致使车上人员遭受人身伤亡，且不属于免除保险人责任的范围，依法应当对车上人员承担的损害赔偿责任，保险人依照保险合同的约定负责赔偿。

摩托车、拖拉机全车盗抢保险的保险责任：在保险期间内，被保险机动车的下列损失和费用，且不属于免除保险人责任的范围，保险人依照保险合同的约定负责赔偿：

（1）被保险机动车被盗窃、抢劫、抢夺，经出险当地县级以上公安刑侦部门立案证明，满60天未查明下落的全车损失；

（2）被保险机动车全车被盗窃、抢劫、抢夺后，受到损坏或车上零部件、附属设备丢失需要修复的合理费用；

（3）被保险机动车在被抢劫、抢夺过程中，受到损坏需要修复的合理费用。

2. 附加险

附加险不能独立投保。附加险条款与主险条款相抵触的，以附加险条款为准，附加险条款未尽之处，以主险条款为准。

附加险条款的法律效力优于主险条款。附加险条款未尽事宜，以主险条款为准。除附加险条款另有约定外，主险中的责任免除、双方义务同样适用于附加险。主险保险责任终止的，其相应的附加险保险责任同时终止。

（1）附加绝对免赔率特约条款。

附加绝对免赔率特约条款绝对免赔率为5%、10%、15%、20%，由投保人和保险人在投保时协商确定，具体以保险单载明为准。被保险机动车发生主险约定的保险事故，保险人按照主险的约定计算赔款后，扣减本特约条款约定的免赔。即：

$$实际赔款 = 按主险约定计算的赔款 \times (1 - 绝对免赔率)$$

（2）附加精神损害抚慰金责任险。

附加精神损害抚慰金责任险是指投保了摩托车、拖拉机第三者责任保险或摩托车、拖拉机车上人员责任保险的摩托车、拖拉机，可投保本附加险。在投保人仅投保摩托车、拖拉机第三者责任保险的基础上附加本附加险时，保险人只负责赔偿第三者的精神损害抚慰金；在投保人仅投保摩托车、拖拉机车上人员责任保险的基础上附加本附加险时，保险人只负责赔偿车上人员的精神损害抚慰金。

保险期间内，被保险人或其允许的驾驶人在使用被保险机动车的过程中，发生投保的主险约定的保险责任内的事故，造成第三者或车上人员的人身伤亡，受害人据此提出精神损害赔偿请求，保险人依据法院判决及保险合同约定，对应由被保险人或被保险机动车驾驶人支付的精神损害抚慰金，在扣除机动车交通事故责任强制保险应当支付的赔款后，在保险赔偿限额内负责赔偿。

（3）附加医保外医疗费用责任险。

附加医保外医疗费用责任险是指投保了摩托车、拖拉机第三者责任保险或摩托车、拖拉机车上人员责任保险的摩托车、拖拉机，可投保本附加险。

保险期间内，被保险人或其允许的驾驶人在使用被保险机动车的过程中，发生主险保险事故，对于被保险人依照中华人民共和国法律（不含港澳台地区法律）应对第三者或车上人员承担的医疗费用，保险人对超出《道路交通事故受伤人员临床诊疗指南》和国家基本医疗保险同类医疗费用标准的部分负责赔偿。

费改后理赔 20 问

1. 车辆发生碰撞事故，车上乘客被甩出车外后落地受伤，该乘客应界定为车上人员还是第三者？

答：应界定为车上人员，行业示范条款明确约定车上人员是指发生意外事故的瞬间，在被保险机动车车体内或车体上的人员，包括正在上下车的人员。

2. 乘客正在上车过程中，车辆突然起动，导致乘客摔伤，该乘客能否界定为车上人员？

答：界定为车上人员，行业示范条款明确车上人员是指发生意外事故的瞬间，在保险机动车车体内或车体上的人员，包括正在上下车的人员。

3. 报案是否等于"保险索赔"的开始？

答：不等于。报案只是"客户"应尽的通知义务。保险公司接到申请人提供的完整索赔资料后，受理并予以立案，"保险索赔"才真正开始。即客户提交完整索赔资料，公司"立案"，才是"保险索赔"的开始。

4. 车辆出险后，如果需要施救，请问保险公司如何给付施救费用？

答：对于必要的、合理的施救费用，保险公司给予赔付。施救费用另行计算，最高不超过保险金额的数额；如果施救的财产中含未投保的财产，按照应施救财产的实际价值占总施救财产的实际价值比例分摊施救费用。

5. 车辆停放时轮胎被盗，保险公司如何赔付？

答：不赔，条款约定非全车遭盗窃，仅车上零部件或附属设备被盗窃或损坏属于责任免除。

6. 货车由于所载货物超宽行驶时与桥洞相撞，货车及桥洞损失保险公司是否赔偿？

答：车损不赔，条款约定违反安全装载是保险事故发生的直接原因，造成保险标的车损损失为责任免除；桥洞损失属于三者财产损失，按照条款约定扣除10%的绝对免赔后赔付。

7. 车辆投保第三者责任险，发生意外事故，造成三者人员死亡，三者家属向保险公司提出索要精神损害抚慰金，保险公司是否赔付？

答：不能赔付，三者险条款约定精神损害抚慰金为除外责任；如果投保附加险精神损害抚慰金责任险条款，可以在保险限额内赔偿。

8. 李大妈养了一条宠物狗，平时视为自己儿女，一天晨练时被过往的机动车撞死，李大妈伤心欲绝，除要求肇事司机赔偿1 000元狗款外，还要求肇事司机赔偿其精神损失费5 000元，请问如果肇事车辆承保了商业第三者险，并附加了精神损害抚慰责任险，对于李大妈要求的精神损害抚慰金，保险公司是否赔付？

答：不赔付，附加精神损害抚慰金责任险的保险责任约定：只有造成第三者或车上人员的人身伤亡，受害人据此提出精神损害赔偿请求，保险公司依据法院判决及保险合同约定进行赔付，因此本次事故对于小动物的死亡，不赔偿精神抚慰金。

9. 车辆发生事故造成4S店售车前单独加装的前保险杠护杠损坏，保险公司是否赔付护杠的损失？

答：不能赔付，因为车损险条款约定本车标准配置外的新增设备损失为除外责任；如果投保了附加新增设备险，且该零部件也在列明的备件范围内，则可以赔付。

10. 如何界定驾驶员饮酒及醉酒？

答：驾驶机动车时每100毫升血液中含有酒精量大于等于20毫克，小于80毫克的为饮酒驾驶；每100毫升血液中含有酒精量大于等于80毫克时则为醉酒驾驶。

11. 机动车发生交通事故损失，受害人可向谁主张赔偿？

答：以挂靠形式从事道路运输经营活动的机动车，发生交通事故造成损害，属于该机动车一方责任的，由挂靠人和被挂靠人承担连带责任。

未经允许驾驶他人机动车，发生交通事故造成损害，属于该机动车一方责任的，由机动车使用人承担赔偿责任；机动车所有人、管理人对损害的发生有过错的，承担相应的赔偿责任，但是另有规定的除外。

机动车发生交通事故造成损害，属于该机动车一方责任的，先由承保机动车强制保险的保险人在强制保险责任限额范围内予以赔偿；不足部分，由承保机动车商业保险的保险人按照保险合同的约定予以赔偿；仍然不足或者没有投保机动车商业保险的，由侵权人赔偿。

因此，事故发生后，受害人可向机动车实际使用人、所有人、管理人，机动车挂靠人、被挂靠人，承保机动车强制保险的保险人，承保机动车商业保险的保险人主张赔付。

12. 标的车投保了车损险，附加车身划痕损失险，只要车被划伤了，保险公司均应赔偿吗？

答：不是的。车身划痕险条款约定以下几种情况责任免除：一是被保险人、驾驶人及其家庭成员的故意行为造成的损失；二是因投保人、被保险人与他人的民事、经济纠纷导致的任何损失；三是车身表面自然老化、损坏、腐蚀造成的任何损失。

13. 车辆投保了商业三者险，附加车上货物责任险，发生翻车交通事故，车上拉的10头奶牛当场死亡两头，走失八头，保险公司如何赔付奶牛损失？

答：车上货物责任险条款约定："偷盗、哄抢、自然损耗、本身缺陷、短少、死亡、腐烂、变质、串味、生锈，动物走失、飞失，货物自身起火燃烧或者爆炸造成的货物损失"为责任免除，因此保险公司只能赔付事故中死亡的两头奶牛损失。

14. 车辆投保了车上货物责任险，发生保险导致运输期限延迟，这部分损失是否能得到赔偿？

答：不赔偿，根据车上货物责任险免除条款第五款保险事故导致货物减值、运输延迟、营业损失及其他各种间接损失，属于责任免除。

15. 被保险人将车辆借给朋友使用，其朋友利用车辆盗窃石油途中发生交通事故，造成车辆损坏，保险公司是否赔付？

答：不赔付。条款约定"被保险人或其允许的驾驶人故意或重大过失，导致被保险机动车被利用从事犯罪行为造成的车损"为责任免除。

16. 未投保交强险（或逾期投保）车辆发生事故，侵权人与投保义务人非同一人，投保义务人（即车主或实际车辆管理人）需赔付吗？

答：未依法投保交强险的机动车发生交通事故造成损害，投保义务人和侵权人不是同一人，当事人请求投保义务人和侵权人在交强险责任限额范围内承担相应责任的，人民法院应予支持。

17. 驾驶证过了换证时间，但查询公安交管系统该证为有效状态，驾驶员持该驾驶证驾车发生事故，保险公司是否赔付？

答：赔付，行业示范条款删除了 2009 版条款关于"驾驶证有效期已届满"的责任免除项目，但该行为会受到公安交通管理部门的行政处罚。

18. 三者车辆被交警扣留停车场，产生的停车费，保险公司是否赔付？

答：不赔，按照第三者责任条款约定，停车费、保管费、扣车费、罚款、罚金或惩罚性赔款，为责任免除。

19. 车辆加装氙气大灯，某日车辆因为大灯路线过载起火燃烧，该车已投保车损险，该事故造成的损失，保险公司是否赔付？

答：不赔，车损险条款中约定：被保险机动车被转让、改装、加装或改变使用性质等，导致被保险机动车危险程度显著增加，且未及时通知保险人，因危险程度显著增加而发生保险事故的，属于责任免除。

20. 机动车所有权在交强险合同有效期内发生变动，保险公司在交通事故发生后可否拒绝理赔？

答：根据《道路交通事故损害赔偿案件司法解释》规定，机动车所有权在交强险合同有效期内发生变动，保险公司在交通事故发生后，以该机动车未办理交强险合同变更手续为由主张免除赔偿责任的，人民法院不予支持。

（资料来源于网络）

项目五　汽车保险索赔实务

[情境1] 2023 年 2 月 1 日上午 10 点左右，李先生驾驶自己的私家车带着家人旅游，在去往景区的路上，不慎与一辆宝马车发生碰撞，造成车辆车身受损，幸好无人员受伤。懊恼之余，李先生暗自庆幸自己买了汽车保险，但是第一次出险的李先生不知道撞车后应如何处理接下来的事情。那么，李先生该如何向保险公司报案？索赔过程会不会很麻烦呢？本案理赔会涉及哪些险种呢？

[情境2] 2023 年 1 月 18 日，王先生驾驶车辆在西安市的一个路段在拐弯时与台阶相撞，造成前保险杠破损，前雾灯破裂。该车已在保险公司投保。王先生撞车后想要索赔，应该如何处理？如果他对索赔流程不了解、不熟悉，应该怎么办？

分析：

1. 保险车辆发生保险责任范围内的损失后，被保险人依据保险合同如何提出索赔请求？

2. 当车主驾车出险时，遇到情境中的类似案件，车主在找保险公司索赔时需要哪些手续呢？

3. 作为车险理赔服务人员，你该如何帮助和指导李先生和王先生处理接下来的问题？试分析在不同的事故下如何给客户做好理赔服务？

1. 知识目标

- 掌握汽车保险索赔的定义；
- 掌握汽车保险索赔的流程；
- 掌握汽车保险车辆出险时车主的报案方式；
- 掌握汽车被保险人的索赔权益；
- 掌握顾客索赔时应提供的索赔资料；
- 掌握索赔申请书的填写内容及注意事项；
- 掌握事故车保险理赔的定义；
- 掌握事故车保险理赔的业务流程和内容；
- 掌握事故车保险理赔的原则。

2. 实践目标

- 能帮助客户解释汽车保险相关术语；
- 能指导顾客熟悉机动车交通事故责任强制保险索赔流程；

- 能指导顾客在发生保险事故后如何报案；
- 能指导顾客在发生保险事故后如何进行索赔并向客户作出解释和说明；
- 能灵活应用汽车保险相关基础知识进行实际案例分析；
- 能切实地为顾客解决事故车理赔的实际问题，并帮助客户沟通和协调期间可能出现的相关问题。

3. 素养目标　具有素质　精神状态

- 具有同理心，处理问题时能站在客户的角度，树立为客户着想的服务意识；
- 具有遵规守纪的规则意识和公平公正履行岗位职责的意识；
- 具有对汽车保险行业的职业认同感；
- 具有敬业、诚信、友善的社会主义核心价值观；
- 具有做事严谨、实事求是、认真负责的职业态度。

任务一　认识汽车保险索赔流程

任务描述

　　近年来，随着经济社会快速发展，我国全面跨入汽车社会，交通出行结构发生根本性变化，汽车出行成为交通常态。据公安部统计，截至 2022 年 12 月底，全国机动车驾驶人数量已经超过 5 亿人，其中汽车驾驶人达到 4.63 亿人，机动车保有量达 4.15 亿辆，其中汽车保有量达到 3.18 亿辆。近年来，全国的交通安全形势日益严峻，交通事故频繁发生，人员伤亡和财产损失惨重，交通事故造成的死亡人数占各种事故的 90% 以上，对人类的危害已远远超过了地震、洪水、火灾这些可怕的灾难。交通事故已成为影响人民财产损失的重要方面，给车主和第三方都会带来重大损失。

　　因此，作为一名汽车保险从业人员，要能够指导顾客在发生保险事故后如何报案、索赔，能够根据不同的车辆事故情况进行实际案例的分析。

思维导图

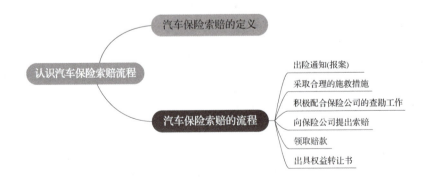

任务知识

一、汽车保险索赔的定义

一般事故车
索赔流程

保险索赔是指保险人或者受益人在保险标的遭受损失后，或保险期满或保险合同约定事项出现时，按保险单有关条款的规定向保险人要求赔偿或给付保险金的行为。

二、汽车保险索赔的流程

当保险事故发生后，被保险人可以就自己的事故损失向保险人提出索赔请求，这是被保险人的权利。具体索赔流程如下：

（一）出险通知（报案）

车辆出险后，被保险人应及时通知保险公司，否则造成损失无法确定或者扩大的部分，保险公司将不予赔偿。

根据《保险法》第 21 条规定："投保人、被保险人或者受益人知道保险事故发生后，应当及时通知保险人。故意或者因重大过失未及时通知，致使保险事故的性质、原因、损失程度等难以确定的，保险人对无法确定的部分，不承担赔偿或者给付保险金的责任，但保险人通过其他途径已经及时知道或者应当及时知道保险事故发生的除外。"

（二）采取合理的施救措施

《保险法》第 57 条规定："保险事故发生时，被保险人应当尽力采取必要的措施，防止或者减少损失。保险事故发生后，被保险人为防止或者减少保险标的的损失所支付的必要的、合理的费用，由保险人承担；保险人所承担的费用数额在保险标的损失赔偿金额以外另行计算，最高不超过保险金额的数额。"因此，在事故发生时，被保险人应该积极进行施救，对受损汽车进行整理、恢复，采取各种必要措施，减少车辆损失。对于因被保险人没有尽到施救义务而使保险标的损失扩大的，保险公司对损失扩大的部分不负赔偿责任。同时，保险公司对合理的施救费用承担补偿义务，即被保险人为了抢救以及保护、整理受损汽车而支付的必要、合理的费用由保险公司负担。

机动车发生保险事故后，被保险人务必保护事故现场，同时尽力施救以减少财产损失，要主动抢救受伤人员，速向公安交通管理部门报案。火灾事故速向消防部门（119）报案，盗抢案件在 24 小时内速向当地公安刑侦部门（110）报案。车辆发生撞墙、台阶、水泥柱及树等不涉及向他人赔偿的事故时，可以不向交警等部门报案，直接向保险公司报案；然后在事故现场附近等候保险公司来人查勘，或将车开到保险公司报案、验车。

（三）积极配合保险公司的查勘工作

保险车辆出险后，保险公司的查勘定损人员和有关人员（第三方）会到达出险现场进行事故原因、过程、后果及损失程度的调查，并通过拍照、记录等手段获取第一手材料，这些材料是判断事故是否属于保险责任以及计算、确定保险赔偿金额的重要依据。因此，被保险人应积极配合保险公司相关人员的查勘工作，并提供相应的协助，以保证保险公司及时准确地查明事故的原因，逐项清理、定损，确认损失的程度和损失金额的大小。

（四）向保险公司提出索赔

车辆修复及事故处理结案后，被保险人需备齐办理保险索赔所需资料（必要的单证），向保险公司及时申请索赔。

（五）领取赔款

当保险公司按被保险人在事故中的责任比例核实损失并经计算确定保险赔款后，应当通知被保险人领取赔款。目前，车险赔款主要通过转账支付的方式给被保险人。

《保险法》第 23 条规定："保险人收到被保险人或者受益人的赔偿或者给付保险金的请求后，应当及时作出核定；情形复杂的，应当在 30 日内作出核定，但合同另有约定的除外。保险人应当将核定结果通知被保险人或者受益人；对属于保险责任的，在与被保险人或者受益人达成赔偿或者给付保险金的协议后 10 日内，履行赔偿或者给付保险金义务。保险合同对赔偿或者给付保险金的期限有约定的，保险人应当按照约定履行赔偿或者给付保险金义务。"

保险人自收到赔偿请求和有关证明、资料之日起 60 日内，对其赔偿数额不能确定的，应当根据已有证明和资料可以确定的数额先予支付；保险人最终确定赔偿数额后，应当支付相应的差额。保险人未及时履行约定义务的，除支付赔款外，应当赔偿被保险人因此受到的损失。

同时，保险公司结案后，应尽快将赔款打入被保险人账户。

（六）出具权益转让书

出具权益转让书并不是汽车保险索赔的必经程序，只有保险汽车涉及第三者责任时，被保险人领取保险公司赔款后，才需要就此向其出具权益转让书，把被保险人向第三者索赔的权利转让给保险公司，由保险公司向第三方追偿。《保险法》第 60 条规定："因第三者对保险标的的损害而造成保险事故的，保险人自向被保险人赔偿保险金之日起，在赔偿金额范围内代位行使被保险人对第三者请求赔偿的权利。"

任 务 实 施

一、任务场景

理实一体化教室。

二、任务要求

1. 演练任务：理解汽车保险索赔的含义，为报案的客户简要介绍汽车保险索赔的流程。

2. 演练目的：掌握汽车保险索赔的基本知识，有风险管理意识，为发生保险事故后进行报案的客户简要地介绍汽车保险索赔的流程。

3. 演练内容：请同学们根据客户发生保险事故后报案的具体情况，分析并判断保险公司是否会赔偿其损失，然后利用所学知识为该客户简要介绍汽车保险索赔的流程。

三、任务分组

在这个任务中，采用分组实施方式进行，以4～8人为一组，通过学生自荐或者推荐的方式选出组长，由组长负责本组的组织协调工作，带头示范、督促，帮助其他组员完成相应工作。

四、任务步骤

学生以小组为单位分析讨论案例，并完成工单的填写。

1. 赵先生上班途中不慎撞上马路牙，车辆损失3 000元，去索赔时发现车辆未按时年检。已知赵先生购买了交强险、车损险与商业三者险，请分析保险公司是否会赔偿赵先生的损失？为什么？

2. 2022年12月5日，驾驶员钱先生报案称自己驾驶车辆刹车不及时，车辆发生碰撞，导致自己受伤，自己购买了商业第三者责任险，要求赔付，请分析此次事故能得到赔偿吗？如果不能，被保险人及车上人员受伤该如何索赔？

3. 收集资料，分析一般保险事故索赔的流程，并为符合汽车保险理赔条件的客户简要介绍汽车保险索赔的流程。

4. 站在客户的角度，帮助客户梳理出当发生交通事故时，在汽车保险索赔过程中应注意的事项。

五、任务反思

1. 学生在完成任务过程中的收获和启示。

2. 学生在完成任务过程中的不足。

任务评价

汽车保险服务人员（认识汽车保险索赔流程）学习任务表现评分表如表5–1所示。

表5–1　学习任务表现评分表

序号	评价项目	分值	评价指标	自评（30%）	互评（30%）	师评（40%）
1	职业素养 30分	5	小组分工明确，能够对学习任务内容及实施步骤进行精心准备			
		5	有团队意识、合作能力			
		5	能完成任务实施内容，能完成任务实施案例分析			
		5	成果展示内容充实，语言规范			
		5	任务报告结构完整，观点正确			
		5	有"以客户为中心、客户至上"的汽车保险服务理念与职业素养			
2	专业能力 60分	15	学习积极主动，态度认真，遵守教学秩序			
		15	掌握汽车保险索赔的定义及汽车保险索赔的流程			
		15	能灵活应用知识点进行相关案例分析			
		15	对知识的理解把握具有自学意识与动手能力			
3	创新意识 10分	10	有创新型思维和行动			
总配分		100	总得分			
综合评价						

项目五任务一
同步测试

任务二　了解车主报案方式

任务描述

报案是被保险人向保险公司申请索赔的第一步，也是必需的一步，及时报案是被保险人履行合同义务的一个重要内容。进行车险服务、进行车险理赔相关工作，不但要掌握一定的汽车保险基础知识，还需要能够指导顾客在发生保险事故后进行报案，包括能够向客户解释报案期限、报案方式、报案的内容以及外地出险的报案注意事项。在车险服务中的保险理赔相关岗位中，掌握好基本概念是进行专业服务的基础。

思维导图

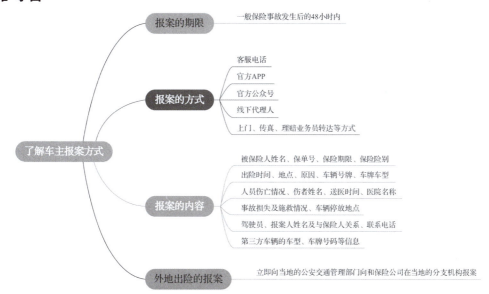

任务知识

一、报案的期限

报案是指被保险人在发生了保险事故之后通知保险人要求保险人进行事故处理的过程。根据保险合同的相关规定，投保人、被保险人或者受益人知道保险事故发生后应当及时通知保险人，否则有关权利人应承担延迟导致保险公司增加的查勘、检验等费用。一般保险事故发生后的 48 小时内通知保险公司。如果是盗抢案件，一般要求在 24 小时内通知保险公司。但是，如果是双车事故，尤其涉及人伤，或者损失较大的单车事故，最好现场立即报案，便于保险公司核实保险责任和损失。各保险公司的车险条款都有约定被保险人的报案时限的规定，在不存在不可抗力的情况下，一般要求出险后 48 小时内报案。但不可抗因素（指人力不可抗拒的力量，如丢车时没及时发现；或发现丢车后由于地震等重大自然灾害或社会动乱不能及时报案等）除外。

二、报案的方式

保险公司的报案渠道有很多种，包括：客服电话、官方 APP、官方公众号、线下代理人、上门、传真、理赔业务员转达等方式。其中，电话报案快捷方便，使用最多。保险公司可接受报案的部门有理赔部门、客服中心等。通常被保险人通过上门或电话、线上，向保险人的理赔部门、保险人的分支机构及业务人员、保险人的代理人进行报案，还可以通过保险人统一的客户服务中心的报案电话进行报案，目前各大保险公司均开通了各自的全国统一客服热线。如中国人民财产保险公司全国统一的报案电话是"95518"，平安车险客服电话是"95511"，太平洋保险客服电话是"95500"，中国大地财产保险有限公司全国统一服务专线是"95590"。

三、报案的内容

报案的内容主要包括：被保险人姓名、保单号、保险期限、保险险别；出险时间、地点、原因、车辆号牌、车牌车型；人员伤亡情况、伤者姓名、送医时间、医院名称；事故损失及施救情况、车辆停放地点；驾驶员、报案人姓名及与保险人关系、联系电话。如果涉及第三者，还需说明第三方车辆的车型、车牌号码等信息。

四、外地出险的报案

在异地出险的客户，可立即向当地的公安交通管理部门和保险公司在当地的分支机构报案，并在 48 小时内通知承保的保险公司，说明被保险人的保单，出险时间、地点、原因及经过等出险情况。在当地的保险公司代查勘后，再回到投保所在地的保险公司填出险通知书后向承保公司办理索赔。值得注意的是，现在有些大公司由于建立了异地理赔便捷网络，一些事故可以直接在当地保险公司的机构直接领取赔款，不同的保险公司有不同的相关规定，车主可以咨询保险公司的理赔部门。

对于在外地出险的，如果保险人在出险当地有分支机构，被保险人可以直接向保险人的当地分支机构进行报案。因为目前一些全国性的保险公司的内部均建立互相代理的制度，即"代查勘、代定损"的"双代"制度，能够迅速向这些被保险人提供案件受理服务。如果保险人在当地没有分支机构，被保险人就直接向承保公司报案，并要求承保公司对事故的处理提出具体的意见。

任务实施

一、任务场景

理实一体化教室。

二、任务要求

1. 演练任务：了解报案的期限、方式与内容，以及外地出险的报案方式。

2. 演练目的：掌握车主报案的方式，引导客户正确地报案。

3. 演练内容：请同学们分析不同用车客户在出险时的具体情况，整理并撰写汽车保险服务人员在接到客户报案时引导客户正确报案的话术。

三、任务分组

在这个任务中，采用分组实施方式进行，以 4 ~ 8 人为一组，通过学生自荐或者推荐的方式选出组长，由组长负责本组的组织协调工作，带头示范、督促，帮助其他组员完成相应工作。

四、任务步骤

学生以小组为单位分析讨论案例并完成工单的填写。

1. 2022 年 10 月 26 日，平安保险公司车险部接报案中心接到李女士的报案电话，李女士在西安市高新区凤城二路行驶过程中，为了避让横穿马路的行人，紧急制动，并左打转向盘，车辆冲出马路，撞上了路边的隔离带，导致车辆损坏。请分析平安保险公司应如何引导客户有效报案并展开工作？

2. 李先生开车上班途中不慎与马路牙相撞，保险杠有一点点划痕，不严重，李先生打算与下次事故一起处理，请分析这种做法对吗？

3. 收集资料，分析车主在出险报案时都有哪些常见的方式？

4. 收集资料，分析车主在出险报案时要确认、核实哪些方面的内容？

五、任务反思

1. 学生在完成任务过程中的收获和启示。

2. 学生在完成任务过程中的不足。

任务评价

汽车保险服务人员（了解车主报案方式）学习任务表现评分表如表 5 - 2 所示。

表 5 – 2　学习任务表现评分表

序号	评价项目	分值	评价指标	自评（30%）	互评（30%）	师评（40%）
1	职业素养 30分	5	小组分工明确，能够对学习任务内容及实施步骤进行精心准备			
		5	有团队意识、合作能力			
		5	能完成任务实施内容，能完成任务实施相关案例分析			
		5	成果展示内容充实，语言规范			
		5	任务报告结构完整，观点正确			
		5	有客户至上、全心全意为客户服务的意识			
2	专业能力 60分	15	学习积极主动，态度认真，遵守教学秩序			
		15	掌握车主报案的方式			
		15	能灵活应用知识点进行相关案例分析			
		15	对知识的理解把握具有自学意识与动手能力			
3	创新意识 10分	10	有创新型思维和行动			
	总配分	100	总得分			
	综合评价					

项目五任务二
同步测试

任务三　认识汽车保险索赔申请

任务描述

　　当被保险人发生交通事故，向保险公司申请索赔时，作为一名合格的汽车保险服务人员，必须掌握基本的汽车保险索赔相关知识，包括汽车保险索赔申请的含义、汽车被保险人的索赔权益、索赔申请书的填写内容及注意事项。同时，能够熟练指导顾客在发生保险事故后如何索赔并向客户作出专业的解释和说明，精准解答客户关于索赔事项的各种疑问。

思维导图

任务知识

一、提出汽车保险索赔申请

（一）汽车保险索赔申请的含义

如果被保险人发生的交通事故确属保险事故，根据《道路交通事故处理办法》的规定，处理事故时，对财物损失的赔偿需取得相应的票据、凭证。因此，被保险人向保险公司索赔时，应当在当地公安机关交通管理部门对交通事故处理结案之日或车辆修复起的十天内，被保险人需备齐办理保险索赔所需必要的单证（负主责以上事故需提供单证原件），可以凭借这些单证作为索赔证据向保险公司及时提出和申请索赔，认真填写机动车辆保险出险/索赔通知书并签章。汽车保险索赔申请书如表5－3所示。

表5－3　汽车保险索赔申请书

被保险人			联系电话		
地址			邮政编码		
车牌号码		厂牌型号			
发动机号码		车架号码			
交强险保单号			承保公司		
商业险保单号			承保公司		
报案人		联系电话		出险驾驶员	联系电话
出险时间			出险地点		
开户名称		账号		开户银行	
其他事故方交强险信息					
车牌号码	厂牌型号	被保险人	交强险保单号	承保公司	定损公司

续表

出险经过及损失情况：

兹声明本被保险人报案时所陈述以及现在所填写和提供的资料均为真实情况，没有任何虚假或隐瞒，否则，愿放弃本保险单之一切权利并承担相应的法律责任。现就本次事故向贵公司提出正式索赔。

被保险人（索赔权益人）签章：

年　　月　　日

特别申明：

1. 本索赔申请书是被保险人就所投保险种向保险人提出索赔的书面凭证。
2. 保险人受理报案、现场查勘、估损核损、参与诉讼、进行抗辩、向被保险人提供专业建议等行为，均不构成保险人对赔偿责任的承诺。

（二）汽车保险索赔申请书的内容

一般情况下，汽车保险索赔申请书应包括如下内容：

（1）保险单证号码。

（2）被保险人名称、地址及电话号码。

（3）保险车辆的种类及厂牌型号、生产日期、第一次申领牌照日期、牌照号码、发动机号码等。

（4）驾驶员情况，包括姓名、住址、年龄、婚否、驾驶证号码、驾龄和与被保险人的关系等。

（5）出险时间、地点。

（6）出险原因及经过，包括事故形态，如正面碰撞、侧面碰撞、追尾碰撞、倾覆、火灾、失窃等；事故原因，如超速、逆向行车、倒车不当等；发生事故前车辆的动态，如行驶方向、行驶速度、超车、转弯等；撞击部位，如车头、车中、车尾等。

（7）涉及的第三者情况，包括其姓名、住址、电话号码以及第三者车辆损失情况（车牌号码、保险单号码、受损情形及承修场所）或其他财产损失情况；涉及第三者伤害的，包括伤亡者姓名、性别、受伤情形和所救治的医院名称、地址等。

（8）处理的交通管理部门名称、经办人姓名及电话号码等。

（9）被保险人签章与日期。

需特别强调的是，被保险人自保险车辆修复或事故处理结案之日起，3个月内不向保险公司提出索赔申请，即视为自动放弃权益。

二、汽车保险索赔遭拒的常见情形

（一）汽车保险索赔遭拒的原因

（1）欺诈行为；

（2）违法行为；

（3）不诚信行为；

（4）不属于保险责任的情况。

（二）汽车保险索赔遭拒的常见情形

1. 被保险人的欺诈行为

事故发生后，被保险人或其允许的驾驶人故意破坏、伪造现场、毁灭证据等行为。

2. 肇事逃逸

事故发生后，在未依法采取措施的情况下，驾驶员有驾驶被保险机动车或者遗弃被保险机动车离开事故现场的行为。

3. 车辆未按期年检

保险合同只对年检合格车辆生效，对于未按期年检的机动车，保险公司视为不合格。

4. 驾驶车辆与驾驶者准驾车型不符

驾驶证与驾驶车辆车型不符被视为无效驾驶证。

5. 车辆在营业性质维修厂出险

因为营业性修理厂对车辆负有保管责任。在保管期间，因保管人员管理不善造成车辆损毁、丢失的，修理厂应承担相应责任，所以保险公司可以拒赔。

6. 驾驶员饮酒、毒驾、被药物麻醉后驾车出险

因驾驶员在饮酒或吸毒的状态下开车，应急反应能力会降低，增加出事故的概率，属于违法行为，所以保险拒赔。

7. 在三者险责任范围内赔偿中，被保险人本车车上人员受伤

因为保险条款中约定，第三者是指因被保险机动车发生意外事故，遭受人身伤亡或者财产损失的人，但不包括被保险机动车本车车上人员、被保险人。

8. 非被保险人允许的驾驶员使用保险车辆肇事

因为保险条款规定，驾驶人员使用保险车辆，必须征得被保险人的同意，否则造成的车辆损失及第三者损害的，保险公司可以拒赔。

9. 利用保险车辆从事违法活动

因为利用保险车辆从事违法活动，不利于社会安定，不符合保险稳定社会生产和社会生活的宗旨。

10. 保单上重要内容发生变化而未办理批改手续

新车上牌后要补批改车牌号，车辆过户或改变使用性质时，要到保险公司办理保单批改手续，保险公司会出具批单，记载变更的内容，作为保单的补充部分。《保险法》规定，因转让导致保险标的的危险程度显著增加而发生的保险事故，保险人不承担赔偿保险金的责任。

任务实施

一、任务场景

理实一体化教室。

二、任务要求

1. 演练任务：汽车保险索赔申请书的填写，能够针对具体案例分析汽车保险索赔遭拒的原因。

2. 演练目的：学会汽车保险索赔申请的相关内容，为后期进行案例分析做好理论基础铺垫。

演练内容：请同学们根据不同案例，分析汽车保险索赔申请材料，并根据出险的具体情况为客户解释汽车保险索赔申请的相关问题。

三、任务分组

在这个任务中，采用分组实施方式进行，以4~8人为一组，通过学生自荐或者推荐的方式选出组长，由组长负责本组的组织协调工作，带头示范、督促，帮助其他组员完成相应工作。

四、任务步骤

学生以小组为单位分析讨论案例并完成工单的填写。

1. 私家车作运营车使用，出事故后保险公司会赔付吗？

2. 小王拿了驾照第一天，就偷偷开爸爸的车，结果出了事故，请问保险公司会赔付吗？为什么？

3. 2023年1月8口，田先生的新车办理了临时牌照，田先生很忙，一直没有时间去办理正式牌照。同年3月26号，田先生驾车出险，电话报案要求定损。查勘员到达现场后发现田先生车辆的临时牌照已经过期两个多月，新牌照也没有看到。请分析此次事故能得到赔偿吗？为什么？

4. 赵先生开车上班途中不慎与前车追尾，前车损伤严重，一人重伤，赵先生怕承担责任就驾车逃逸。请分析这种情况保险公司应该如何处理？

5. 收集资料，分析汽车保险索赔申请书都包括哪些内容？

6. 收集资料，分析汽车保险索赔遭拒通常都有哪些原因？

五、任务反思

1. 学生在完成任务过程中的收获和启示。

2. 学生在完成任务过程中的不足。

任务评价

汽车保险服务人员（认识汽车保险索赔申请）学习任务表现评分表如表 5-4 所示。

表 5-4　学习任务表现评分表

序号	评价项目	分值	评价指标	自评（30%）	互评（30%）	师评（40%）
1	职业素养 30分	5	小组分工明确，能够对学习任务内容及实施步骤进行精心准备			
		5	有团队意识、合作能力			
		5	能完成任务实施内容，能完成相关案例分析			
		5	成果展示内容充实，语言规范			
		5	能独立自主完成企业任务链接，任务报告结构完整，观点正确			
		5	有实事求是、尊重事实的工作品质			

续表

序号	评价项目	分值	评价指标	自评（30%）	互评（30%）	师评（40%）
2	专业能力 60分	15	学习积极主动，态度认真，遵守教学秩序			
		15	掌握汽车保险索赔申请的含义 掌握汽车保险索赔申请的内容 掌握汽车保险索赔遭拒的常见原因			
		15	能灵活应用知识点进行相关案例分析			
		15	对知识的理解把握具有自学意识与动手能力			
3	创新意识 10分	10	有创新型思维和行动			
总配分		100	总得分			
综合评价						

项目五任务三
同步测试

任务四　了解索赔资料

任 务 描 述

　　机动车一般都是购买了各种各样的商业车险，在发生了交通事故之后，如果造成了损害，同时也是在车险范围内的，就可以要求保险公司作出相应的赔偿。当事人在向保险公司索赔的时候，需要提供一定的资料，即索赔单证。所谓的索赔单证，是指能够证明保险车辆发生事故的性质、原因、损失程度等情况的有关证明和资料。通过本任务的学习，要求学生能熟练掌握顾客索赔时应提供的索赔资料，并能针对具体案例进行灵活分析应用。

思维导图

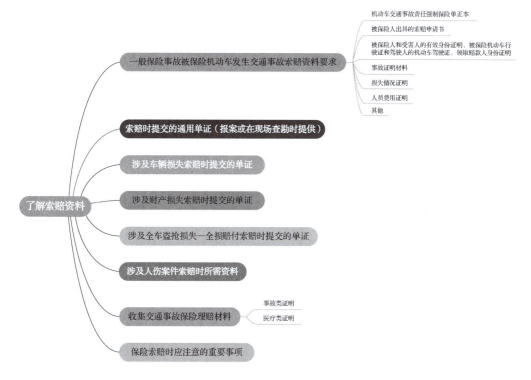

任务知识

一、一般保险事故被保险机动车发生交通事故索赔资料要求

被保险机动车发生交通事故的，由被保险人向保险人申请赔偿保险金。原则上，索赔人员应为被保险人。当索赔人员非被保险人本人时，应持有相应法律证明（法院判决书，被保险人死亡、失踪证明）或符合法律要求的被保险人委托办理索赔的授权委托书。

被保险人索赔时，应当向保险人提供以下材料：

（1）机动车交通事故责任强制保险单正本。

（2）被保险人出具的索赔申请书。

（3）被保险人和受害人的有效身份证明、被保险机动车行驶证和驾驶人的机动车驾驶证、领取赔款人身份证明。

（4）事故证明材料：公安机关交通管理部门出具的事故证明，或者人民法院等机构出具的有关法律文书及其他证明。交通事故责任认定书、事故调解书或简易事故处理书，被保险人根据有关法律法规规定选择自行协商方式处理交通事故的，应当提供依照《交通事故处理程序规定》规定的记录交通事故情况的交通事故当事人自行协商处理协议书，或法院、仲裁机构的裁决书、调解书、判决书、仲裁书。

（5）损失情况证明：车辆定损单、车辆修理发票、财产损失清单。

（6）人员费用证明：医院诊断证明、医疗费报销凭证、误工证明及收入情况证明、受害人财产损失程度证明、人身伤残程度证明、伤残鉴定书、死亡证明、相关医疗证明以及有关损失清单和费用单据，被抚养人证明材料、户籍证明。

（7）其他。

其他与确认保险事故的性质、原因、损失程度等有关的证明和资料。

二、索赔时提交的通用单证（报案或在现场查勘时提供）

索赔时需提交的通用单证如表 5 – 5 所示。

表 5 – 5　索赔时提交的通用单证

提供单证类型			出具机构	原件或复印件	为什么要提供	注意事项
1	驾驶员机动车辆驾驶证			查看原件，留存复印件	了解驾驶员的驾驶资格	
2	被保险车辆机动车辆行驶证			查看原件，留存复印件	核对肇事车辆信息	
3	被保险人身份证			查看原件，留存复印件		
4	索赔申请书		保险公司提供，被保险人填写并签字	原件	向保险公司提出索赔的申请	
5	事故证明	涉及人伤事故的	事故责任认定书、调解书	出险当地交通管理部门	原件	确定事故责任和依法应该承担的赔偿项目和金额	
		涉及第三方财产（不包括车）损失的	事故责任认定书或简易事故处理书	出险当地交通管理部门	原件	确定事故责任	
		涉及车辆损失的	事故责任认定书或简易事故处理书	出险当地交通管理部门	原件	确定事故责任	
			交通事故当事人自行协商处理协议书	事故双方当事人	原件	确定事故责任	
			保险公司告知提供的证明材料	相关部门	原件	确定事故责任	由于事故类型不同，对于特殊案件，保险公司理赔人员会根据案件情况，告知被保险人提供相关证明材料

续表

		提供单证类型		出具机构	原件或复印件	为什么要提供	注意事项
6	领取赔款手续	被保险人亲自办理的	转账支付授权书	保险公司提供单证，被保险人填写提交	原件	被保险人授权将赔款通过转账方式支付给被保险人银行账户	个人：被保险人亲笔签字；单位：加盖公章，并与保单中载明的被保险人名称要一致
			收款人银行存折或银行卡或银行账户信息	被保险人提供	原件或复印件	准确确定支付赔款的银行账户信息	银行账户信息与被保险人名称一致
			营业执照、组织机构代码证、税务登记证；控股股东或者实际控制人、法定代表人、负责人和授权办理业务人员的姓名、身份证件或者身份证明文件	被保险人提供	复印件加盖被保险人单位章	根据人民银行反洗钱规定，大额支出案件需要提供上述材料	被保险人为单位的，整案金额1万元以上，提供此项单证
		委托他人代办时还需要提交的	委托书	被保险人出具	原件	委托领取赔款的法律文件	个人：被保险人亲笔签字；单位：被保险人单位盖章，并与保单中载明的被保险人名称要一致
			受托人身份证		查看原件，留存复印件	确认受托人身份	

注：　1. 营运车需提供驾驶员有效资格证；专业机械车、特种车需提供有效操作证；

　　　2. 如涉及法院诉讼，需要提供法院判决书或者调解书；

　　　3. 如涉及仲裁机构仲裁，需要提供仲裁机构的仲裁书；

　　　4. 对于火灾事故，需要提供消防部门出具的火灾消防证明、火灾原因鉴定报告；

　　　5. 对于在投保时约定第一受益人的，需要提供第一受益人证明；

　　　6. 上述材料在报案或者查勘时没有提供，请在提交索赔单证时提交

三、涉及车辆损失索赔时提交的单证

涉及车辆损失索赔时提交的单证如表 5 – 6 所示。

表 5 – 6　涉及车辆损失索赔时提交的单证

	提供单证类型		出具机构	原件或复印件	为什么要提供	注意事项
1	损失确认书		保险公司出具的单证	原件	车辆维修项目和金额的依据	私车：被保险人要亲笔签字 公车：要加盖单位公章
2	车辆修理结算单据	汽车维修行业专用发票	汽车维修厂家	原件	支付车辆修理费用的凭证	
		修理材料清单		原件	核实车辆修理项目	
3	施救费票据（经过施救的）		施救单位	原件	作为施救费用的支付凭证	

四、涉及财产损失索赔时提交的单证

涉及财产损失索赔时提交的单证如表 5 – 7 所示。

表 5 – 7　涉及财产损失索赔时提交的单证

	提供单证类型		出具机构	原件或复印件	为什么要提供	注意事项
1	损失确认书		保险公司出具的单证	原件	财产损失维修项目和金额的依据	私车：被保险人要亲笔签字 公车：要加盖单位公章
2	财产修理或购置的单据	购置或修复受损财产的票据	维修或销售机构出具	原件	支付修复或购置费用的凭证	
		财产损失清单		原件	核实财产修理或更换的项目	
3	财产损失的赔偿凭证（没有上述修理或购置票据的）			原件	支付财产损失的凭证	
4	施救费票据（经过施救的）		施救单位	原件	作为施救费用的支付凭证	

五、涉及全车盗抢损失—全损赔付索赔时提交的单证

涉及全车盗抢损失—全损赔付索赔时提交的单证如表5−8所示。

表5−8　涉及全车盗抢损失—全损赔付索赔时提交的单证

	提供单证类型		出具机构	原件或复印件	为什么要提供	注意事项
1	事故证明	盗抢案件立案证明（报案回执）	出险地县级以上公安刑侦部门出具	原件	确定案件类型	
2	车辆手续	机动车行驶证	公安车辆管理部门	原件	验证保险车辆	
		机动车来历证明（如：购车发票）	汽车销售机构等	原件	确认车辆价值、保证车辆手续齐备	
		车辆购置税完税证明和代征车辆购置税缴税收据	税务部门	原件	保证车辆手续完备	
		或：车辆购置附加费缴费收据和凭证	税务部门	原件	保证车辆手续完备	费改税之前车辆提供
		或：免税证明	税务部门	原件	保证车辆手续完备	免税车辆提供
		机动车登记证书	公安车辆管理部门	原件	是车辆的权属证明，以保证车辆手续完备	
		原车钥匙		全套	保证车辆手续完备	按照2020年行业示范条款规定，可以不提供
3	权益转让书		保险公司提供单证，被保险人填写	原件	在保险公司赔付以后，将向第三方追偿的权利转让给保险公司	
4	保险单正本		保险公司	原件	保险公司赔付后，要收回保单	

温馨提示：

车辆被盗抢后找回，车辆有损失需要修理的，事故证明需提供上述证明，其他材料同车辆损失所需材料

六、涉及人伤案件索赔时所需资料

涉及人伤案件索赔时所需资料如表5-9所示。

表5-9　涉及人伤案件索赔时所需资料

伤者情况	需提供资料	需提供资料名称	
门诊治疗	1、2、3、4、6、11、13	1. 门诊病历、诊断证明书	9. 陪护证明
		2. 医药费原始发票	10. 户口本、身份证复印件
住院治疗	1、2、3、4、5、6、7、9、10、11、13	3. 医疗费用清单	11. 损害赔偿调解书
		4. 休假证明	12. 法院民事判决书
伤残	1、2、3、4、5、6、7、8、9、10、11、13	5. 二次手术证明	13. 交通事故责任认定书
		6. 受伤前后三个月工资证明，减少收入证明	14. 死者丧葬费发票
死亡	10、11、13、14、15、16	7. 住宿费、交通费的票据	15. 死者生前供养证明及被抚养人证明
		8. 伤残评定书	16. 死亡证明书或验尸报告、销户证明或火化证明

七、收集交通事故保险理赔资料

被保险人需要按照保险公司的要求提供相应的理赔资料，这就要求在交通事故发生之后，当事人能够有意识地注意收集、保存相应的资料，以便日后向保险公司进行索赔。其实，保险理赔所需的大部分证明材料，都是处理事故过程中相关部门出具的。

（一）事故类证明

事故类证明大致包括意外事故证明、伤残证明、死亡证明、销户证明等。

1. 意外事故证明

发生意外事故应准备意外事故证明。意外事故发生的原因各种各样，意外事故证明应根据事故性质由相应的监管机构出具。例如：道路交通事故应由交警出具责任认定书；火灾事故应由消防部门出具事故证明；抢劫、殴打应由公安机关出具事故证明；工伤事故应由单位提供事故证明等。

2. 死亡证明

在医院内死亡的，由医院开具死亡证明；在医院外死亡的，由公安机关出具死亡证明；死因不明确的，应由公检法机构的法医部门出具鉴定报告；对于当事人失踪、下落不明的事件，根据相关法律，可向法院申请宣告死亡，并出具相关文书即可。

3. 伤残证明

统一由公检法机构的法医部门出具伤残鉴定。

4. 销户证明

由户口所在地的派出所出具。

（二）医疗类证明

医疗类证明包括诊断证明、手术证明、门诊病历及处方、病理及血液检验报告、医疗费用收据及清单等，均可在治疗过程中从院方获得，只要平时注意收集保留。

八、保险索赔时应注意的重要事项

（1）为了续保时能获得至少10%的投保优惠，小事故不找保险公司报案。

（2）不要把以往小事故凑到一起报案。

（3）事故发生后要及时施救，避免损失扩大。

（4）较小的单方事故，且不涉及人伤或物损，只需向保险公司报案，而无需向公安交通管理部门报警。

（5）保险车辆发生的损失由第三方造成时，可用代位追偿向保险公司索赔。

《保险法》第60条规定："因第三者对保险标的的损害而造成保险事故的，保险人自向被保险人赔偿保险金日起，在赔偿金额范围内代位行使被保险人对第三者请求赔偿的权利。"

（6）被保险人不要对第三者自行承诺赔偿金额。

（7）被保险人不要在保险公司赔偿前，放弃向第三者索赔的权利。

（8）未经保险公司认可，不要擅自修复受损车辆。

（9）索赔时应实事求是，保险索赔不要超过索赔时效。

任务实施

一、任务场景

理实一体化教室。

二、任务要求

1. 演练任务：了解索赔资料相关概念。

2. 演练目的：了解索赔资料相关概念，为后期进行案例分析做好理论基础铺垫。

3. 演练内容：请同学们根据不同案例，审核分析索赔资料。根据车辆损失的不同类型，收集和审核汽车保险索赔资料。

三、任务分组

在这个任务中，采用分组实施方式进行，以4~8人为一组，通过学生自荐或者推荐的方式选出组长，由组长负责本组的组织协调工作，带头示范、督促，帮助其他组员完成相应工作。

四、任务步骤

学生以小组为单位分析讨论案例并完成工单的填写。

1. 张先生的福特翼虎与一辆白色捷达车相撞后，张先生打电话报案，称自己的车被追尾了，经过报案通知、受理报案、交警事故处理、查勘员现场查勘、定损员定损核价，最后确定本次事故的实际损失。

（1）请分析张先生的福特翼虎和白色捷达车的损失如何向保险公司索赔？

（2）应该收集哪些单证交给保险公司？

（3）请分析交通事故快速理赔的条件是什么？

（4）在交通事故快速理赔过程中要核对车辆哪些证件和资料？

2. 机动车无有效号牌、无检验合格标志、保险标志的；驾驶人无有效机动车驾驶证的；驾驶人饮酒、服用国家管制的精神药品或者麻醉药品的；当事人不能自行移动车辆的；碰撞建筑物、公共设施或者其他设施的；当事人对事实和成因有争议的；在夜间 19 时至次日凌晨 6 时发生的事故；未在本地投保机动车交通事故责任强制保险的机动车发生的事故。

请分析以上哪些交通事故不能快速理赔？

五、任务反思

1. 学生在完成任务过程中的收获和启示。

2. 学生在完成任务过程中的不足。

任务评价

汽车保险服务人员（了解索赔资料）学习任务表现评分表如表 5 - 10 所示。

表5-10　学习任务表现评分表

序号	评价项目	分值	评价指标	自评（30%）	互评（30%）	师评（40%）
1	职业素养30分	5	小组分工明确，能够对学习任务内容及实施步骤进行精心准备			
		5	具有团队意识、合作能力			
		5	能完成任务实施内容，能完成相关案例分析			
		5	成果展示内容充实，语言规范			
		5	任务报告结构完整，观点正确			
		5	具有以事实为依据的认真负责的工作态度			
2	专业能力60分	15	学习积极主动，态度认真，遵守教学秩序			
		15	掌握一般保险事故被保险机动车发生交通事故索赔资料要求 掌握索赔时提交的通用单证 掌握如何收集交通事故保险理赔资料			
		15	能灵活应用知识点进行相关案例分析			
		15	对知识的理解把握具有自学意识与动手能力			
3	创新意识10分	10	具有创新型思维和行动			
总配分		100	总得分			
综合评价						

项目五任务四
同步测试

任务五　认识事故车保险理赔流程

任务描述

《保险法》第23条规定："保险人收到被保险人或者受益人的赔偿或者给付保险金的请求后，应当及时作出核定；情形复杂的，应当在30日内作出核定，但合同另有约定的除外。保险人应当将核定结果通知被保险人或者受益人；对属于保险责任的，在与被保险人或者受益人达成赔偿或者给付保险金的协议后10日内，履行赔偿或者给付保险金义务。保险合同对赔偿或者给付保险金的期限有约定的，保险人应当按照约定履行赔偿或者给付保险金义务。"从事汽车保险相关工作及活动过程中，以交通事故为主要事故类型，保险公司业务人员要学习在理赔的各个环节应如何开展工作。通过学习，要求能够熟悉事故车理赔的流程、理解事故车理赔的特点、理解事故车理赔工作应遵循的原则。

思维导图

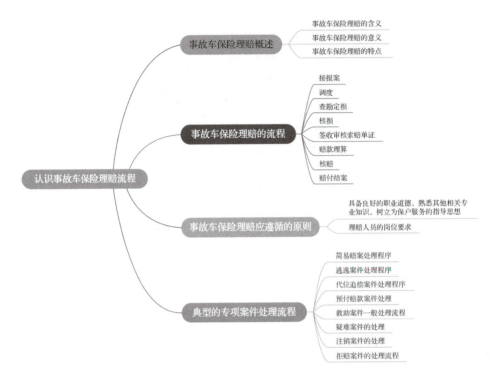

任 务 知 识

一、事故车保险理赔概述

（一）事故车保险理赔的含义

事故车保险理赔，简称为车险理赔，是指被保险机动车辆在发生保险责任范围内的事故损失后，保险人依据汽车保险合同的约定，对被保险人提出的索赔请求进行处理的行为和解决保险赔偿问题的过程，包括验证事故事实，确定事故损失，审核赔偿范围，最终赔出赔款等过程。

车险理赔是保险人依法履行合同义务的主要体现，理赔服务的好坏可以说是人们对保险公司进行评价的最重要指标。

（二）事故车保险理赔的意义

（1）被保险人所享受的保险利益得到实现。

（2）使人民生活安定，社会再生产过程得到保障。

（3）汽车保险承保的质量得到检验。

（4）汽车保险的经济效益得到充分反映。

（三）事故车保险理赔的特点

事故车保险理赔的业务量大、出险频率高，理赔工作技术性强、涉及面广，情况也较复杂。如何更好地贯彻保险经营方针，提高理赔工作质量，充分维护被保险人的合法权益是做好汽车保险理赔工作的关键。

1. 被保险人的广泛性、公众性

随着汽车保有量的增加，被保险人的单位、企业和个人遍布各行业、各阶层。

2. 事故损失率高且幅度小

汽车保险的特征是保险事故损失金额一般不大，但是事故发生的频率高。保险公司在经营过程中需要投入的精力和费用较大，涉及对保险人的服务质量问题。

3. 保险标的流动性大

汽车保险标的具有很大的流动性，车辆发生事故的地点和时间不确定，要求保险公司必须拥有一个全天候的报案机制和庞大而高效的检验网络。

4. 受制于汽车修理环节的程度大

修理厂的修理价格、工期和质量均直接影响汽车保险的服务。保险公司在保险合同下承担的仅仅是经济补偿义务，对于事故车辆的修理以及相关的事宜并没有负责义务。

5. 道德风险普遍

在财产保险业务中，汽车保险是道德风险的"重灾区"。汽车保险具有标的流动性强、户籍管理中存在缺陷、保险信息不对称等特点。

二、事故车保险理赔的流程

理赔是保险公司执行保险合同、履行保险义务、承担保险责任的具体体现。目前，各家保险公司的理赔流程不尽相同，但其主要环节基本一致。主要包括接报案、调度、查勘定损、核损、签收审核索赔单证、赔款理算、核赔和赔付结案等几个主要步骤。

事故车保险
理赔的流程

事故车保险理赔的流程如下：

（一）接报案

根据客户提供信息进入保险公司报案登记系统，确认是否属于保险标的，同时录入相关信息。

（二）调度

调度人员在系统中了解大致案情及案件风险点，及时联系查勘人员，告知案情并提示案件风险点，最后在理赔系统录入相关信息并发送查勘平台。

（三）查勘定损

赶赴事故现场查勘，收集相关证据，撰写查勘报告，同时确定施救方案，并指导客户填写相关单证。

（四）核损

核损人员根据查勘定损资料，复核事故真实性，核定更换项目，维修项目，修复费用，施救费等，确定物损、人伤赔偿费用。

（五）签收审核索赔单证

接收保险索赔单证，对不同案件所需资料进行核实，与客户办理交接手续。在索赔时，由于车险事故分为单车事故、双车事故、车撞人事故等不同类型，所需要递交的单证也会相应不同。

（六）赔款理算

理算人员根据被保险人提供的单证、事故责任认定书、损害赔偿调解书、车辆估损单、修理清单和修车发票以及各种其他赔偿费用单据，按照保险合同的约定及相关法律法规计算赔偿额，并缮制赔偿计算书。

（七）核赔

核赔人员对整个案件资料进行审核，审核是否属于保险责任、事故真实性、事故损失、理赔单证、赔款理算等，给出核赔意见。

（八）赔付结案

核赔人员将已完成审批手续的赔案编号，将赔款收据和计算书交财务，向被保险人支付赔款。

三、事故车保险理赔应遵循的原则

（一）掌握汽车保险专业知识

掌握汽车保险专业知识，具备良好的职业道德，熟悉其他相关专业知识，树立为客户服务的指导思想。

（二）理赔人员的岗位要求

1. 树立坚持实事求是的原则和良好的服务意识

当发生汽车保险事故后，保险人要避免扩大损失，尽量减轻因灾害事故造成的影响，及时安排事故车辆修复，及时处理赔案，支付赔款。在现场查勘、事故车辆修复定损以及赔案处理方面，在处理赔案过程中，都要实事求是地进行处理，根据具体情况正确确定保险责任、给付标准及给付金额。

2. 坚持守信用、重合同、依法办事的原则

在处理赔案时，保险人要依法办事，坚持重合同、诚实守信的原则，一定要严格按照条款约定、赔偿标准履行义务。该赔的要赔足，不该赔的不赔，坚决维护被保险人的合法利益。只有这样，才能够树立保险的信誉，扩大保险的积极影响。

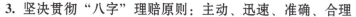

3. 坚决贯彻"八字"理赔原则：主动、迅速、准确、合理

理赔原则是保险公司在长期理赔工作实践中总结出来的"八字"原则。其根本的宗旨是提高保险服务水平，创造保险诚信经营氛围，促进保险业健康有序的发展。

（1）主动：积极、主动地调查、了解查勘现场，掌握出险情况，事故分析，确定保险责任。

（2）迅速：查勘、定损处理迅速，赔案审核准确，赔款计算案卷缮制快，复核、审批快。

（3）准确：查勘、定损、赔款、理算均准确无误。

（4）合理：本着实事求是的精神，坚持按条款办事。

四、典型的专项案件处理流程

（一）简易赔案处理程序

1. 简易赔案的判定条件

（1）事故责任和保险责任明确的；

（2）非盗抢、火灾、自燃案件；

（3）仅发生车辆或物资损失，并可以确定损失金额的；

（4）能够及时提供理赔相关手续的；

（5）总损失金额在 5 000 元以下的（以某保险公司为例）。

2. 简易赔案的处理流程

（1）接到报案后，查勘定损人员应两人赶赴第一现场查勘、拍照、定损。

（2）逐项确定损失费用和金额，填写简易赔案协议书，并由被保险人签字。

（3）经核赔人员审核后，交领导审批签字。

（4）开具赔款通知书，交财会部门及时支付赔款。

（5）将简易赔案协议书相关内容录入计算机，进行结案登记。

3. 交通事故快速理赔

现在的交通事故95%以上都是些轻微交通事故。即不涉及人员伤亡，仅造成轻微财产损失的交通事故。理赔是保险公司执行保险合同、履行保险义务、承担保险责任的具体体现。交通事故快速理赔的意义就在于一个"快"字。

在快速理赔之前，首要明确事故责任确认，即哪些是自己的责任，哪些是别人的责任。

（1）出现以下行为负全责：追尾、逆行、倒车、溜车、违反规定开关车门、违反交通信号、未按规定让行，依法应负全部责任的其他情形。

（2）如果双方都有以上的部分行为，则双方都有责任。

4. 交通事故快速理赔适用情形

（1）在交通事故中没有碰坏公共设施，如水、电、电缆、电线等设施。

（2）损失金额在 2 万元以下的。

（3）双方当事人对所发生的交通责任没有争议的。

（4）双方机动车都必须投保交强险，且在此次事故中没有人员伤亡。

5. 机动车轻微道路交通事故快速处理、快速理赔流程

（1）发生适用快速处理的机动车轻微道路交通事故。

（2）立即停车，开启车辆危险闪光灯报警灯后，下车互相查验驾驶证和保险凭证。

（3）在确保安全的前提下，可采用手机等设备摄影、拍照或文字记录等方式迅速对事故车辆位置拍照，或者标划车辆现场位置，固定车辆损失。

（4）不需办理保险理赔的，马上撤离现场，自行协商赔偿数额及方式；需保险理赔的，立即将事故车辆撤离现场，将车辆转移至路外空地、停车场等不影响和妨碍交通安全和通行的地方。

（5）向保险公司报案，通过车辆承保的保险公司获得"保险公司报案号"。

（6）当事人迅速自行填写××市轻微道路交通事故快速处理当事人现场记录书、××地区轻微交通事故损害赔偿协议书或书面记录的文字材料。

（7）按照保险公司指引，前往理赔服务点、路外空地、停车场等不占用车道的地方办理查勘理赔（高速公路、快速路上应将车辆移至服务区、收费站、紧急停车带等地）。前往理赔服务店的，各方当事人必须共同约定在事故发生后 24 小时内共同到达"交通事故快速理赔服务中心"理赔服务点办理查勘、保险理赔。

（二）逃逸案件处理程序

（1）保险公司接到当地公安交通管理部门出具的垫付通知书后，应迅速查勘核实，登入逃逸案件登记表。

（2）伤者抢救期结束时，根据公安交通管理部门提供的医院抢救费用单据或死亡证明，办理垫付手续，并由公安交通管理部门出具垫付款收据。

（3）按照规定填写理赔计算书，连同垫付通知书、垫付款收据、有关医院费用单据或死亡证明等归入理赔案卷。垫付金额直接作为赔款支出核算。每一逃逸案件垫付的最高金额以 5 万元为限。

（4）垫付赔款应做好统计，年底按照当地其他保险公司保险费收入所占比例进行分摊，分摊回的金额应冲减赔款。

（5）对垫付赔款进行追偿。

（三）代位追偿案件处理程序

（1）被保险人需出具人民法院的立案证明和权益转让书，以及各种有效证据，保险人受理代位追偿案件。

（2）保险人按照保险合同和有关规定理算赔款。

（3）保险公司业务部门缮制赔款计算书和赔款通知书，履行赔付结案手续。

（4）赔偿后，在结案登记时注明"代位追偿"的字样，并要求被保险人积极配合保险人的追偿工作。

（5）对代位追偿的案件数和赔偿金额进行统计，已经追回的追偿款应冲减赔款。

（四）预付赔款案件处理

（1）被保险人因特殊原因提出预付赔款请求，必须提交有关证明与材料，经审核确属于保险责任的, 方可预付。

(2) 保险责任已经确定, 但因保险赔偿金额暂时不能确定而难以尽快结案的, 可以根据已有的证明材料, 按照能确定的最低数额先行支付, 待最终确定赔偿金额后再支付相应的差额。

(3) 对于伤亡惨重、社会影响面大、被保险人无力承担损失的重大案件, 经审核确定为保险责任, 但赔偿金额暂时不能确定的, 可在估计损失的 50% 内先行支付。待最终确定赔偿金额后, 支付相应差额。

(五) 救助案件一般处理流程

(1) 保险公司接受报案并抄单。
(2) 通知救助协作单位, 救助单位实行救助并反馈。
(3) 被保险人确认签字后, 进行立案。
(4) 核对并缮制赔案。
(5) 支付赔款。

(六) 疑难案件的处理

疑难案件分为争议案件和疑点案件两种情况。

1. 争议案件

争议案件指保险人和被保险人对条款理解有异议或责任认定有争议的案件。在实际操作中采用集体讨论研究、聘请专家论证和上级公司请示等方式解决, 保证案件圆满处理。

2. 疑点案件

疑点案件指赔案要素不完全、定损过程中存在疑点或与客户协商不能达成一致的赔案。疑点案件调查采取四种形式, 如表 5 – 11 所示。

表 5 – 11　疑点案件调查采取四种形式

案件类型	调查负责人
在查勘定损过程中发现的有疑点的案件	查勘定损人员
在赔案制作和审批过程中发现有疑点的案件	保险公司的专门机构
骗赔、错赔案件和虚假赔案	纪检监察部门或人员
重大伤人案件	保险公司的专门机构

(七) 注销案件的处理

注销案件是指保险车辆发生保险责任范围内的事故, 被保险人报案立案后未行使保险金请求权, 致使案件失效注销的案件。

注销案件分为超出索赔时效注销和主动声明放弃索赔权利注销两种情况。

(八) 拒赔案件的处理流程

(1) 拒赔案件要严格按照《保险法》《中国保险行业协会机动车商业保险示范条款

（2020 版）》的有关规定处理。

（2）拒赔要有确凿的证据和充分的理由，慎重决定。

（3）拒赔前应向被保险人明确说明原因，认真听取意见，并向被保险人做好解释。

任务实施

一、任务场景

理实一体化教室。

二、任务要求

1. 演练任务：认识并解释事故车保险理赔的基本流程。

2. 演练目的：掌握事故车保险理赔的基本流程，为后期进行案例分析做好理论基础铺垫。

3. 演练内容：请同学们根据不同案例，分析事故车保险理赔流程。根据典型专项案件的不同类型，分析汽车保险理赔流程。

三、任务分组

在这个任务中，采用分组实施方式进行，以 4~8 人为一组，通过学生自荐或者推荐的方式选出组长，由组长负责本组的组织协调工作，带头示范、督促，帮助其他组员完成相应工作。

四、任务步骤

学生以小组为单位分析讨论案例并完成工单的填写。

1. 张某驾驶主车陕 D×××××，牵引挂车陕 D××××，挂车上拉有价值 5 万元的货物。其中主车陕 D××××× 在太平洋保险公司承保交强险、第三者责任险（100 万元）、车损险。挂车无保险，车上货物无保险。某日，在高速上行驶时，因主车线路故障，导致主车发生自燃受损，进而引发挂车和挂车上的货物发生火灾导致受损。

（1）请问在保险实务中，以上受损的主车、挂车，还有车上货物是否能赔付？如果可以赔付，由哪个险种赔付？

（2）如果你是保险业务员，针对客户的损失，你会向客户推荐哪几种险种以减少客户风险？

2. 收集资料，分析事故车保险理赔时应遵循哪些原则？

3. 收集资料，分析一般事故车保险理赔的基本流程包括哪些内容？

4. 收集资料，举例分析和说明典型的专项案件处理流程包括哪些内容？

五、任务反思

1. 学生在完成任务过程中的收获和启示。

2. 学生在完成任务过程中的不足。

任务评价

汽车保险服务人员（认识事故车保险理赔流程）学习任务表现评分表如表 5 – 12 所示。

表 5 – 12 学习任务表现评分表

序号	评价项目	分值	评价指标	自评（30%）	互评（30%）	师评（40%）
1	职业素养30 分	5	小组分工明确，能够对学习任务内容及实施步骤进行精心准备			
		5	具有团队意识、合作能力			
		5	能完成任务实施内容，能完成相关案例分析			
		5	成果展示内容充实，语言规范			
		5	任务报告结构完整，观点正确			
		5	能树立标准和规则意识			

续表

序号	评价项目	分值	评价指标	自评 （30%）	互评 （30%）	师评 （40%）
2	专业能力 60 分	15	学习积极主动，态度认真，遵守教学秩序			
		15	掌握事故车保险理赔的含义 掌握事故车保险理赔的特点 掌握事故车保险理赔的流程			
		15	能灵活应用知识点进行相关案例分析			
		15	对知识的理解把握具有自学意识与动手能力			
3	创新意识 10 分	10	具有创新型思维和行动			
总配分		100	总得分			
综合评价						

项目五任务五
同步测试

陕 A130××货车车主为陕西西安某货物运输有限公司（以下简称运输公司）。2021 年 3 月 11 日，该车在 A 保险公司投保，保险期限为 2021 年 3 月 12 日零时至 2022 年 3 月 11 日 24 时止。投保险种为机动车损失险、商业第三者责任险等，其中机动车损失险保险金额为 23.5 万元。2022 年 2 月 23 日，吴某驾驶同为运输公司所有的陕 H165××重型半挂牵引车在厂区倒车时，与陕 A130××货车碰撞，致 A130××车辆损坏。同日，承保陕 H165××车辆交强险的 B 保险公司理赔部门组织人力进行现场查勘，并对陕 A130××货车核损，出具机动车保险车辆损失情况确认书，核损金额为 8 000 元。因两车皆为运输公司所有，不符合交强险理赔条件，B 保险公司拒赔。运输公司随后向 A 保险公司理赔，要求其承担车损险责任。A 保险公司以运输公司未及时通知为由拒绝理赔，双方产生纠纷。请根据上述案情，按照下面所列程序指导运输公司完成报案工作，填写以下工单。

任务一：询问案情，报案记录。

1. 询问报案信息、出险信息、保险车辆的有关信息、第三方车辆信息及驾驶人员信息。

2. 记录收集的案情信息。

1. 查询承保信息、历史出险记录。

2. 查询赔付信息。

任务三：生成报案记录。

根据出险车辆的承保情况生成报案记录。

任务四：告知注意事项。

1. 告知客户事故车保险索赔的基本程序。

2. 告知客户事故车保险索赔时的注意事项。

以案说法来看看这些车险案例，遇到车险理赔不犯难

一、保险公司声明免责条款，提示并说明后应予免责

1. 基本案情

沈某实习期内驾驶大型客车与张某驾驶的电动自行车发生道路交通事故，造成两车部分损坏，致张某受伤。交警部门作出道路交通事故认定书，认定沈某承担事故的全部责任，张某不承担事故的责任。沈某系公交公司的职工，发生事故时从事的是职务行为。

2. 判决结果

一审法院认为，沈某承担事故的全部责任，肇事车辆在保险公司投保交强险及第三者商业责任险，应由保险公司在交强险责任限额范围内和商业险范围内根据保险合同予以赔偿，不足部分由侵权人予以赔偿。沈某系公交公司的职工，发生事故时从事的是职务行为，公交公司应承担赔偿责任。二审法院认为，商业险条款约定实习期内驾驶公共汽车免除保险公司保险责任，保险公司就免责条款尽到了提示和明确说明义务，该免责条款具有法律效力，改判保险公司在商业三者险范围内不应承担赔偿责任。

3. 法官说法

在诸多车辆保险纠纷案件中，对于保险合同中约定的免责条款是否发生法律效力，往往是投保人与保险公司争议的焦点。只有保险公司履行了提示和明确说明的义务，免责条款才发生法律效力。这就要求保险公司订立保险合同时，保险人员必须详细介绍保险产品的特点，对免责条款进行提示和充分明确说明，手续必须规范、完备。投保人对合同中的责任免除条款、免赔额、免赔率、比例赔付等免除或者减轻保险人责任的条款，应当要求保险公司予以说明，合理投保，避免产生不必要的损失和理赔中的争议。

二、事故车辆未年检，保险公司可免赔

1. 基本案情

2022年11月15日，黄某驾驶车辆在道路上行驶，由于操作不慎，与另一车辆相撞。造成两车受损、车上人员伤亡的交通事故。交警部门认定黄某与另一车辆驾驶员承担事故的同等责任。然而，随后的保险理赔却让黄某犯了难，原因竟是黄某的车辆未按规定进行年检，属于"超期"。保险公司抓住这一点不放，根据合同约定，理直气壮地拒绝了赔偿。无奈之下，黄某只好起诉至法院。

2. 判决结果

法院审理认为，根据保险条款约定，发生保险事故时保险机动车未按规定年检的，保险人不负责赔偿，黄某并未按规定对车辆进行年检，导致超过规定期限，属于保险合同约定的责任免除的情况。因此，判决保险公司对此不承担赔偿责任。

3. 法官说法

日常生活中，机动车都应按交警部门的规定进行年检，不管是车辆本身，还是行驶证等相关证件，都应按国家规定进行年检。这不仅仅是机动车管理上的规定，更是对驾驶员负责，对行车安全负责。虽然未按规定年检，过后可以补审，但一旦在这个空当时间发生保险事故，就可能会因为未按规定时间审验车辆或驾驶证而不能获得保险金赔偿。法官提醒广大驾驶员，一定要遵守相关管理规定，杜绝侥幸心理。

三、积极作为，践行社会责任，上海地区商业车险免费延期30天

上海市民的爱车集体"趴窝"2个月，保险承担的风险几乎为零，车险可以延保吗？投保的车险怎么算？2022年5月31日，上海市保险同业公会回应表示，上海的私家车疫情期间停驶的商业险可以免费延长一个月，平台会自动延期，无须本人办理。

1. 这几种情形不予延长

（1）疫情期间脱保的。

（2）疫情期间出险的。

（3）疫情期间违章的。

（4）办过保单停驶的。

2. 延期办理方法

（1）非营业车：由车险平台统一自动延期。

（2）营业车：保险公司主动联系客户办理。

上海保险业对符合条件停驶车辆的商业车险保单延期30天，预计涵盖上海市绝大多数非营业车辆和营业车辆。

为深入贯彻落实中国银保监会办公厅《关于金融支持货运物流保通保畅工作的通知》、银保监会财险部《关于做好当前汽车保险相关工作支持疫情防控货运畅通的通知》等监管部门相关文件精神，积极响应中国保险行业协会《关于财险行业扎实推动稳经济各项政策落地见效的通知》的号召，在沪车险经营机构积极作为，践行社会责任，结合上海地区实际情况，在商业原则下尽最大能力回馈社会，为因疫情而停驶的车辆提供保单延期。

上海地区各车险经营公司对符合条件的且在疫情期间有效的机动车商业险保单和新能源车商业险保单的保险期限进行延长，延长时间为30天。疫情停驶未出险因素将纳入客户下一保单年度的无赔优待系数（NCD），继续享受下一年度保费优惠。同时已脱保车辆保单客户在疫情之后再投保的，仍可继续享受续保优惠。

本次车险保单延期将涵盖上海市绝大多数非营业车辆和营业车辆，最大程度覆盖车主受惠范围。从便捷度出发，为最大程度降低客户办理难度，将采取如下延期操作模式：对保单使用性质为非营业的车辆，由平台提取符合延期范围保单数据进行自动延期；对保单使用性质为营业的车辆，各承保保险公司要主动联系客户办理延期手续。同时为体现保险业对上海疫情防控工作支持，对疫情期间参与疫情防控工作的警察、医护、社会运行服务人员等行驶使用的非营业车辆满足一定条件前提下也可享受保单延期。

目前上海保险业正积极开展复工复产和支持各行业复工复产相关工作，并全力推进保单延期相关具体规则细化、数据对接和系统改造等各项具体工作，将尽快为符合条件的车险客户办理保单延期。

上海保险业始终坚持以人民为中心，切实履行保险业服务社会经济的职能，充分发挥保险的经济"减震器"和社会"稳定器"作用，多种举措服务市民，全力支持上海复工复产。

四、汽车保险理赔新技术——好车主一键理赔，简单快捷最方便

撞车了，出事故怎么报案处理？

自助报案：通过好车主APP——办理赔——我要报案。24小时在线报案，如有人受伤需要救助，第一时间拨打120。

着急走，没时间在现场等怎么办？

视频理赔：通过好车主APP——联系理赔员。可以发起在线视频查勘，在现场就可以搞定损失核定。

担心会影响来年保费？

车损测算：通过好车主APP——办理赔——车损测算。智能评估事故车辆损失，知晓来年保费浮动情况。

这次事故需要维修多少钱？

定损明细：通过好车主APP——办理赔——查看定损报告。即可知道事故损失明细及定损价格，没有责任的车辆损失也可以通过好车主APP查询损失车辆。

修车费用需要自己垫付吗？

转账授权：通过好车主APP——办理理赔——去授权。手机在线签字授权，赔款可直接转给合作维修厂，不需自己垫付；个别地区因当地监管要求，不可转账给修理厂。

伤者的医疗费可以提前申请吗？

医疗费用垫付申请：通过好车主APP——办理赔——替伤者拿钱/拿回垫付款。可以在保险责任范围内，帮助伤者申请垫付费用，或对自己已经垫付的住院治疗费申请先行赔付，减轻资金压力。

案件处理得怎么样了？接下来应该怎么做？

远程查看：通过好车主APP——办理赔。实时掌握理赔全流程的进展状态，展示当下案件的待办事项。

理赔需要什么材料？

上传理赔材料：通过好车主APP——办理赔。在线上传证件及理赔材料的照片，简单案件不用跑门店就能理赔。

历史出险记录怎么查？

案件查询：通过好车主APP——办理赔——案件查询。可查询到历史案件的处理结果。

（资料来源于网络）

项目六　汽车保险理赔实务

情境再现

[**情境 1**] 李女士是一名教师，2021 年 12 月 1 日，李女士在某汽车 4S 店购买了一辆家用代步车（吉利帝豪），同时也购买了交强险、车损险、商业三者险、车上人员责任险和部分附加险。2022 年 10 月 11 日，李女士在驾车行驶中和一辆直行的车辆相撞，车辆受损，于是在第一时间向交警报案，同时向保险公司报案。交警判定李女士和另外一名驾驶人员都负有责任，保险公司接报案人员核实相关信息后，调度查勘人员到现场进行查勘定损，保险公司接报案人员要为李女士提供接报案服务。

[**情境 2**] 李女士是一名教师，2021 年 12 月 1 日，李女士在某汽车 4S 店购买了一辆家用代步车（吉利帝豪），在 2023 年 3 月 1 日，发生交通事故，车辆受损，于是李女士第一时间向交警报案，同时向保险公司报案。交警判定李女士（A 车）和另外一名驾驶人员 B 车都负有责任，A 车主责，B 车次责；两车均有损失（具体损失金额还需要汽车修配厂、保险公司和被保险人等相关人员协商确定），事故中无人受伤，无其他财产损失。保险公司接报案人员核实相关信息后，调度查勘人员到现场进行查勘，对于非轻微事故的损失还需要定损人员及时定损，接受查勘的工作人员需要完成查勘工作。

分析：

1. 李女士该如何进行车险报案？作为车险公司接报案人员，该如何完成接报案工作？

2. 作为车险查勘人员，想要为李女士完成查勘任务，需要学习和掌握哪些相关知识？

3. 作为车险定损人员，想要为李女士完成定损任务，需要学习和掌握哪些相关知识？

4. 在汽车保险理赔服务过程中，想要为客户进行专业的车险理赔服务，需要掌握哪些知识和技能？专业的车险服务人员应该有哪些职业素养？

目标导航

1. 知识目标

- 掌握汽车保险理赔的特点及应遵循的基本原则；
- 掌握受理报案的工作内容；
- 掌握调度派工的类型及工作内容；
- 掌握事故现场的分类及现场查勘的步骤；
- 掌握立案的情形、主要准备工作、处理方法及处理时限；
- 掌握定损和核损的原则及分类；
- 掌握赔款理算的概念及理算方法；

- 掌握赔付结案、未决案、拒赔和追偿的处理方式。

2. 实践目标

- 能按照服务礼仪规范进行报案受理工作；
- 能正确地按照查勘工作流程进行查勘作业；
- 能鉴定车辆的损失情况，确定车辆的维修方法和维修工艺；
- 能确定车辆损失及维修的费用、财产损失和人员伤亡的费用；
- 能按照核损工作的标准流程，对查勘定损岗位上传的案件进行定性（保险责任）和定量（损失金额）分析；
- 能准确进行赔款理算、缮制赔偿计算书，能解答客户关于赔款计算的问题。

3. 素养目标

- 树立想顾客之所想、急顾客之所急的服务意识；
- 具有良好的口头表达能力及人际沟通能力；
- 具有团队精神和协作精神；
- 树立严谨的工作态度和责任意识。

任务一 接报案及调度

任务描述

2021 年 12 月 1 日，李女士在某汽车 4S 店购买了一辆家用代步车（吉利帝豪），同时也购买了交强险、车损险、商业三者险、车上人员责任险和部分附加险。2022 年 10 月 11 日，李女士在驾车行驶中和一辆直行的车辆相撞，车辆受损，于是在第一时间向交警报案，同时向保险公司报案。交警判定李女士和另外一名驾驶人员都负有责任，保险公司接报案人员核实相关信息后，调度查勘人员到现场进行查勘定损，保险公司接报案人员要对李女士提供接报案服务。

想要完成接报案工作，接报案人员需要完成以下任务：

（1）向李女士询问报案信息并及时记录报案信息；

（2）查找李女士承保信息，查询历史出险和赔付信息；

（3）告知李女士客户索赔程序及相关注意事项；

（4）完成查勘调度工作。

接报案人员要完成上述工作，需要学习汽车保险接报案工作和调度查勘方面的业务知识。

思维导图

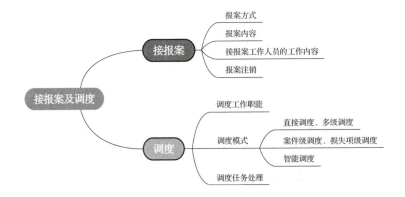

任务知识

一、接报案

（一）报案方式

车辆出险后，传统的报案方式主要有电话（传真）报案、到保险公司报案、网上报案和业务员转达报案等几种，如图6-1所示。其中，电话（传真）报案和网上报案较多。

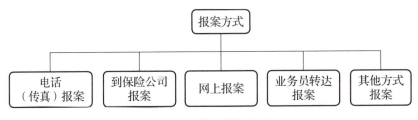

图6-1　车险报案方式

（二）报案内容

机动车出险后，被保险人（或驾驶人）要及时向所投保的保险公司报案，报案内容主要包括：被保险人名称、保险单号、保险期间、保险险别；出险时间、地点、原因，出险车辆牌号、厂牌车型；人员伤亡情况，伤者姓名、送医时间、医院地址；事故损失及施救情况，车辆停放地点；驾驶人、报案人姓名及与被保险人关系，联系电话。

（三）接报案工作人员的工作内容

接报案工作人员主要是受理保险客户来电咨询、报案及投诉。对所报案情及时作出立案记录、拖车转接并进行相应处理，对保险用户进行电话回访等。

车险公司接报案
工作流程图

1. 确认报案信息

1) 询问案情

对报案人进行询问，主要询问的信息如表6-1所示。

表6-1 询问报案人的信息内容

信息类别	内容描述
报案信息	报案人姓名、报案人联系电话、报案人手机；联系人姓名、联系人电话、联系人手机；报案日期、报案时间、出险日期、出险时间、出险原因等。报案日期默认为系统当前时间并不可更改
出险信息	出险地点、本车责任、是否交强险责任、事故经过、事故涉及的损失等。其中，事故涉及的损失按本车车损、本车车上财产损失、本车车上人员伤亡、第三者车辆损失、第三者人员伤亡、第三者车上财产损失、第三者其他财产损失、其他的分类方式进行询问
保险车辆的有关信息	保单号码、被保险人名称、号牌号码、牌照底色和厂牌型号等。确认报案人提供的保单信息与此次报案系统带出的保单信息是否一致
第三方车辆信息及驾驶人员信息	对于涉及第三方车辆的事故，应询问第三方车辆的车型、号牌号码、牌照底色以及保险情况（提醒报案人查看第三方车辆是否投保了交强险）等信息

2) 查询承保信息

根据报案人提供的保险单号、车牌号、牌照底色、车型和发动机号等关键信息，查询出险车辆的承保情况和批改情况。特别注意承保险别、保险期间以及是否通过可选免赔额特约条款约定了免赔额。涉及挂车的事故，注意查询挂车的承保情况。无承保记录的，按无保险单受理。

（1）查询条件：可根据投保区域、出险日期、承保机构以及单条件、多条件查询保单信息。

（2）投保区域包括本地保单、临时保单、省内通赔、省间通赔。

（3）单条件查询的内容包括保单号、车牌号、被保险人、车架号、发动机号。

（4）多条件查询的内容包括车牌号、车架号、发动机号、VIN码（车辆识别码）、号牌颜色、车辆类型。

3) 查询历史出险、赔付信息

查询出险车辆的历史出险、报案信息（包括作为第三者车辆的出险信息），核实是否存在重复报案。对两次事故出险时间相近的案件，应认真进行核查，并将有关情况通知查勘人员进一步调查。

2. 生成报案记录

根据出险车辆的承保情况生成报案记录，报案记录与保险单号应一一对应。

（1）出险车辆的交强险和商业机动车辆保险在一个保险单号下承保的，生成一条报案记录。

（2）出险车辆的交强险和商业机动车辆保险在多个保单号下承保的，在各保单项下生成对应的报案记录，并在各报案记录之间建立关联关系。

3. 告知客户索赔程序及相关注意事项

接报案人员要告知客户索赔程序及相关注意事项，具体如下：

（1）发生机动车之间碰撞事故的，应告知客户先通过交强险进行赔偿处理，超过交强险责任限额的部分，由商业保险进行赔偿。符合交强险"互碰自赔"条件的案件，应引导客户按照交强险"互碰自赔"案件的规定进行处理。

（2）若当事人采取自行协商的方式处理交通事故，应告知双方在事故现场或现场附近等待查勘人员，或在规定的时间内双方各自将车开至指定的地点定损。

（3）对于涉及人员伤亡或事故损失超过交强险责任限额的，应提示报案人立即通知公安交通管理部门。

（4）对于通过可选免赔额特约条款约定了免赔额的，如果客户估计的损失金额低于约定的绝对免赔额，应对客户进行以下提示：损失金额低于绝对免赔额的，保险人不负责赔偿；索赔后会引起下一保险期间费率的上涨。

（5）若客户询问代位追偿索赔方式，向客户介绍车损险的 3 种索赔方式，即向责任对方索赔、向责任对方的保险公司索赔、代位求偿。对于符合代位求偿的案件，若被保险人要求代位求偿，应按照代位求偿相关规定做好记录，并向客户做好告知和引导。

（6）对于超出保险期限，明显不属于保险责任的情况，应向客户明确说明。在报案处理界面上"处理结果"一栏中注明拒赔或不予受理的理由，并在报案系统中将报案记录注销，不进行查勘调度。

4. 调度现场查勘人员

调度现场查勘人员是大部分车险公司的接报案人员的工作任务之一，有些车险公司设置了单独的调度员。具体的调度工作内容见本节调度查勘的相关内容。

5. 安排救助

对于客户需要提供救助服务的案件，确认其加保了相应救助服务特约条款的，应立即实施救助调度，并记入"机动车辆特约救助书"，按救助案件处理。

对于未加保相应救助服务特约条款的客户，可以协助其与救助单位取得联系。在客户同意支付相关费用的前提下，可以调度救助协助单位赶赴现场实施救助，但必须在"机动车辆特约救助书"付费方式一栏中选择"现场收费救助"项目。

6. 通知承保公司

接报案中心需要通知承保公司的，应及时通知承保公司有关人员。

7. 代查勘案件处理

有时候会出现"双代"业务，即代查勘和代定损业务，所以，接报案人员一定要做好代查勘业务。碰到代查勘业务，需要做的工作如下：

（1）保险车辆在外地出险，应按"双代"实务规定，及时向出险地公司转报案并发送承保信息；

（2）外地承保车辆在本地出险的，应按"双代"实务规定，及时向承保地公司转报案。

8. 回访

接报案人员除了接报案和派工以外，还要对案件进行跟踪回访。

（1）查勘到位情况回访，即向报案人回访查勘人员的到位情况，并记录回访情况。

（2）定损及结案后回访，即定损或结案后，应对定损质量或整体理赔服务质量进行回访，并记录回访情况。

（四）报案注销

接报案人员除了负责当场处理报案人员的报案业务，还要对一些报案后不提供索赔单证、自动放弃索赔或者是不属于保险责任内事故的一些报案要及时注销。

根据"未决赔案管理规定"，符合报案注销条件的，按照规定的报案注销流程上报审批后，由有报案注销权限的操作人员在业务处理系统中进行处理。

报案注销必须满足以下条件之一：

（1）重复报案；

（2）不属于保险责任；

（3）属于保险责任，但客户放弃索赔；

（4）无效报案（客户报错案、专线人员录入错误、出错保单等）。

二、调度

调度是指保险公司调度人员及时以系统推送、电话和短信等形式通知查勘定损和人伤案件处理人员进行理赔处理。调度人员不但要进行查勘调度，还要进行定损调度。

调度工作
一般流程图

（一）调度工作职能

调度工作职能主要如下：

（1）分损失项多次多级调度任务；

（2）调度查勘任务；

（3）调度定损任务；

（4）追加查勘任务；

（5）追加定损任务；

（6）调度任务提交第三方或通赔岗；

（7）省内通赔案件查勘、定损任务调度；

（8）省间通赔案件查勘任务调度；

（9）调度任务改派；

（10）调度任务注销；

（11）调度任务修改。

（二）调度模式

1. 直接调度、多级调度

直接调度指直接将任务分配给查勘机构或人员；多级调度指将任务分配给下一级调度机构或人员，然后由下一级调度机构或人员将查勘任务分配给查勘机构或人员（注意：多级调度人员分配成功的任务在"查勘调度损失项状态"列表中显示为查勘调度到人状态）。

2. 案件级调度、损失项级调度

调度任务可以按案件级调度，即以一个案件为单位调度给某个组或人员；也可以按损失项级调度，即以一个案件中的每个损失项（可以是一辆主车、一辆第三者车，或者一项财产损失）为单位，调度给某个组或人员。

3. 智能调度

智能调度是指根据智能调度系统设定的调度规则派发调度任务，包括自动调度和人工智能调度。随着科技的发展，将统一通过系统自动调度，逐步提高自动调度比例。

（三）调度任务处理

1. 实施调度

调度时，需要根据报案信息判断调度类型（调度类型分为查勘调度、定损调度和人伤跟踪调度）并按照调度模式和规则进行调度。

1）调度查勘任务

对属于保险责任范围内的事故和不能明确确定拒赔的案件，应立即调度查勘人员进行查勘。其主要的任务包括：

（1）打印或传送"机动车保险报案记录（代抄单）"给查勘人员，将事故被保险车辆的所有报案记录和承保信息以邮件、传真或打印的方式完整告知查勘人员。

（2）事故涉及人员伤亡的，应及时通知医疗跟踪人员。

事故涉及人员伤亡的，调度时需要先将车辆查勘任务调度到查勘岗，再将人伤任务调度到人伤跟踪岗。

2）调度定损任务

当需要对未定损车辆发起定损任务时，可以使用调度任务中的新增定损，将定损任务提交相关定损机构或人员。

3）调度人伤跟踪任务

保险事故有人员伤亡时，要及时调度人伤跟踪人员去跟踪伤亡情况。

2. 调度任务的注销、修改、改派

调度任务的注销、改派是指当调度出的查勘或定损任务在没有被接收的情况下，调度可以进行调度注销或改派。填写注销、改派原因后就可以对该调度任务进行注销、改派处理（注意：调度注销、改派的前提是下一处理机构或人员对该调度任务未接收、未处理。注销后的调度任务被设置为"未指定接收人"状态等待处理。调度注销、改派一次只能处理一条调度任务）。

调度任务修改是指在调度任务中填入的联系人、联系电话或约定查勘地点有变化时，可以通过调度修改功能将需要改动的内容进行修改处理（注意：调度修改不能修改任务接收机构和人员）。

3. 调度任务提交第三方或通赔岗

调度的查勘或定损任务由第三方机构或人员处理时，调度可以选择第三方或通赔岗（"第三方"代表非本公司的其他约定查勘、调度机构或人员，"通赔岗"代表将任务提交给本地通赔岗人员，再由本地通赔岗人员提交给对方通赔岗人员，然后由接收地通赔岗人员将该任务提交查勘、定损机构或人员）。

4. 通知承保公司

保险理赔调度人员需要及时通知承保公司的，应及时通知承保公司有关人员，以便迅速处理理赔案件。

5. 安排救助

对于客户需要提供救助服务的案件，确认其加保了相应救助服务特约条款的，应实施救助调度，并记入"机动车特约救助书"，按救助案件处理。对于未加保相应救助服务特约条款的客户，可协助其与救助单位取得联系。在客户同意支付相关费用的前提下，可以调度救助协助单位赶赴现场实施救助，但必须在"机动车特约救助书"付费方式一栏选择"现场收费救助"项目。

任务实施

一、任务场景

理实一体化教室。

二、任务要求

1. 演练任务：熟悉车险报案方式及内容、认识车险案件调度方式。

2. 演练目的：掌握不同车险报案的方式以及对应的车险报案需要提供的支撑资料，为车险案件进行调度处理。

3. 演练内容：请同学们根据不同的交通事故场景，划分不同角色，然后利用所学知识模拟车险报案人员、接报案工作人员及调度人员的工作内容。

三、任务分组

在这个任务中，采用分组实施方式进行，以4~8人为一组，通过学生自荐或者推荐的方式选出组长，由组长负责本组的组织协调工作，带头示范、督促，帮助其他组员完成相应工作。

四、任务步骤

学生以小组为单位分析讨论案例并完成工单的填写。

1. 根据任务一课前任务描述案例，李女士在驾车行驶中和一辆直行的车辆相撞，导致双方车辆受损，请分析李女士可以选择哪些车险报案方式？各种车险报案方式有何利弊？

2. 根据任务一课前任务描述案例，作为保险公司，要由接报案人员为李女士提供接报案服务。接报案人员需要完成哪些具体任务呢？

3. 根据任务一课前任务描述案例，若李女士报案后，发现双方车辆损失均较轻微，决定不走车险，那么李女士应该怎么做呢？作为接报案人员，应该怎么做呢？

4. 根据任务一课前任务描述案例，若李女士车险报案受理成功后，保险公司工作人员应如何完成调度工作？

五、任务反思

1. 学生在完成任务过程中的收获和启示。

2. 学生在完成任务过程中的不足。

任务评价

汽车保险服务人员（接报案及调度）学习任务表现评分表如表6-2所示。

表6-2　学习任务表现评分表

序号	评价项目	分值	评价指标	自评（30%）	互评（30%）	师评（40%）
1	职业素养 30分	5	小组分工明确，能够对学习任务内容及实施步骤进行精心准备			
		5	有团队意识、合作能力			
		5	能完成任务实施内容			
		5	成果展示内容充实，语言表述规范			
		5	任务反思逻辑完整，观点正确			
		5	有想客户之所想、急客户之所急的服务意识			

续表

序号	评价项目	分值	评价指标	自评（30%）	互评（30%）	师评（40%）
2	专业能力 60分	15	学习积极主动，态度认真，遵守教学秩序			
		15	掌握接报案及调度知识			
		15	能灵活应用知识点进行相关案例分析			
		15	对知识的理解把握具有自学意识与动手能力			
3	创新意识 10分	10	有创新型思维和行动			
	总配分	100	总得分			
	综合评价					

项目六任务一
同步测试

任务二　事故车现场查勘

任务描述

保险公司接报案人员核实相关信息后，调度查勘人员到现场进行查勘，对于非轻微事故的损失还需要定损人员及时定损，接受查勘的工作人员需要完成查勘工作。具体需要完成的内容包括：

（1）接受调度后及时完成查勘前的准备工作；

（2）及时和报案人张女士联系，了解出险情况；

（3）及时到达查勘现场，询问出险情况；

（4）完成现场拍照等信息收集工作；

（5）对于可以现场定损的案件进行定损。

因此，作为一名合格的车险查勘员，不仅要掌握车险查勘的基本原则，还应具备车险查勘相关的专业知识、过硬的专业技能及良好的职业道德。

思维导图

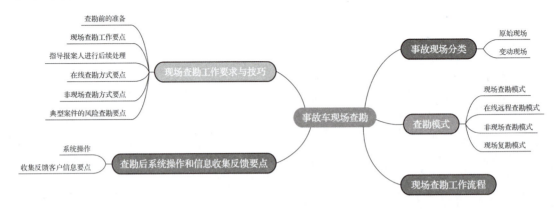

任务知识

一、事故现场分类

（一）原始现场

原始现场是指现场的车辆、伤亡人员、牲畜及与事故有关的痕迹、物体没有受到破坏或变动，仍保持事故发生过程的原有状况的交通事故现场。

（二）变动现场

变动现场是指在自然条件下非人为地改变了原始状况或不得已在不影响查勘结果的前提下人为地、有限度地改变了原始状况的交通事故现场。变动现场包括正常变动现场、伪造现场、逃逸现场及恢复现场 4 类。

1. 正常变动现场

交通事故现场的正常变动原因有以下几点：

（1）抢救受伤者；

（2）保护不当；

（3）自然破坏；

（4）允许变动；

（5）车辆驶离。

2. 伪造现场

伪造现场是指没有发生交通事故，为骗取保险金故意伪造出的现场。

3. 逃逸现场

逃逸现场是指发生道路交通事故后，肇事者为了逃避责任，驾驶车辆潜逃而导致现场变动。其性质与伪造现场相同，但具有更大的破坏性。

4. 恢复现场

恢复现场是指基于事故分析或复查案件的需要，为再现出险现场的全貌，根据有关证据材料重新布置的现场，又称为事故再现。

二、查勘模式

（一）现场查勘模式

现场查勘模式即事故发生后客户现场报案，车辆仍在出险现场，查勘员前往出险现场进行查勘。该模式适用于客户要求现场查勘或保险公司为控制风险而要求进行现场查勘的案件。

（二）在线远程查勘（客户自助查勘）模式

在线远程查勘（客户自助查勘）模式即客户在出险现场通过微信等方式进行拍照上传，查勘人员远程进行指导、照片审核并收集客户出险信息，在线审核案件真实性，完成查勘操作。该模式适用于不要求现场查勘的小额案件；不适用于高风险案件、重大案件、复杂人伤案件、涉及两车以上案件、夜间出险案件、可疑案件、代位求偿案件。

（三）非现场查勘模式

现场查勘
一般工作流程

非现场查勘模式，即事故发生后，客户在事故车辆离开现场后再进行报案，或者客户报案后事故车辆离开现场，不能或不必在出险现场进行查勘工作。该模式适用于交警快速处理、快处快赔等类型案件；不适用于重大案件、夜间出险案件及保险公司认为的其他高风险案件、可疑案件。

（四）现场复勘模式

现场复勘模式即事故发生后，事故车辆离开现场后客户再向保险公司报案，或者客户报案后事故车辆未经查勘离开现场，但为核实事故真实性，需要客户返回出险现场进行复勘工作。该模式适用于重大案件、夜间出险案件及保险公司认为的其他高风险案件、可疑案件。

三、现场查勘工作流程

现场查勘人员进行事故现场查勘时需要完成的工作内容很多，具体工作内容要按照流程进行操作。详细流程此处略。

四、现场查勘工作要求与技巧

（一）查勘前的准备

1. 查阅抄单

（1）保险期限。查验保险单，确认出险时间是否在保险期间内。对于出险时间接近保险起止时间的案件，要作出标记，重点核实。

（2）承保的险种。查验保险单记录，重点注意以下问题：车主是否只投保了交强险或机动车第三者责任保险；对于报案称有人员伤亡的案件，注意车主是否投保了机动车车上人员责任保险，机动车车上人员责任保险是否指定座位。

（3）保险金额、责任限额。注意各险种的保险金额和责任限额，以便在现场查勘时做到心中有数。

2. 阅读报案记录

（1）被保险人名称、保险车辆车牌号；

（2）出险时间、地点、原因、处理机关、损失概要；

（3）被保险人、驾驶员及当事人联系电话。

3. 查询涉案车辆历史出险记录

查询涉案车辆历史出险记录，有利于查询时对可能存在道德风险和重复索赔的案件进行重点跟踪。

（1）对报案间距较短的历史信息进行查阅，了解历史损失情况和当时照片反映的车况车貌，为查勘提供参照；

（2）查阅涉案车辆近期注销或拒赔案件信息，严防虚假案件。

4. 携带查勘资料及工具

（1）资料部分：出险报案表、保单抄件、索赔申请书、报案记录、现场查勘记录、索赔须知、询问笔录、事故车辆损失确认书等。

（2）工具：定损笔记本电脑、数码相机、手电筒、钢卷尺、砂纸、笔、记录本等。

（二）现场查勘工作要点

1. 处理现场

（1）到达查勘地点后，发现特殊情况，应及时向接报案中心进行反馈。

（2）协助客户采取有效的施救、保护措施，避免损失扩大。

（3）有人员伤亡的、造成道路交通设施损坏的，应提醒客户向交通管理部门报案，并协助保护现场。

（4）因阻碍交通无法保护现场的，查勘员可允许驾驶员将车移至不妨碍交通的地点，在附近等候查勘；若查勘人员无法在合理的约定时间赶赴现场，可商定受损车辆到指定的定损点进行第二现场查勘，若有必要可约定时间回出险地补勘复位现场。

2. 查明肇事驾驶人、报案人的情况

（1）查验肇事驾驶人和报案人的身份，核实报案人、驾驶人与被保险人的关系。

（2）注意驾驶人是否存在饮酒、醉酒、吸食或注射毒品、被药物麻醉后使用被保险人车辆的情况，是否存在临时找他人顶替真实驾驶人的情况。

（3）驾驶人是否存在驾驶证被扣押、吊销的情况；驾驶的车辆是否与准驾车型相符；驾驶人是否是被保险人或其他允许的驾驶人；特种车辆驾驶人是否具备国家有关部门核发的有效操作证；营业性客车或货车的驾驶人是否具有国家有关行政管理部门核发的有效资格证书。

3. 查验出险车辆情况

（1）确认保险标的车辆信息。查验事故车辆的保险情况、车牌号、牌照底色、发动机号、VIN/车架号、车型、车辆颜色等信息，并与保险单证（批单）以及行驶证所载内容进行核对，确认是否就是承保标的。

（2）查验保险车辆的行驶证。查验行驶证是否有效，重点查验行驶证副页是否正常年检；行驶证车主与投保人、被保险人不同的，车辆是否已经过户；已经过户的，是否经保险人同意并通过批单对被保险人进行批改。

（3）查验第三方车辆信息。涉及第三方车辆的，应查验并记录第三方车辆的车牌号、车型，以及第三方车辆的交强险保险单号、驾驶人姓名、联系方式等信息。

（4）查验保险车辆的使用性质。车辆出险时使用性质与保险单载明的是否相符（两种常见的使用性质与保险单不符的情况）：①营运载货汽车按非营运载货汽车投保；②非营运乘用车从事营业性客运，是否运载危险品，车辆的结构有无改装或加装，是否有车辆标准配置以外的新增加设备（详见交通管理部门《机动车登记规定》）。

4. 查明出险经过

（1）核实出险时间。对出险时间是否在保险有效期限内进行判断，对接近保险起讫期出险的案件，应特别慎重，人证查实。对出险时间和报案时间进行比对，是否超过48小时。了解车辆启程或返回的时间、行驶路线、委托运输单位的装卸货物时间、伤者住院治疗的时间等，以核实出险时间。

（2）核实出险地点。查验出险地点与保险单约定的行驶区域范围是否相符，是否是营业性修理场所，是否擅自移动现场或谎报出险地点。对擅自移动现场或谎报出险地点的，要进一步调查。

（3）查明出险原因。结合车辆的损失状况，对报案人所陈述的出险经过的合理性、可能性进行分析判断，积极索取证明、收集证据；注意驾驶人是否存在醉酒或服用违禁药物后驾驶机动车的情况（特别是节假日午后或夜间发生的严重交通事故）；是否存在超载情况（主要是涉及载货汽车的追尾或倾覆事故，需要对货物装载情况进行清点）；是否存在故意行为（一般是老旧车型利用保险事故更换部分失灵配件或者是已经索赔的未修理车辆，通过故意事故重复索赔）；对于接报案中心提示出险时间接近的案件，须认真核查两起报案中事故车辆的损失部位、损失痕迹、事故现场和修理情况等，确定是否属于重复索赔。

（4）查明事故发生的真实性，严防虚假报案。发生碰撞的，要观察第一碰撞点的痕迹，是否符合报案人所称的与碰撞物碰撞后所留痕迹，例如：因碰撞物的不同，碰撞点往往会残留一定的灰屑、砖屑、土屑和油漆等；发生运动中碰撞的，要重点考虑碰撞部位，例如：追尾事故因后车在碰撞时紧急制动会导致车头下沉，受损部位往往在保险杠以上更为严重；要对路面痕迹进行仔细观察，被保险车辆紧急制动时会在路面留有轮胎摩擦的痕迹，有助于判断车辆发生碰撞前的行驶轨迹。

（5）对存在疑点的案件，应对事故真实性和出险经过进一步调查，可查找当事人和目击者进行调查取证，并做好询问笔录。

（6）如果被保险人未按条款规定协助保险人勘验事故各方车辆，证明事故原因，应在查勘记录中注明。

5. 估算事故损失情况

（1）确定损失类型。

损失的类型主要包括：本车车损、本车车上财产损失、本车车上人员伤亡、第三者车辆损失、第三者人员伤亡、第三者车上财产损失、第三者其他财产损失以及其他损失等。

（2）估计事故损失金额。

查明受损车辆、货物及其他财产的损失程度，估计事故涉及的各类损失金额，以查勘任务对应的损失标的为单位记录估损金额。记录、核定施救情况。

6. 初步判断保险责任

（1）对事故是否属于保险责任进行初步判断。应结合承保情况和查勘情况，分别判断事故是否属于机动车交通事故责任强制保险或商业机动车辆保险的保险责任，对是否立案提出建议。对不属于保险责任或存在条款列明的责任免除的、加扣免赔情形的，应收集好相关证据，并在查勘记录中注明。暂时不能对保险责任进行判断的，应在查勘记录中写明理由。

（2）初步判断事故涉及的险别。查勘人员应根据事故涉及的损失类别、各损失类别的估计损失金额和出险车辆的承保险别，初步判断事故涉及的险别。

（3）初步判断责任划分情况。交警部门介入事故处理的，依据交警部门的认定；当事人根据《交通事故处理程序规定》和当地有关交通事故处理法规自行协商处理交通事故的，应协助事故双方协商确定事故责任并填写协议书。（当事人自行协商处理的交通事故，应根据协议书内容，结合当地有关交通事故处理法规核实事故责任，如果发现明显与实际情况不符，缩小或扩大责任的协议，应要求被保险人重新协商或由交警出具交通事故认定书。）

7. 拍摄、上传及分拣事故现场、受损标的照片

（1）对车辆和财产损失的事故现场和损失标的进行拍照。

第一现场查勘的，应有反映事故现场全貌的全景照片，反映受损车辆号牌号码，车辆、财产损失部位损失程度的近景照片；非第一现场查勘的，事故照片应重点反映受损车辆号牌号码，车辆、财产损失部位损失程度的近景照片。对车辆牌照脱离车体、临时牌照或无牌照的车辆、全损车、火烧车及损失重大的案件，要求对车架号、发动机号进行清晰的拍照。

（2）拍摄相关证件及资料。

相关证件及资料主要包括：被保险人车辆的行驶证（客运车辆准运证）、驾驶人的驾驶证（驾驶客运车辆驾驶人准驾证，特种车辆驾驶人操作资格证），交警事故责任认定书、自行协商协议书、其他相关证明等。查勘人员应将此环节相关证件、资料尽可能拍照，照片汇总到车险理赔系统后，有利于核损、核赔环节从系统中进行审核。

（3）查勘照片上传及分拣注意事项。

相关证件及资料照片应该在索赔清单中勾选，上传单证资料，并分拣到相应项目中。主车、现场查勘、痕迹对比及财产损失照片，分拣到涉案车辆（车主）中；第三者车查勘照片分拣到涉案车辆（三者车）中。

8. 缮制查勘记录

（1）根据查勘内容填写查勘记录，并争取报案人签字确认。查勘员应尽量详细填写查勘记录，以保证录入资料时查勘资料的完整性。

（2）重大、复杂或有疑点的案件，应在询问有关当事人、证明人后，在"机动车辆保险事故现场查勘问询笔录"中记录，并由被询问人签字确认。

（3）重大、出险原因较为复杂的赔案，应绘制机动车保险车辆事故现场查勘草图（简称现场草图）。现场草图要反映事故车方位、道路情况及外界影响因素等。

（4）对VIP客户案件或小额赔案制定优先处理流程的，应在查勘记录中注明案件处理等级。

（三）指导报案人进行后续处理

1. 告知赔偿顺序

（1）发生机动车之间碰撞事故的，应告知客户先通过交强险进行赔偿处理，超过交强险责任限额的部分，由商业保险进行赔偿。

（2）交强险未在本保险公司承保的，应指导客户向交强险承保公司报案，由交强险承保公司对第三者损失先行定损。

（3）符合交强险"互碰自赔"处理条件的，应向客户告知互碰处理后续流程。

2. 向报案人提供机动车保险索赔须知和机动车保险索赔申请书

提供机动车保险索赔须知后，查勘人员指导报案人填写机动车保险索赔申请书，并告知报案人交被保险人签名或盖章后，在提交索赔单证时一并向保险人提供。

3. 告知客户后续理赔流程

（1）查勘时不能当场定损的，查勘人员应与被保险人或其代理人约定定损的时间、地点；对于事故车辆损失较重，需拆检后方能定损的案件，应安排车辆到拆检定损点集中拆检定损。

（2）向客户推荐公司特色理赔方案，引导客户选择快速、便捷的一站式后续服务。

（3）对于明显不属于保险责任或者存在条款列明除外责任的，应耐心向客户解释，争取客户同意，注销案件。

（四）在线查勘方式要点

随着智能联络信息化的大量普及，当前众多机动车保险公司均提供借助 APP、微信公众号、微信小程序等形式开展在线查勘。在线查勘的工作要点如下：

（1）指引客户下载安装微信、APP 等手机软件，通过对操作方法耐心细致的讲解，让客户通过自助理赔模式，方便快捷地完成查勘，无须在现场等待查勘人员前往处理。

（2）接到客户提交的案件信息后，应及时进行在线审核后给予处理意见。

（3）告知客户理赔所需单证，指导客户进行在线提交，并及时审核。

（4）符合现场快速处理的赔案，与客户协商确定损失金额，并进入后续理赔流程。

（5）对因客户原因导致在线自助查勘中止的，应根据客户要求和案件情况，及时安排现场查勘或指引客户下一步操作。

（五）非现场查勘方式要点

（1）按照差异化标准提供不同的理赔服务。

（2）对于存在下列疑点的案件，在重点详细询问后，要求复勘事故出险现场，还要走访知情人核实情况：

①损失部位与报案叙述内容不符；

②损失部位附着物与报案叙述的接触物不符；

③损失部位痕迹形成与着力点走向不符；

④损失部位损伤程度与作用力度、碰撞关系不符。

（3）双车事故、多车事故，应分别向各当事人进行询问，对了解到的出险相关情况进行相互佐证，还要对各方车辆损失情况进行查勘，最后还原并核实出险经过。

（4）对于事故车到达修理厂后报案的案件，要重点查证以下事项：

①对于事故车前往非推荐修理厂后报案的案件，要对案件问询到底、查证到底。

②原则上，不受理修理厂代客户报案的案件，应要求客户配合当面了解出险相关情况。

③严控非推荐修理厂代客户报案的案件风险，应要求被保险人亲自报案并当面叙述出险相关情况，视情形复勘事故出险现场，严格查验证明、票据的真实性，认真核实案件的真实性。

（六）典型案件的风险查勘要点

汽车保险有些险种的保险责任保障范围除了一些交通事故外，还有水淹和火灾等特殊风险事故，这些特殊的风险事故在查勘过程中有一些特殊的查勘要点，主要包括以下几点：

（1）水淹车事故查勘前联系客户时应提醒客户不要尝试启动，有条件时，应断开蓄电池的连接线，并及时协助进行施救，查勘时应记录水淹的时间和水位线；

（2）火灾、自燃事故现场应注意车辆起火原因、是否因擅自改装、加装电器及设备导致被保险机动车起火；

（3）盗抢案件现场查勘应对报案人做好询问笔录，还应开展附近的走访工作，收集有价值的信息；

（4）对存在疑点的案件，应对事故真实性和出险经过进一步调查，可查找当事人和目击者进行调查取证，并做询问笔录，及时向上级报告，视情况移交案件稽查岗。

（5）对案件需要加扣免赔的情形和原因要向客户做耐心专业的解释。

（6）涉及货物损失的事故，须及时拍摄货物运单，记录货物的种类和总量，清点货物的损失数量。

（7）对于出险日期距起保日期或终保时间一个月以内的案件，加保车损险或增加三者险、车上人员责任限额等变更承保条件且出险日期距变更日期一个月以内的案件，应重点关注是否存在道德风险。

应区分不同的事故类型，耐心细致地告知客户相应的理赔流程，同时提醒客户各环节的注意事项。

五、查勘后系统操作和信息收集反馈要点

查勘后查勘人员要把查勘地相关信息录入保险公司理赔系统中，同时要对查勘获得的信息进行收集和核实。

（一）系统操作

1. 准确录入事故类型

（1）单方事故：发生保险事故时，仅发生本车及车上人员、财产损失的称为单方事故。

（2）双方以及多方事故：除本车以及本车上人员、财产损失之外还有其他损失，称为双方以及多方事故。

（3）其他：自然灾害、车身划痕、玻璃单独破碎等。

2. 准确录入事故责任比例

（1）机动车与机动车之间，按照各方在事故中承担的过错责任比例录入。

（2）机动车与非机动车、行人之间，按照机动车方在事故中承担的赔偿责任比例录入。

3. 有免赔条件的

有免赔条件的，应正确勾选免赔条件。

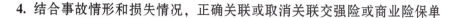

4. 结合事故情形和损失情况，正确关联或取消关联交强险或商业险保单

（二）收集反馈客户信息要点

1. 核实并收集被保险人信息

核实并收集被保险人信息并及时准确地录入系统，重点确认被保险人的手机号等有效联系信息。

2. 收集第三者车主信息

收集第三者车主信息，重点收集车型信息、车主姓名、联系电话等有效信息。

3. 反馈信息

将收集到的客户信息应按照相应的流程进行反馈并做好保密工作，不得公开收集到的客户信息，更不能用于他用。

任务实施

一、任务场景

理实一体化教室。

二、任务要求

1. 演练任务：认识并掌握现场查勘的工作内容。

2. 演练目的：围绕车险查勘员岗位，为学生后期从事相关岗位工作做好理论基础铺垫工作。

3. 演练内容：模拟汽车保险查勘服务过程。

三、任务分组

在这个任务中，采用分组实施方式进行，以 3 人为一组，小组成员进行角色分配，1 人扮演车主李女士，2 人扮演汽车保险查勘人员，模拟汽车保险查勘服务过程。

四、任务步骤

学生先在小组内循环进行模拟训练，选出优秀的一名学生，代表本组与其他组 PK。

任务描述：2021 年 12 月 1 日，李女士在某汽车 4S 店买了一辆家用代步车（吉利帝豪），同时也购买了交强险、车损险、商业三者险、车上人员责任险和部分附加险。2022 年 10 月 11 日，李女士在驾车行驶中和一辆直行的车辆相撞，车辆受损，于是在第一时间向交警报案，同时向保险公司报案，交警判定李女士和另外一名驾驶人员负有同等责任，保险公司接报案人员核实相关信息后，调度查勘人员到现场进行查勘定损，作为一名接受查勘的工作人员，学生需要完成查勘工作。

五、任务反思

1. 学生在完成任务过程中的收获和启示。

2. 学生在完成任务过程中的不足。

任务评价

汽车保险服务人员（事故车现场查勘）学习任务表现评分表如表6-3所示。

表6-3 学习任务表现评分表

序号	评价项目	分值	评价指标	自评（30%）	互评（30%）	师评（40%）
1	职业素养30分	5	小组分工明确，能够对学习任务内容及实施步骤进行精心准备			
		5	有团队意识、合作能力			
		5	能完成任务实施内容，能完成相关案例分析			
		5	成果展示内容充实，语言表达规范			
		5	任务反思逻辑完整，观点正确			
		5	有爱岗敬业的奉献精神			
2	专业能力60分	15	学习积极主动，态度认真，遵守教学秩序			
		15	掌握车险查勘的定义及概念 掌握现场查勘的工作流程和主要工作内容			
		15	能灵活应用知识点进行相关案例分析			
		15	对知识的理解把握具有自学意识与动手能力			
3	创新意识10分	10	有创新型思维和行动			
	总配分	100	总得分			
	综合评价					

项目六任务二
同步测试

任务三　事故车定损

任务描述

　　事故车辆维修方案的确定指的是定损人员填写受损部件的修换清单，其填写的完整性、全面性及真实性直接影响到受损车辆的理赔环节。因此，作为一名定损员，不仅要掌握定损的基本原则，还应具备汽车维修的相关专业知识、过硬的专业技能及良好的职业道德，只有这样，才能保证所制定的事故车的维修方案合理、无误，这也是衡量定损人员水平的一个重要标志。在保证汽车修理质量的前提下，用最小的成本完成受损部位的修复是定损人员评估受损汽车的原则。

思维导图

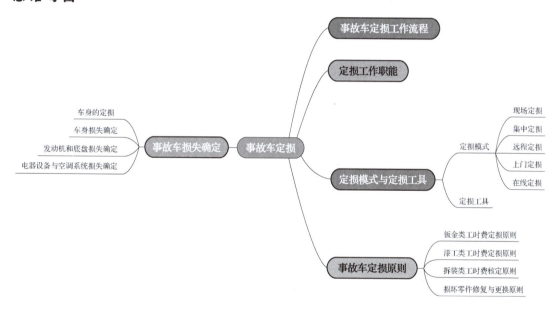

一、事故车定损工作流程

　　车险定损是理赔的关键环节，现场查勘后，已明确属于保险责任范围的，对受损物进行检验，确定其维修方式及价格。查勘重在确定是否属于保险责任，定损重在确定受损物的维修方式及价格。定损是一件复杂的工作，要按照一定的流程进行。

事故车定损
工作流程

二、定损工作职能

　　（1）查阅查勘记录、承保情况、历史出险记录。了解事故损失情况和查勘员查勘意见、损失所对应的险别及赔付限额、历史出险记录是否有损失情况类似的可疑案件。

　　（2）确定受损机动车和其他财产的损失情况，并对损失项目拍照。

（3）与客户协商确定修理方案，包括确定修理项目和换件项目，对需要询价、报价的零部件，向报价岗询价、报价，确定修理工时费；与保险事故有关各方协商修理费用，协商一致后签订"机动车辆保险车辆损失情况确认书"和"修理项目清单"。

（4）对需要核损的案件，提交核损岗核损。

（5）引导客户选择保险公司合作修理厂进行事故车辆维修。

（6）对修复车辆进行复检和损余回收，做好配件回收登记，填写"保险车辆损失配件回收清单"。

（7）确认施救费用。

三、定损模式与定损工具

（一）定损模式

各保险公司在选择定损模式时主要依据保险公司相关规定及客户意愿，结合登记的客户信息，合理确定定损模式，如现场定损、集中定损、远程定损、上门定损和在线定损等。

1. 现场定损

对于仅涉及小额车损、财产及人伤的案件，经现场查勘，责任清晰、损失明确且符合保险公司相关规定的，可进行事故现场定损处理，实现查勘定损一体化服务。

2. 集中定损

（1）对于符合当地简易快处条件的交通事故，可依据《道路交通事故处理程序规定》和当地交通管理规定引导事故当事人前往交通快速处理中心进行处理。

（2）对于当地保险行业或保险公司规定需要统一集中定损的案件，可依据相关规定引导客户前往集中定损中心进行处理。

（3）对于当地维修企业相对集中的区域设定了定损点，派驻了定损人员的，可以点带面，对受损车辆进行集中定损处理。

3. 远程定损

在已开通远程定损服务的地区，综合考虑事故损失的大小、车辆拆检难易程度以及客户意愿等相关因素后，引导客户就近选择远程拆检定损中心，定损人员通过视频工具进行远程定损操作。

4. 上门定损

对于现场无法定损的车辆，且客户不愿意采取其他定损方式的，可根据客户意愿约定修理地点定损。VIP客户发生车损事故时，可依据客户需求，前往双方约定地点上门定损。

5. 在线定损

在线定损是指客户使用自助理赔工具（保险公司APP、微信等），在保险公司理赔在线团队的指导下对受损车辆自助拍照上传，定损人员远程根据损失照片完成定损操作并反馈客户定损结果，实现事故车辆快速定损。该模式适用于普通客户或VIP客户且客户不要求现场查勘的小额案件，不适用于高风险客户、重大案件、代位求偿案件、夜间出险案件及保险公司认定的其他高风险、可疑案件。

（二）定损工具

各保险公司都会规定使用专用理赔服务工具，对受损车辆或财产进行定损拍照，在车险理赔系统中，对配件、工时和辅料等项目都可以标准化点选操作，并且对于不同情况具体使用什么定损工具有相应的规定，主要有以下几种：

（1）对于使用移动定损服务工具的案件，按照保险公司移动查勘定损系统操作实务要求进行现场拍照和标准化定损，实时出具定损结果。

（2）对于使用手机自助理赔或微理赔服务工具的案件，按照保险公司手机自助理赔操作实务要求实时做好照片和信息的审核，在线完成定损并反馈客户。

（3）对于使用远程定损服务工具的案件，按照保险公司车险远程定损工作流程及操作要求进行规范操作，做到定损结果立等可取。

（4）对于不适合现场定损的案件，按照保险公司规定对受损车辆或财产进行拍照、定损，并在理赔系统中录入定损相关信息。

四、事故车定损原则

（一）钣金类工时费定损原则

1. 一般车型

一般车型按损坏程度及损坏面积，并结合修复部位的难易程度来核定修理工费。

2. 特殊车型

价值较高的车型或老旧车型，当外观件、车身骨架及大梁等变形严重时，可以与客户和修理厂协商，修理工时费可按该配件价格的20%~50%核定。

（二）漆工类工时费定损原则

（1）油漆工时费是指油漆材料费、油漆辅料费及油漆人工费之总和。

（2）塑料件、亚光饰件、金属漆及变色漆在工费核定时可按10%~20%比例上浮。

（3）大型客车按单位面积核定工费。

（4）轿车及小型客车按幅（每车13幅）核定工时费。

（三）拆装类工时费核定原则

（1）一般原则：按照拆装的难易程度及工艺的复杂程度核定工时费。

（2）单独拆装单个零件按单件计算人工。

（3）拆装某一零件必须先拆掉其他零件，则需要考虑辅助拆装的工费。

（4）拆装机械零件和电器零件，需要适当考虑拆装后的调试或测试费用。

（5）拆装覆盖件及装饰件，一般不考虑其他工时费。

（6）检修ABS（汽车防抱死制动系统），需确认维修方法，一般拆车轮30元/轮。

（7）检修线路或电器元件另外计算拆装费。

（8）拆装座椅如含拆气囊，工时费用可适当增加。

（9）拆装方向机工时应按照车型调整。

（10）吊装发动机的，应计算发动机吊装费用。

（11）当更换项目较多时（≥10 项），可以按 30~50 元/项统一计算总拆装费用。

（四）损坏零件修复与更换原则

1. 修复与更换的原则

损坏零件的修复或更换，一般应按照"损坏件能否修复、安全件是否允许修复、工艺上是否可以修复、是否有修复价值"的原则来确定。

2. 材料更换依照保险的基本原理"补偿原则"确定

（1）一般情况下，应更换正厂配件；

（2）如损坏件本身不是正厂配件，则以配套零件更换；

（3）稀有、老旧、高档车型的配件，更换标准应从严掌握；部分老旧车型，可与客户和修理厂协商，以拆车件更换。

五、事故车损失确定

（一）车身的定损

车辆的车身在碰撞、剐蹭和倾覆等交通事故或意外事故中，是受损最严重的部分，车身覆盖件及其他构件会发生局部变形，严重时车架或整体车身都会发生变形，使其形状和位置关系不能符合制造厂的技术规范，这不仅影响美观，还会影响车身与汽车上其他总成的安装关系，使车辆不能正常行驶。因此必须对其进行矫正和修复，有些零部件和总成需要更换。对于保险车辆，这笔费用必须由保险人按保险合同的规定承担，这要求有相对准确的计算依据，正确核定车身的损伤情况，要做好车身的定损和维修费用的评估工作，需要具有一定的车身修复经验，要求定损人员对车身的构造，尤其是车身的结构和碰撞，对车身的影响应有充分的认识。

1. 车身碰撞损伤的鉴定注意事项

可扫描二维码查看。

车身碰撞损伤的
鉴定注意事项

2. 车身碰撞损伤的鉴定步骤

（1）了解车身的结构类型。

（2）目测确定碰撞部位，确定碰撞方向及碰撞力大小，并检查可能造成的损伤。

（3）确定损伤是否限制在车身范围之内，是否还包含功能部件或其他零部件（如车轮与悬架、发动机与附件等）。

（4）沿碰撞路线全面检查零部件的损伤，一直检查到没有任何损伤痕迹的位置为止。如立柱的损伤可通过检查车门的配合状况来确定。

（5）测量主要零部件，通过比较维修手册上车身尺寸图表的标的尺寸和实际尺寸来检查车身是否变形。

（6）用适当的工具或仪器检查悬架和整个车身的损伤情况。

（二）车身损失确定

1. 保险杠损失确定

当汽车发生正面碰撞（含追尾）时，保险杠支架、骨架可能发生变形，保险杠面罩（大多为塑料件）可能发生擦伤、撕裂、断裂、凹陷等损坏。对于保险杠支架、骨架一般变形（含中度变形的），可采取修复校正方法处理。但对于极个别变形很严重的，因涉及安装尺寸，要考虑更换。对于保险杠面罩，如发生轻微擦伤、撕裂、凹陷变形的，可采用塑焊方法进行处理，并保证外观不能有明显痕迹。特别是高档轿车，一般情况下不得更换。

2. 发动机罩损失确定

一般机动车辆的正面碰撞以及侧前斜交碰撞都会不同程度地引起发动机罩变形，尤其是正面碰撞导致发动机罩变形的程度会更大，通常轿车发动机罩由蒙皮和内加强筋两部分组成，轻微碰撞时，因变形部位不受内加强筋限制，钣金操作的，可不必将蒙皮和内加强筋剥离，对于碰撞较严重且整形操作受影响的，则必须将蒙皮与内加强筋剥离后进行整形修复，相对来讲，作业难度及工作量要大，在定损时应考虑工时费用的区别。

一般情况下，大多数正面碰撞，发动机罩都可进行修复处理，除非特别严重的正面碰撞，否则不能轻易更换。

3. 前翼子板损失确定

前翼子板的结构相对发动机盖要简单一点，一般正面碰撞和斜交碰撞对翼子板的损坏程度都不会十分严重，基本上都可采取修复方法进行处理。但严重的斜交碰撞有可能造成翼子板报废，同时也会殃及前轮罩，此部分的定损分析将在前纵梁和挡泥板部分叙述。对于严重的正面碰撞，翼子板的前部损伤会十分严重，一般轿车此部分几何形状较为复杂且牵涉到与前大灯以及前面罩的安装、配合，遇有严重死褶或撕裂破碎的，难以恢复原来几何形状的，可以考虑更换。

4. 前围损失确定

轿车前围部分的结构、形状都比较复杂，它是由前风窗与机盖过渡板、雨水收集盒、散热器框架、焊接件总成、电瓶框架、机舱隔板等组成的，前围在车身结构中，位置处在前部，当汽车发生正面、侧面碰撞时，都会造成前围不同程度的变形。变形程度取决于碰撞力的大小。当汽车发生正面碰撞时，首先发生变形的就是散热器框架。

5. 前纵梁和挡泥板损失确定

（1）当汽车发生正面碰撞、侧面斜交碰撞时，往往会造成双边纵梁或单边纵梁弯曲变形，较大的碰撞还可能造成弯折或破损，前纵梁在车体的结构中起着相当重要的作用，它与汽车的承载、转向、传动、行驶等息息相关。前纵梁的变形会造成车体的扭变，轻度变形会影响汽车的行驶。前纵梁的变形，一般用眼观就可以断定。

（2）挡泥板在轿车前部左右两侧，与前纵梁焊接成为一体，也可以说是轿车前部的一个骨架组合件。它与前纵梁配合，是一个多功能的部件。当汽车发生正面碰撞或侧面碰撞时，都能使挡泥板产生不同程度的变形，当汽车发生正面碰撞时，会造成前纵梁支撑及挡泥板前部变形，一般都采用整形修复处理。

6. 车身支撑件损失确定

车身支撑件包括左右侧前柱、左右侧中柱、左右侧后翼子板三角窗框架等部位。这些支撑件的构造是由内、外板组合而成的一个单元体。它的作用是连接其他部件组成一个适合的空间，应满足汽车内部的各种装饰，它是轿车中部的骨架。当汽车发生正面碰撞时，一般来说对此部位的影响不大，如果碰撞严重，也只能造成立柱的变形，但如果汽车是侧面碰撞或倾覆，则会造成前柱、中柱、后翼子板三角窗框架受损变形。其受损程度，与碰撞力的大小相关。

7. 车门损失确定

车门总成在车桥结构中是最关键的部件之一。车门的结构是由窗框、外板、外加强板、加强板、车门内板及其他附件组合而成的。在汽车碰撞事故中，造成车门变形、破损的主要原因是该车被侧面碰撞或倾覆。一般情况下，碰撞比较容易造成车门的中下部变形破损，而倾覆则容易造成车门的中上部变形破损。一般轻度的擦碰，只能伤及车门的门皮。如果碰撞严重，不但会造成门皮的凹变、破裂，还会触及车门骨架及其组合附件的变形、损坏。

8. 后翼子板损失确定

轿车的后翼子板形体构造较为复杂，它与轿车后部焊接成一体，前上部为侧窗框架，中上部为后窗玻璃框架，前部为后门锁框架。后翼子板的碰撞一般来自开车人在倒车时麻痹大意撞上某些物体，这种碰撞一般变形不大，只是后翼子板侧角造成凹陷变形；追尾碰撞，这种碰撞所造成的变形、破裂比较严重；侧面碰撞，这种碰撞一般是后翼子板严重变形，涉及后翼子板侧窗框架、后窗玻璃框架及门锁框架；会车、超车时的擦碰，这种碰撞造成的变形程度不会太大，只是在表面上造成擦伤；还有车辆倾覆，也会造成后翼子板损坏变形。后翼子板受严重碰撞之后，由于检查的部位较多，因此要求定损核价人员认真仔细，对事故碰撞所涉及的相关部位都要仔细查看，做到不漏项，以保证修复后的车辆能够正常行驶。

9. 后围损失确定

后围与左、右后翼子板尾部焊接，下部与行李箱底板焊接。后围的结构比较简单，碰撞变形后的恢复较容易。后围的碰撞通常由以下原因造成：

（1）在倒车时未发现后面的障碍，盲目倒车，致使后围遭受碰撞造成损坏变形。

（2）其他车辆的追尾碰撞造成后围的凹变。后围的变形，如碰撞严重，一般用眼即可看到变形程度；若轻微碰撞，可用行李箱盖的锁机构进行试验，如果行李箱盖锁与后围锁架连接不上或连接困难，说明后围有轻度变形。

10. 车顶损失确定

车顶由车顶蒙皮与骨架组成，从形状上看，它是一个曲线完美的抛物线体，它在轿车附件中是一个较大的整体冲压件。车顶本身结构并不复杂，但在车身中却起着许多关键性的作用。它的前部与前立柱焊接，侧部与中立柱焊接，后部与后翼子板上部焊接，是轿车主要附件的连接中心。车顶本身结构比较薄弱，轿车壳内上部有一加强筋给予支撑，所以轻微的直接碰撞都会造成车顶凹变。

11. 车身底板损失确定

汽车发生碰撞、倾覆时，对车身底板来说，一般不会出现较大的变形。因为车身底板的位置在汽车底部，前面有前围的保护，侧面有车门、立柱及地板边梁的保护，后面有后箱底板保护，车身底板处于中央位置。此外，车身底板的结构比较特殊，其周边是框架结构，它的平面冲压加强筋密布，表面又增加了十字形骨架。因此，除非严重碰撞，车身底板一般不会造成变形。若造成车身底板变形，其原因大概有以下几种：

（1）汽车发生正面碰撞，碰撞力通过前纵梁的根部传递给车身底板，使车身底板前部变形。

（2）汽车发生正面碰撞时，发动机变速器严重后移，造成车身底板前部变形。

（3）汽车侧面受外来力的巨大冲击，造成底板边梁及车身底板的侧面变形。

（4）汽车前、后被其他车辆碰撞的夹击力，促使车身底板的拱变。

（5）汽车车身底部碰撞异物，造成车身底板的局部变形、破裂。

（6）汽车的严重倾覆造成车身底板的变形。

当汽车发生碰撞、倾覆后，可将汽车举升查看，以便准确鉴定车身底板是否有变形。

12. 行李箱盖损失确定

行李箱盖的变形和破损一般来自两个方向的碰撞：一个是从后侧部的碰撞；另一个是从尾部的正面碰撞。侧部碰撞的话，行李箱盖一般只是轻度变形或者移位；正面碰撞的话，行李箱盖变形、拱曲以及破损会比较严重。

（三）发动机和底盘损失确定

车辆发生碰撞、倾覆等交通事故，车身因直接承受撞击力而造成不同程度的损伤，同时由于波及、诱发和惯性的作用，发动机和底盘各总成也存在着受损伤的可能。但由于结构的原因，发动机和底盘各总成的损伤往往不直观，因此，在车辆定损查勘的过程中，应根据碰撞力的传播趋势认真检查发动机和底盘各总成的损伤。

1. 发动机损失确定

汽车的发动机，尤其是小型轿车和载重汽车的发动机，一般布置于车辆前部发动机舱。车辆发生正面碰撞事故，不可避免地会造成发动机及其辅助装置的损伤。对于后置发动机的大型客车，当发生追尾事故时，有可能造成发动机及其辅助装置的损伤。

一般发生轻度碰撞时，发动机基本上不会损伤，当碰撞强度较大，车身前部变形较严重时，发动机的一些辅助装置或覆盖件会受到波及和诱发的影响而损伤，如空气滤清器总成、蓄电进排气歧管、发动机外围各种管路、发动机支撑座及胶垫、冷却风扇等，尤其对于现代轿车，发动机舱的布置相当紧凑，还可能造成发电机、空调压缩机、转向助力泵等总成及管路和支架的损坏。比较严重的碰撞事故、发动机进水或直接拖底时，可能导致发动机损坏。更严重的碰撞事故会波及发动机内部的轴类零件，致使发动机缸体的薄弱部位破裂，甚至使发动机报废。

在检查发动机损伤时，应注意详细检查有关支架所处发动机缸体部位有无损伤，因为这些部位的损伤不易发现。发动机的辅助装置和覆盖件损坏，可以直接观察到，可以采用就车拆卸、更换和修复的方法。若发动机支撑和基础部件损坏，则需要拆下发动机进行维修。当怀疑发动机内部零件有损伤或缸体有破裂时，需要对发动机进行拆解检验和维修。必要时应进行零件隐伤检查，但应正确区分零件隐伤的原因。

2. 底盘损失确定

底盘主要包括悬架系统、转向系统、制动系统和变速器及离合器。其中悬架是车架与车桥之间的一切传力装置的总称。由于悬架直接连接着车架和车桥，其受力情况十分复杂，在碰撞事故中，悬架系统经常会受到严重的损伤，致使前轮定位失准，影响车辆正常行驶。车辆遭受碰撞事故时，悬架系统由于受到车身或车架传导的撞击力，悬架弹簧、减震器、悬架上支臂、悬架下支臂、横向稳定杆和纵向稳定杆等元件会受到不同程度的变形和损伤，悬架系统元件的变形和损伤往往不易直接观察到，在对其进行损伤鉴定时，应借助检测设备和仪器进行必要的测量及检验，且这些元器件的损伤一般不宜采用修复方法处理，应更换新件。

转向系统的技术状况直接影响着行车安全，而且由于转向系统的部件都布置在车身前部，因此，需要通过转向传动机构将转向机与前桥连接在一起。当发生一般的碰撞事故时，撞击力不会波及转向系统元件；但当发生较严重的碰撞事故时，由于波及和传导作用，会造成转向横拉杆、转向机、转向节等的损伤；更严重的碰撞事故，会造成驾驶室内转向杆调整机构的损伤。

车辆制动性能下降会导致交通事故，造成车辆损失。车辆发生碰撞事故时，同样会造成制动系统部件的损坏。对于普通的制动系统，在碰撞事故中，由于撞击力的波及和诱发作用，往往会造成车轮制动器的元器件及制动管路损坏。这些元器件的损伤程度需要进一步的拆解检验。对于装有 ABS 系统的制动系统，在进行车辆损失鉴定时，应对某些元件进行性能检验，如 ABS 轮速传感器、ABS 制动压力调节器。管路及连接部分的损伤可以直接检查。

变速器及离合器总成与发动机组装为一体，并作为发动机的一个支撑点固定于车架上，变速器及离合器的操纵机构又都布置在车身底板上。因此，当车辆发生严重碰撞事故时，由于波及和诱发的原因，会造成变速器及离合器的操纵机构受损、变速器支撑部位壳体损坏以及飞轮壳断裂损坏。这些损伤程度的鉴定，需要将发动机拆下进行检查鉴定。

（四）电器设备与空调系统损失确定

1. 电器设备损失确定

汽车电器设备包括电源部分和用电部分，电源部分有蓄电池、发电机和调节器；用电部分有启动机、点火系、照明装置和辅助设备等。

车辆碰撞会直接撞击电器设备及零件，造成电器零件壳体变形、断裂等直接损坏。正确判断电器部件的损坏范围，并确定可修复和报废的界限是理赔定损的关键。

1）蓄电池

汽车蓄电池一般安装在发动机盖里，驾驶员座位下或车架纵梁外侧，当蓄电池直接受撞击时，有可能造成如下损坏：

（1）蓄电池外壳产生裂纹或破裂，致使电解液溢出，根据裂缝的部位和程度，确定对壳体进行修补或单独更换外壳。

（2）连接板断裂，可进行焊接。

（3）极柱折断，可将折断处清洗干净，重新焊接。

（4）极板组因碰撞变形，活性物质脱落，可更换单格极板组。

2）发电机

发电机一般安装在发动机机体前部的侧面。当车辆发生碰撞时容易造成发电机如下损坏：

（1）发电机皮带盘破裂或变形。皮带盘破裂的，一般应予以更换。

（2）发电机外壳破裂。凡发生外壳体劈裂的，一般应予以更换。

（3）前、后端盖支臂螺孔处断裂。发生断裂的，可进行修焊处理。

3）启动机

启动机安装在发动机后侧飞轮壳上，一般事故不会使其受损，只有当车辆严重碰撞造成飞轮壳受损或启动机本身遭受直接撞击时，才可能使启动机部分零件造成如下损坏：

（1）驱动机构的驱动齿轮变形、牙齿断裂，应更换齿轮。

（2）后端盖因碰撞断裂，应更换。

（3）电枢轴弯曲，可进行校正处理。

（4）气动开关变形损坏。

（5）推动离合机构的传动叉因碰撞变形，可拆下校正，但校正后应摆动灵活，工作可靠。

4）照明装置

照明装置在碰撞中首当其冲极易损坏。对灯罩破裂的，如有灯罩配件，可更换灯罩；无灯罩但有半总成的，可更换半总成；对于灯具底座破裂的，可采取塑焊修补方法处理。

5）仪表板

在碰撞事故中极易造成仪表台面挤压弯折或破裂。对于台面轻微弯折或破裂的，可采取塑工处理；对于台面内支架破裂的，可进行塑焊处理；对于有组合部件损坏的，可更换部分组件；对于仪表损坏的，可单独更换仪表；对于仪表未损坏，而仪表台面严重损坏的，可单独更换仪表台面。仪表台总成一般价值都较高，轻易不得更换。

2. 空调系统的损失确定

汽车空调系统包括冷凝器、制冷压缩机、干燥瓶、蒸发箱、鼓风机、储液罐、暖气水箱等。

1）冷凝器

冷凝器与水箱一起安装在水箱框架上，一般的正面碰撞极易造成冷凝器损坏，对于冷凝器轻度弯曲变形的，可采用校正的方法处理，严重变形或破漏的，一般应予更换。对冷凝器外部连接的空调管道直接撞击弯折、破裂的，一般应予以更换。

2）制冷压缩机

制冷压缩机的损坏一般表现为皮带盘变形、压缩机轴弯曲变形、压缩机壳体破裂、压缩机压管接头损坏等。皮带盘轻微变形的，可采取校正方法处理，严重变形的，可更换皮带盘。

3）干燥瓶

干燥瓶遭受碰撞损坏时，一般采取更换处理，但干燥瓶连接管道损坏时，只需更换连接管，不必更换干燥瓶总成。

4）蒸发箱与鼓风机

蒸发箱与鼓风机在碰撞过程中极易遭受挤压致使壳体破碎，如果壳体局部破碎，可采取塑料焊接方法处理，但对于壳体大面积破碎的，亦可更换壳体。

任务实施

一、任务场景

理实一体化教室。

二、任务要求

1. 演练任务：认识并掌握事故车定损的工作内容。

2. 演练目的：围绕车险定损员岗位，为学生后期从事相关岗位工作做好理论基础铺垫工作。

3. 演练内容：模拟汽车保险定损服务过程。

三、任务分组

在这个任务中，采用分组实施方式进行，以 4 人为一组，小组成员进行角色分配，1 人扮演车主李女士，2 人扮演汽车保险定损人员，1 人扮演 4S 店事故接待员，模拟汽车保险定损服务过程。

四、任务步骤

学生先在小组内循环进行模拟训练，选出优秀的一名学生，代表本组与其他组进行 PK。

任务描述：2021 年 12 月 1 日，李女士在某汽车 4S 店购买了一辆家用代步车（吉利帝豪），同时也购买了交强险、车损险、商业三者险、车上人员责任险和部分附加险。2022 年 10 月 11 日李女士在驾车行驶中和一辆直行的车辆相撞，车辆受损，于是在第一时间向交警报案，同时向保险公司报案，交警判定李女士和另外一名驾驶人员负有同等责任，保险公司接报案人员核实相关信息后，调度查勘人员到现场进行查勘，对于非轻微事故的损失，还需要定损人员及时定损，作为一名接受定损的工作人员，学生要完成定损工作。

五、任务反思

1. 学生在完成任务过程中的收获和启示。

2. 学生在完成任务过程中的不足。

任务评价

汽车保险服务人员（事故车定损）学习任务表现评分表如表 6-4 所示。

表 6-4　学习任务表现评分表

序号	评价项目	分值	评价指标	自评（30%）	互评（30%）	师评（40%）
1	职业素养 30 分	5	小组分工明确，能够对学习任务内容及实施步骤进行精心准备			
		5	有团队意识、合作能力			
		5	能完成任务实施内容，能完成相关案例分析			
		5	成果展示内容充实，语言规范			
		5	任务反思逻辑完整，观点正确			
		5	有遵纪守法的法律意识			
2	专业能力 60 分	15	学习积极主动，态度认真，遵守教学秩序			
		15	掌握车险定损的定义及概念 掌握定损的工作流程和主要工作内容			
		15	能灵活应用知识点进行相关案例分析			
		15	对知识的理解把握具有自学意识与动手能力			
3	创新意识 10 分	10	有创新型思维和行动			
总配分		100	总得分			
综合评价						

项目六任务三
同步测试

任务四　事故车赔款理算

任务描述

　　赔款理算岗隶属于赔款理算部门，理算人员根据被保险人提供的经审核无误的有关费用单证，对交强险、商业险及施救费用等分别计算赔款金额，并将核定计算结果及时通知被保险人。因此，作为一名理算人员，不仅要掌握赔款理算的基本方法和原则，还应具备财务分析的相关专业知识、过硬的专业技能及良好的职业道德，这样才能保证所计算的赔款金额方案合理、无误，这也是衡量理算人员水平的一个重要标志。

思 维 导 图

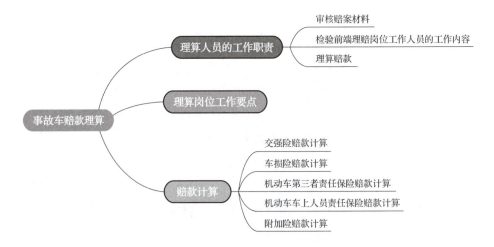

任 务 知 识

一、理算人员的工作职责

（一）审核赔案材料

1. 收集理赔所需各类单证

在收集单证时要根据损失类型和《机动车辆保险理赔行业标准化单证》收集理赔所需的各类单证，且只能根据本地情况在此单证范围内进一步简化单证。除当地政府和行业特殊要求外，各级分支机构不得在此基础上增加索赔单证；凡是要求增加单证的，必须由所属省级分公司上报总公司理赔事业部审批。

2. 认可单证无纸化

在收集单证时，除从外部获得的重要证明材料（如法院判决书、交警事故责任认定书、客户签字确认的证据文件及其他材料）必须留存纸质原件外，其他赔案资料（被保险人身份证明、行驶证、驾驶证、银行卡、客户签字的损失确认书、现场照片、损失照片及其他资料）在查验原件后以拍照或扫描等形式上传电子文档并存储于理赔系统，不再另行留存纸质材料。

3. 防止单证虚假

加强维修发票差异化风险管理。对于客户到公司推荐修理厂维修的，加强与修理厂的协作，尽量直接与修理厂交接维修发票；发现推荐修理厂弄虚作假的，实行一票否决制。除公司与推荐修理厂直接交接的维修发票之外，应重点进行发票验真，尤其是到非公司推荐修理厂维修车辆的，或维修金额在 2 000 元以上的案件。

4. 代位求偿案件理赔资料共享

涉及代位求偿案件的索赔单证收集，按照行业机动车损失险代位求偿操作实务的相关要求，代位方与责任对方保险公司及时沟通，共享索赔资料。

（二）检验前端理赔岗位工作人员的工作内容

理算是汽车保险理赔工作中的重点内容，需要前期工作人员配合，也是对前期工作内容的一个检验过程。理算人员要核对前端理赔岗位人员理算的相关数据是否录入准确，对定损录入数据有误的案件提出修改意见；同时要对单证收集岗的案件质量进行评分。

（三）理算赔款

对资料齐全的赔案，按照规定时效及时进行理算，并保证数据录入的准确性和完整性。

二、理算岗位工作要点

理算人员按照公司理算要求开展理算工作，主要的工作要点如下：

（1）资料收集环节发起理算任务后，由理算人员接收任务并缮制计算书；

（2）交强险支付/垫付、商业险预付案件，单证收齐发起理算任务后，由理算人员进行计算书处理。生成理算结果后，理算人员核对各项费用计算结果是否准确，确认无误后提交核赔；

（3）理算过程中发现单证资料不符合理算条件的，退回资料收集人员处理；

（4）理算时，属于代位求偿的案件，应准确计算向车损险被保险人代位赔付金额及代位赔付后应分别向责任对方保险公司或责任对方追偿的金额；

（5）对应发起追偿任务但未发起的案件，发起追偿任务。

三、赔款计算

（一）交强险赔款计算

保险人在交强险各分项赔偿限额内，对受害人死亡伤残费用、医疗费用、财产损失分别计算赔偿。

1. 基本计算公式

总赔款 =∑受害人各分项损失赔款

　　　　=受害人死亡伤残费用赔款 + 受害人医疗费用赔款 + 受害人财产损失赔款

　　　　受害人各分项损失赔款 = 受害人各分项核定损失承担金额

各分项核定损失承担金额超过各分项赔偿限额的，按各分项赔款限额计算赔款。

2. 保险事故涉及多个受害人的

（1）受害人死亡伤残费用赔款。

　　　　受害人死亡伤残费用赔款 =∑各受害人死亡伤残费用核定承担金额

∑各受害人死亡伤残费用核定承担金额大于或等于交强险死亡伤残赔偿限额的，按死亡伤残赔偿限额计算赔偿。

（2）受害人医疗费用赔款。

　　　　受害人医疗费用赔款 =∑各受害人医疗费用核定承担金额

∑各受害人医疗费用核定承担金额大于或等于交强险医疗费用赔偿限额的，按医疗费用赔偿限额计算赔偿。

（3）受害人财产损失赔款。

$$受害人财产损失赔款 =\sum 各受害人财产损失核定承担金额$$

$\sum$ 各受害人财产损失核定承担金额大于或等于交强险财产损失赔偿限额的，按财产损失赔偿限额计算赔偿。

3. 保险事故涉及多个肇事机动车的

各被保险机动车的保险人分别在各自的交强险责任限额内承担赔偿责任。

（1）交通管理部门已确定保险事故各方机动车在交强险项下所承担的赔偿责任时，按照交通管理部门确定的责任，在交强险各分项赔偿限额内计算。

各分项核定损失承担金额等于交通管理部门确定的被保险机动车对事故中所有受害人承担的各分项损失之和。

（2）交通管理部门未确定保险事故各方机动车在交强险项下所承担的赔偿责任时，按各被保险机动车对各受害人的各分项损失平均分摊的原则计算赔款。

应根据损失类别分别计算：

①对于机动车、机动车上人员、机动车上财产损失。

$$各分项核定损失承担金额 =\sum \left[各受害人的各分项损失金额/(N-1) \right]$$

②对于非机动车、非机动车上人员、行人、机动车外财产损失。

$$各分项核定损失承担金额 =\sum \left(各受害人的各分项损失金额/N \right)$$

注：

Ⅰ. N 为事故中所有肇事机动车的辆数。

Ⅱ. 肇事机动车中有未投保交强险的，视同投保机动车计算。

Ⅲ. 所有受害人指除被保险人以外的所有事故方。

4. 事故中所有受害人的分项核定损失承担金额之和超过交强险相应分项赔偿限额的

事故中所有受害人的分项核定损失承担金额之和超过交强险相应分项赔偿限额的，各受害人在各分项限额内应得到的交强险赔偿金额为：

$$对某一受害人的分项赔偿金额 = 分项赔偿限额 \times （事故中某一受害人的$$
$$分项核定损失承担金额/事故中所有受害人的分项核定损失承担金额之和）$$

5. 受害人财产损失需要施救的

受害人财产损失需要施救的，财产损失赔款与施救费用累计不超过财产损失赔偿限额。

6. 车主和挂车在连接使用时发生交通事故的

车主和挂车在连接使用时发生交通事故的，保险人分别在车主和挂车的交强险责任限额内计算赔偿。

若交通管理部门未确定主车和挂车应承担的赔偿责任，按主车和挂车对各受害人的各分项损失平均分摊的原则计算赔款。

主车与挂车互碰，分别属于不同车主的，按互为第三者的原则处理。

7. 被保险机动车投保 1 份以上交强险的

被保险机动车投保 1 份以上交强险的，保险期间起期在前的保险合同承担赔偿责任，起期在后的不承担赔偿责任。

8. 对被保险人依照法院判断或者调解承担的精神损害抚慰金

对被保险人依照法院判断或者调解承担的精神损害抚慰金，原则上在其他赔偿项目足额赔偿后，在死亡伤残赔偿限额内赔偿。

（二）车损险赔款计算

1. 被保险机动车发生全部损失时的赔款计算

（1）如果被保险人申请常规索赔方式（即非代位求偿方式），按以下公式计算：

$$车损险赔款 = 保险金额 - 绝对免赔额$$

（2）如果被保险人申请车损险代位求偿索赔方式，按以下公式计算：

$$车损险赔款 = 保险金额 - 被保险人已从第三方获得的赔偿金额 - 绝对免赔额 =$$
$$（保险金额 - 被保险人已从第三方获得的车损赔偿金额）×（1 - 绝对免赔率之和）$$
$$施救费赔款 =（核定施救费 - 被保险人已从第三方获得$$
$$的施救费赔偿金额）×（1 - 绝对免赔率之和）$$

其中，核定施救费 = 施救费用 × 本保险合同保险财产的实际价值/总施救财产的实际价值，最高不超过车损险的保险金额（下同）。

2. 被保险机动车发生部分损失时的赔款计算

被保险机动车发生部分损失，保险人按实际修复费用在保险金额内计算赔偿。

（1）如果被保险人申请常规索赔方式（即非代位求偿方式），按以下公式计算：

$$车损险赔款 = 实际修复费用 - 绝对免赔额车损赔款 =（实际修复费用 - 交强险应赔付$$
$$本车损失金额）× 被保险机动车事故责任比例 ×（1 - 绝对免赔率之和）$$
$$施救费赔款 =（核定施救费 - 交强险应赔付本车施救费金额）× 被保险机动车$$
$$事故责任比例 ×（1 - 绝对免赔率之和）$$

（2）如果被保险人申请车损险代位求偿索赔方式，按以下公式计算：

$$车损险赔款 = 实际修复费用 - 绝对免赔额车损赔款 =（实际修复费用 - 被保险人$$
$$已从第三方获得的车损赔偿金额）×（1 - 绝对免赔率之和）$$
$$施救费赔款 =（核定施救费 - 被保险人已从第三方获得$$
$$的施救费赔偿金额）×（1 - 绝对免赔率之和）$$

3. 代位求偿方式下车损险赔付及应追偿赔款计算

车损险被保险人向承保公司申请代位求偿索赔方式时，承保公司应先在车损险及附加险项下按代位求偿索赔方式计算出总赔款金额并支付给被保险人，然后向各责任对方分摊应追偿金额；责任对方投保了交强险、机动车第三者责任保险时，代位公司先向责任对方的保险公司进行追偿（即行业间代位追偿），不足部分向责任对方进行追偿。

（1）车损险承保公司代位赔付后，按以下方式计算和分摊应向责任对方追偿的代位赔款金额：

$$应追偿代位赔款金额 =（代位求偿方式下车损险总赔款金额 -$$
$$按常规索赔方式车损险应赔付金额）×（1 - 绝对免赔率）$$

应追偿代位赔款金额向各责任对方计算分摊追偿金额时，应遵循以下原则：一是先交强险、后商业险；二是交强险赔款计算按行业交强险理赔实务规程执行，按照有责、无责分项限额计算；三是超出交强险部分，按各责任对方的事故责任比例，分别计算向各责任对方的追偿金额。

①代位方首先向责任对方的交强险承保公司进行追偿。应向某一责任对方交强险追偿金额等于按照行业交强险理赔实务计算出的该责任对方交强险应承担本车损失的赔偿金额。

②超出交强险财产分项限额部分的，责任对方投保机动车第三者责任保险的，代位方向责任对方的商业第三者责任险承保公司进行追偿。

代位方应追偿代位赔款金额减去应向各责任对方交强险追偿金额后，按各责任对方的事故责任比例，分别计算向各责任对方的追偿金额。

③如果在责任对方的保险责任范围内追偿后，不足以偿付代位方应追偿金额，代位方可继续向责任对方追偿。

（2）车损险被保险人从代位保险公司得到赔款后，就未取得赔偿的部分可以继续向责任对方进行索赔。

（三）机动车第三者责任保险赔款计算

（1）当（依合同约定核定的第三者损失金额 − 交强险的分项赔偿限额）×事故责任比例等于或高于每次事故赔偿限额时，赔款为：

$$赔款 = 每次事故赔偿限额$$

（2）当（依合同约定核定的第三者损失金额 − 交强险的分项赔偿限额）×事故责任比例低于每次事故赔偿限额时，赔款为：

$$赔款 = （依合同约定核定的第三者损失金额 − 交强险的分项赔偿限额）×事故责任比例$$

（3）主挂车赔款计算。

①主车和挂车连接使用时视为一体，发生保险事故时，由主车保险人和挂车保险人按照保险单载明的机动车第三者责任保险责任限额的比例，在各自的责任限额内承担赔偿责任。

$$主车应承担的赔款 = 总赔款×［主车责任限额/（主车责任限额 + 挂车责任限额）］$$

$$挂车应承担的赔款 = 总赔款×［挂车责任限额/（主车责任限额 + 挂车责任限额）］$$

挂车未投保商业险的，不参与分摊在商业三者险项下应承担的赔偿金额。

②挂车未与主车连接时发生保险事故，在挂车的责任限额内承担赔偿责任。

（四）机动车车上人员责任保险赔款计算

（1）每次事故每座受害人的赔款分别计算，最高不超过每次事故每座受害人的赔偿限额。

①对每座的受害人，当（依合同约定核定的每座车上人员人身伤亡损失金额 − 应由交强险赔偿的金额）×事故责任比例大于或等于每次事故每座赔偿限额时，每次事故每座受害人赔款为：

$$每次事故每座受害人赔款 = 每次事故每座赔偿限额$$

②对每座的受害人，当（依合同约定核定的每座车上人员人身伤亡损失金额 − 应由交

强险赔偿的金额）×事故责任比例小于每次事故每座赔偿限额时，每次事故每座受害人赔款为：

　　　　每次事故每座受害人赔款=（依合同预定核定的每座车上人员人身伤亡损失金额-

　　　　　　　　　　　　应由交强险赔偿的金额）×事故责任比例

（2）每次事故赔偿金额=每次事故每座受害人赔款之和。

①应由交强险赔偿的金额等于每座受伤人员通过除本车外其他肇事车辆交强险得到的赔款之和。

②对当乘客的受害人超过承保的乘客座位数时，应以投保的座位数为限。

（五）附加险赔款计算

1. 新增加设备损失赔款计算

本附加险每次赔偿的免赔约定以车损险条款约定为准。

（1）当新增加设备实际修复费用等于或高于新增设备损失险保险金额时，赔款为：

　　　　赔款=（保险金额-被保险人已从第三方获得的赔偿金额）-绝对免赔额

（2）当新增加设备实际修复费用小于新增加设备损失险保险金额时，赔款为：

　　　　赔款=（实际修复费用-被保险人已从第三方获得的赔偿金额）-绝对免赔额

2. 车身划痕损失险赔款计算

发生保险事故后，保险人依据本条款约定在保险责任范围内承担赔偿责任，赔偿方式由保险人与被保险人协商确定。

　　　　赔款=实际修复费用-被保险人已从第三方获得的赔偿金额

在保险期间内，累计赔款金额达到保险金额时，本附加险保险责任终止。

3. 修理期间费用补偿险赔款计算

（1）车辆全部损失。

　　　　赔款=日补偿金额×（保险合同中约定的最高补偿天数-1）

（2）车辆部分损失。在计算补偿天数时，首先比较出险时约定的修理天数和从送修之日起至修复之日止的实际修理天数，两者以短者为准。

①补偿天数未超过保险合同中约定的最高赔偿天数时，赔款为：

　　　　赔款=日补偿金额×（补偿天数-1）

②补偿天数超过保险合同中约定的最高赔偿天数时，赔款为：

　　　　赔款=日补偿金额×（保险合同中约定的最高补偿天数-1）

4. 车上货物责任险赔款计算

（1）当（依合同约定核定的车上货物损失金额-应由交强险赔偿的车上货物赔款）×事故责任比例等于或大于责任限额时，赔款为：

　　　　赔款=责任限额

（2）当（依合同约定核定的车上货物损失金额-应由交强险赔偿的车上货物赔款）×事故责任比例小于责任限额时，赔款为：

　　　　赔款=（依合同约定核定的车上货物损失金额-

　　　　　　应由交强险赔偿的车上货物赔款）×事故责任比例

5. 精神损害抚慰金责任险赔款计算

本附加险赔偿金额依据人民法院的判决在保险单载明的赔偿限额内计算赔偿。

（1）法院生效判决及保险合同约定的应由被保险人或其允许的驾驶人承担的精神损害赔偿责任，在扣除交强险对精神损害的赔款后，未超过责任限额时，赔款为：

赔款 =（应由被保险人承担的精神损害赔偿责任 – 交强险对精神损害的赔款）

（2）应由被保险人或其允许的驾驶人承担的精神损害赔偿责任在扣除交强险对精神损害的赔款后，超过约定的每次事故责任限额或每次事故每人责任限额时，赔款为：

赔款 = 责任限额

案例分析

任务实施

> ## 一、任务场景
>
> 理实一体化教室。

> ## 二、任务要求
>
> 1. 演练任务：认识并掌握车险理算的工作内容。
>
> 2. 演练目的：围绕车险赔款理算员岗位，为学生后期从事相关岗位工作做好理论基础铺垫工作。
>
> 3. 演练内容：完成汽车保险赔款案例并填写工单，然后扮演理算服务角色。

> ## 三、任务分组
>
> 在这个任务中，采用分组实施方式进行，以4人为一组，小组成员进行角色分配，1人扮演车主李女士，1人扮演李女士同事，1人扮演对方车辆乘客，1人扮演保险赔款理算员，模拟汽车保险赔款理算服务过程。

> ## 四、任务步骤
>
> 任务描述：2021年12月1日，李女士在某汽车4S店购买了一辆家用代步车（吉利帝豪），同时也购买了交强险、车损险、商业三者险、车上人员责任险和部分附加险。2022年10月11日李女士在驾车行驶中和一辆直行的车辆相撞，车辆受损，于是在第一时间向交警报案，同时向保险公司报案，交警判定李女士和另外一名驾驶人员负有同等责任，保险公司定损人员及时进行了定损，定损的结果是：李女士车辆损失12 000元，李女士同事（当时坐在李女士车里）头部受伤，医疗费用6 000元，对方车辆损失9 500元，对方车上的乘客医疗费用为8 000元，作为一名保险赔款理算人员，学生需要完成赔款计算工作。
>
> 1. 完成以上案例中的理算计算。
>
> （1）交强险赔款多少元？

（2）车损险赔款多少元？

（3）第三者责任险赔款多少元？

2. 学生在小组内循环进行模拟训练，选出优秀的一名学生，代表本组与其他组进行 PK。

五、任务反思

1. 学生在完成任务过程中的收获和启示。

2. 学生在完成任务过程中的不足。

任务评价

汽车保险服务人员（事故车赔款理算）学习任务表现评分表如表 6-5 所示。

表 6-5　学习任务表现评分表

序号	评价项目	分值	评价指标	自评 （30%）	互评 （30%）	师评 （40%）
1	职业素养 30 分	5	小组分工明确，能够对学习任务内容及实施步骤进行精心准备			
		5	有团队意识、合作能力			
		5	能完成任务实施内容，能完成相关案例分析			
		5	成果展示内容充实，语言表达规范			
		5	任务反思逻辑完整，观点正确			
		5	有严于律己、一丝不苟的职业精神			

续表

序号	评价项目	分值	评价指标	自评 （30%）	互评 （30%）	师评 （40%）
2	专业能力 60分	15	学习积极主动，态度认真，遵守教学秩序			
		15	掌握车险理算的定义及概念 掌握理算的工作流程和主要工作内容			
		15	能灵活应用知识点进行相关案例分析			
		15	对知识的理解把握具有自学意识与动手能力			
3	创新意识 10分	10	有创新型思维和行动			
总配分		100	总得分			
综合评价						

项目六任务四
同步测试

任务五　车险的核赔及结案

任 务 知 识

　　核赔是对整个案件信息的审核，包括报案、查勘、定损、核损、复勘及缮制等。通过对上述信息的综合审核给出赔付意见，如果确认赔案符合要求，则核赔同意，案件审核结束；如果赔案不符合要求，则需要退回相应环节处理。因此，核赔是理赔流程的最后一环，也是对赔案是否合理定性定量把关的一环，是对接报案、查勘、定损、核损、理算等岗位工作质量的监控，是理赔质量的最终体现，前面各环节的疏漏将在本环节得到控制。

思维导图

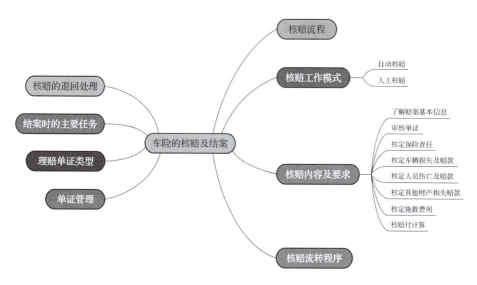

任务知识

一、核赔流程

核赔工作是汽车保险理赔环节中最为重要的环节。

核赔的工作流程

二、核赔工作模式

（一）自动核赔

（1）对于案情简单、责任明确的同质性较高的小额简易案件，可以进行自动核赔。

（2）重开赔案、拒赔案件、全损或推定全损等案件不允许自动核赔。

（二）人工核赔

（1）人工赔案审核应根据赔案性质和金额的不同，设置不同的流程，实现资源的合理化配置。在能够有效防范和控制内外部风险的前提下，审核流程应尽可能简化。

（2）核赔人员采取"从人授权"的模式，根据其所具有的案件处理权限独立履行赔案审核职能，必要时可根据上级理赔管理部门的委托，跨区域、跨机构开展赔案审核工作。

（3）核赔人员的赔案审核权限在理赔业务系统中同步配置，对于超过本级权限的案件，可跨级提交至有权限处理的层级，不必逐级提交审核。

三、核赔内容及要求

核赔是对整个理赔环节和理赔的各项工作内容进行审核，内容较多，主要包括：了解赔案基本信息、审核单证、核定保险责任、核定车辆损失及赔款、核定人员伤亡及赔款、核定其他财产损失赔款、核定施救费用、核赔付计算等。

（一）了解赔案基本信息

了解承保、出险情况和案件处理过程，包括查看保单保险期限，确认出险时间是否在保险期限内；查看承保险别；查看保险金额和各险别责任限额；查看批单情况；查看报案信息和历史报案信息；了解查勘定损处理过程。

（二）审核单证

确认被保险人按规定提供的单证、证明及材料是否齐全有效，有无涂改、伪造；经办人员是否规范填写赔案有关单证并签字，必备单证是否齐全；签章是否齐全；所有索赔单证是否严格按照单证规范认真、准确、全面地填写。

（三）核定保险责任

核定被保险人是否具有保险利益；出险车辆的厂牌型号、车牌号、发动机号、车架号与保险单证所载是否相符；是否为保险合同约定的驾驶人；出险原因是否属于保险责任，赔偿责任是否与承保险别相符；出险时间是否在保险期间内；事故责任划分是否准确合理。

（四）核定车辆损失及赔款

核定车辆定损项目、损失程度是否准确、合理；更换零部件是否按规定进行咨询报价，定损项目与报价项目是否一致；换件部分拟赔款金额是否与报价金额相符；残值确定是否合理。

（五）核定人员伤亡及赔款

根据查勘记录、调查证明和被保险人提供的"事故责任认定书""事故调解书"及伤残证明，依照国家有关道路交通事故处理的法律、法规规定和其他有关规定进行审核。具体内容包括：核定伤亡人员数、伤残程度是否与调查情况和证明相符；核定人员伤亡费用是否合理；被抚养人、年龄是否真实，生活费计算是否合理、准确。

（六）核定其他财产损失赔款

根据照片和被保险人提供的有关货物、财产的原始发票等有关单证，核定财产损失、损余物资等有关项目和赔款。

（七）核定施救费用

根据案情和施救费用的规定，核定施救费用有效单证和金额。

（八）核赔付计算

核定残值是否扣除、免赔率使用是否正确、赔款计算是否准确。

四、核赔流转程序

属本级保险公司核赔权限的，经核赔人员签字后，报经理室审批；属上级保险公司核赔的，核赔人员提出核赔意见，由经理室签字后报上级保险公司核赔。

上级保险公司根据不同的案件，侧重审核以下内容：

（1）普通赔案的责任认定和赔款计算是否准确。

（2）有争议赔案的旁证材料是否齐全有效。

（3）诉讼赔案的证明材料是否有效，各方的理由是否成立、充分。

（4）拒赔案件是否有充分证据和理由。

五、核赔的退回处理

常见的退回问题
及处理方式

核赔人按照审核要求进行赔案审核，重点审核相关环节是否按照要求进行案件的处理，结合各环节的案件处理信息和承保情况综合考虑，给出最终赔付意见。对于无异议的案件，核赔人核赔同意，案件自动结案转入支付环节；如果核赔人对案件有异议，应退回前端相应环节责任人做进一步的处理。当核赔退回的问题完全得到处理后再发送核赔审核，核赔确认处理无误后方可核赔通过，案件结案。核赔退回时应把问题说明清楚，以便问题处理人理会；相关问题责任人对于核赔退回案件应及时处理，问题处理完后应及时回复，回复时应针对核赔退回的问题做处理说明。

六、结案时的主要任务

（1）赔案按分级核赔、审批后，业务人员通知会计部门支付赔款；

（2）审核领取赔款人身份证和被保险人出具的授权委托书，支付赔款；

（3）有关理赔单据清分；

（4）支付赔款后，在系统中做结案处理。

七、理赔单证类型

保险人处理完理赔案件后，需要对材料归档，需要归档的材料主要包括以下几项：

（1）案卷目录（卷皮）；

（2）索赔申请书（出险通知书）；

（3）出险证明；

（4）驾驶证、行驶证复印件；

（5）保险单抄件；

（6）理赔流转单；

（7）事故责任认定书；

（8）经济赔偿执行凭证；

（9）交通事故调解书或出险证明文件；

（10）定损单；

（11）修理施工单、材料单；

（12）医疗诊断证明；

（13）误工费证明；

（14）医院护理证明；

（15）伤残鉴定书、死亡证明；

（16）原始票据和清单；

（17）赔款收据；

（18）赔款计算书；

（19）权益转让书及追偿报告；

（20）照片。

这些单证是在不同的理赔环节收集的，汽车保险理赔单证的流转如图6-2所示。

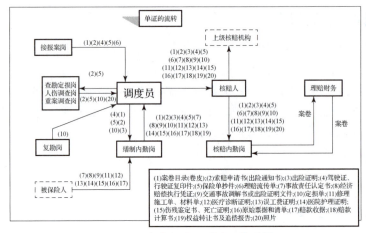

图6-2　汽车保险理赔单证的流转

八、单证管理

理赔案卷管理主要包括清分单证、案卷的整理与装订、案卷的登记与保管、案卷借阅等。

**理赔案卷
工作流程**

案卷卷宗在装订前应附上封面。封面上需填写的理赔案卷卷内目录应规范填写或用计算机打印，如表6-6所示。

表6-6　机动车辆保险理赔案卷卷内目录

序号	目录内容	页数	备注
1	上下级赔案往来函件		
2	赔款计算书、赔款收据、赔款费用收据		
3	出险信息表		
4	事故原因性质类材料		
5	车损险类材料		
6	第三者责任险车损类材料（以车为单位排列）		
7	第三者责任险物损类材料（以物为单位排列）		
8	第三者责任险人伤类材料（以人为单位排列）		
9	车上人员责任险材料（以人为单位排列）		

序号	目录内容	页数	备注
10	车上货物责任险材料（以货物品名为单位排列）		
11	注销案件材料		
12	拒赔案件材料		
13	权益转让材料		
14	追偿材料		
15	其他材料		

任务实施

一、任务场景

理实一体化教室。

二、任务要求

1. 演练任务：认识并掌握车险核赔、结案的工作内容。

2. 演练目的：围绕车险核赔员、结案员岗位，为学生后期从事相关岗位工作做好理论基础铺垫工作。

3. 演练内容：模拟汽车保险核赔及结案服务过程。

三、任务分组

在这个任务中，采用分组实施方式进行，以6~8人为一组，小组成员进行角色分配，分别扮演被保险人员、接报案人员、查勘人员、定损人员、理算人员、核赔人员和结案人员。

四、任务步骤

学生先在小组内循环进行模拟训练，选出优秀的一名学生，代表本组与其他组PK。

任务描述：2021年12月1日，李女士在某汽车4S店买了一辆家用代步车（吉利帝豪），同时也购买了交强险、车损险、商业三者险、车上人员责任险和部分附加险。2022年10月11日李女士在驾车行驶中和一辆直行的车辆相撞，车辆受损，于是在第一时间向交警报案，同时向保险公司报案，交警判定李女士和另外一名驾驶人员负有同等责任，保险公司接报案人员核实相关信息后，经车险查勘、定损以及理算等程序后，现需要进行核赔及结案处理。作为一名车险核赔员、结案员，学生需要完成最后的核赔、结案工作。

五、任务反思

1. 学生在完成任务过程中的收获和启示。

2. 学生在完成任务过程中的不足。

任务评价

汽车保险服务人员（车险的核赔及结案）学习任务表现评分表如表6-7所示。

表6-7　学习任务表现评分表

序号	评价项目	分值	评价指标	自评（30%）	互评（30%）	师评（40%）
1	职业素养30分	5	小组分工明确，能够对学习任务内容及实施步骤进行精心准备			
		5	有团队意识、合作能力			
		5	能完成任务实施内容，能完成相关案例分析			
		5	成果展示内容充实，语言规范			
		5	任务反思逻辑完整，观点正确			
		5	有实事求是的价值观认识			
2	专业能力60分	15	学习积极主动，态度认真，遵守教学秩序			
		15	掌握车险核赔、结案的定义及概念掌握核赔和结案的工作流程和主要工作内容			
		15	能灵活应用知识点进行相关案例分析			
		15	对知识的理解把握具有自学意识与动手能力			
3	创新意识10分	10	有创新型思维和行动			
	总配分	100	总得分			
	综合评价					

项目六任务五
同步测试

项目六　汽车保险理赔实务

企业任务链接

　　某保险公司的车险查勘定损员接到受理报案任务，要求根据客户基本信息，针对不同客户完成车险查勘及定损工作。

　　请完成以下工单：

　　任务一：一车主报案称其投保的捷达轿车行驶时不慎与路面上的石头相撞，造成发动机润滑油底壳破裂，润滑油泄漏，车辆就在事故现场的路边，请求保险公司速来查勘。查勘定损人员及时赶到现场，发现道路中间有夜间拉石料的车辆散落的几块石头，其中一块被润滑油侵蚀，石头周围也有一片油污。经仔细检查，轿车的发动机润滑油底壳有一孔洞，洞口向内凹，润滑油已漏尽，经与碰撞的石头比对，形状相吻合，汽车的停车位置距离所碰撞的石头不足50米。事故车辆拖到维修厂以后，维修人员将其用举升机举起，对发动机进行全面检查。搬动曲轴皮带轮时，曲轴运转自如，拆检之后，发现润滑油泵及滤清器均无损坏。分别拆下曲轴轴瓦和连杆轴瓦检查，没有发现烧蚀、磨损现象。此次事故只造成了发动机润滑油底壳的变形与断裂，没有引起其他机件的损坏。

　　1. 该起事故是否属于保险责任？

　　2. 针对该起事故，应该如何制定维修方案？

　　3. 该起事故涉及哪些拆装、检查工时？

　　4. 该起事故需要更换哪些零部件？

　　任务二：车主王某给自己的轿车购买了车辆损失保险，保险期限为2022年1月11日至2023年1月10日。2023年1月9日上午8：30，保险公司接到王某的报案，称1月8日自己驾驶轿车夜间11：30在市区环城路行驶时前部与一大型厢式货车追尾，货车已趁夜色逃逸，目前被保险车辆已在郊区某修理厂。1月9日上午10时，受保险公司委派，查勘定损人员随即赶到修理厂，发现该轿车前部受损，需更换保险杠、左右大灯、左右转向灯、左右雾灯、散热器、冷凝器等部件，预计费用1万元；经修理厂对该车做进一步拆检后发现，发动机因过热已严重损坏，需更换活塞、缸体、曲轴、连杆等部件，这部分修理费用为4.2万元。

| 243 |

1. 本案有哪些疑点？

2. 作为保险公司的查勘定损人员，应如何处理该事故？

车险骗赔的危害及反欺诈之路

近年来，随着机动车辆保险业务的迅速发展，车险骗赔也逐渐成为保险业内外人们普遍关注的问题。当前车险骗赔明显呈现出数量多、范围广、手段新、隐蔽性强的特点，而且有向专业化、产业化发展的趋势，迫切需要引起保险业乃至整个社会的重视。

1. 骗赔已成为车险发展之痛

目前，骗赔已经成为影响车险业务发展的重要因素。虽然近年来，保险监管部门和保险公司都加大了车险骗赔的查处力度，但相对日益泛滥的车险骗赔行为来讲，其力量也只是杯水车薪。而骗赔行径久禁未止，已经成为车险业务难以突围的怪圈，也成为制约车险发展的瓶颈，主要表现在以下几个方面：

首先，骗赔导致车险承保利润下降。骗赔行为加大了车险理赔成本。据业内人士介绍，目前车险赔款的二至三成流入骗赔者的口袋，骗赔行为已使部分保险主体乃至部分地区整体车险业务出现亏损状态。

其次，骗赔增加车险费用成本。大量骗赔案件的出现使保险公司疲于应对，增加查勘人员和岗位、设立奖励以及与职能部门联合打假等行为，都无疑增加了保险公司经营车险的费用成本。与此同时，由于大量精力被牵扯，也降低了保险公司的理赔效率和服务质量。

最后，骗赔影响保险公司社会形象。车险骗赔给保险公司甚至整个保险业的社会形象带来损害，影响保险行业的公信力，进而影响车险业务的发展。

2. 打击车险骗赔步履维艰

车险骗赔行为屡禁不止、日趋严重的原因很复杂，涉及社会、经济、法律等诸多方面，但很重要的一点就是目前打击骗赔工作无论是从手段上还是从力度上都还不够，这直接影响了车险反欺诈的效果。一是主体单一。目前，反欺诈主体从某种程度上讲仍属于保险公司孤军奋战，而相对于数量如此庞大的骗赔案件，保险公司无论是从人力上还是资源上，都显得力不从心，仅凭保险公司的力量不可能对每一起骗赔案件做到及时发现，详细调查。二是沟通协调不畅。在车险反欺诈问题上，保险公司之间没有形成沟通协调机制，还属于各自为战的状态；部分保险公司虽然与公安经侦部门开展了一定程度的合作，但这种合作还缺乏长效机制。三是打击力度不够。保险公司出于对业务发展等方面的考虑，对发现并调查清楚的骗赔案件，一般采取劝其放弃索赔的方式处理，只要对方放弃索赔，即使涉及金额已经构成犯罪的，也不会移交公安机关处理，这从某种程度上纵容了骗赔者的行为。

3. 车险反欺诈路在何方

前面讲到车险骗赔的严重性和目前打击骗赔的局限性，如何将骗赔案件数量控制在合理的范围内，走出一条行之有效的车险反欺诈之路，是刻不容缓的问题。笔者认为，应该有效调动起职能部门、保险公司以及广大社会公众的反欺诈积极性，依靠全社会的力量打击车险骗赔案，形成全民打骗赔的社会风气和良好氛围。

首先，保险监管部门和行业协会应该充分发挥协调、督导作用，组织成立各家保险公司参与的车险反欺诈体系。打破保险公司打击车险骗赔方面各自为战的局面，使保险公司之间能够相互配合、相互协调。通过建立信息共享平台、开展联合打骗活动、案情通报机制等方式，实现反欺诈信息共享、资源共享和成果共享。

其次，加强与公安经侦部门协作，建立沟通管道，形成长效机制，对于构成犯罪的骗赔行为，加大打击力度，对骗赔者形成强大震慑力。另外，保险公司应完善内部制度，强化理赔人员法律意识，严格依法办事，对于查处的骗赔案件，只要构成犯罪的，坚决移交公安部门依法处理，不给骗赔者留下侥幸心理。

最后，充分调动广大社会公众的积极性，依靠群众的力量，要打"人民战争"。车险骗赔行为的数量和广度，决定了仅靠某个部门和行业的力量是远远不够的，要想根除这一顽疾，或者说将其控制在合理的范围内，就需要激发公众反欺诈的热情，走群众路线，利用群众举报、提供线索，使骗赔者和骗赔行为无处躲藏。那么，如何才能充分调动社会公众反欺诈的积极性呢？笔者认为主要从以下三个反面入手：

一是加强车险反欺诈的宣传，使公众明白，从短期看，骗赔者诈骗的是保险公司的钱，但是从整体和长远看，其实损害的是广大投保者的利益。"车险费率是根据历史风险数据进行精算厘定的，车险虚假理赔案件增多使车险赔款'水分'增加，将直接导致未来车险费率随之上升，实际上是广大消费者最终为骗赔分子'买单'"。如果能够使公众深刻理解这一点，就会大大提高人们参与车险反欺诈的积极性。

二是激励公众参与车险反欺诈的热情，建立奖励机制，利用经济杠杆，对于骗赔行为的举报者和线索提供者，案件一经查实，保险公司要根据涉案金额的一定比例兑现奖励费用，使参与打骗者尝到甜头，得到实惠。

三是要充分保障参与打骗者的权益。要设立举报信箱、电话，并安排专人接待，为公众举报提供方便，降低成本。

另外，公众之所以不愿参与打骗，很重要的一个原因就是怕遭到骗赔者的报复。因此，保险公司和公安部门要建立完善的保密制度，严格为参与打骗者保密，保障他们的安全，解除他们的后顾之忧，逐渐形成车险反欺诈线人网络。

车险骗赔行为日趋严重的危害性，为我们敲响了警钟，我们必须有所动作，有所作为。而车险反欺诈之路在于充分调动和依靠政府职能部门、保险行业和广大社会公众的力量，形成全民打击骗赔的风气和氛围。因此，车险反欺诈也需要全民总动员。

项目七　新能源汽车保险理赔

情境再现

[情境 1] 某年 11 月 18 日 9 时 36 分，保险公司客服人员接到客户王某报案，报案人王某称驾驶新能源 AD12345 某品牌纯电动车倒车时不小心撞到了大门上，车后保险杠、左后翼子板及充电口、左后尾灯有损，接报案后，客服将该案件通过调度安排给查勘人员小张去现场查勘。

分析：小张在去现场前应做哪些准备？到现场后应做哪些工作？具体如何做？

[情境 2] 某年 3 月，客户李某报案称，自己驾驶小鹏 G3 纯电动车在路边准备停车时，由于视线受阻，车辆不慎撞到地面的停车锁，导致底盘受损。接报案后，客服将该案件通过调度安排给查勘人员小王去现场查勘。经过查勘现场，事故事实清楚，因为涉及底盘损伤，且位置为电池下箱体。为了保险起见，小王准备到小鹏汽车 4S 店定损。

分析：

1. 小王的定损工作应该如何开展？对于新能源汽车托底事故的定损，要点有哪些？

2. 与传统燃油车相比，新能源车的查勘与定损有哪些差异？

目标导航

1. 知识目标

- 熟悉新能源汽车的分类及主要部件结构；
- 熟悉新能源汽车在理赔过程中的主要风险点；
- 掌握新能源汽车现场查勘的程序和现场查勘的技巧；
- 掌握新能源汽车主要部件的定损方法。

2. 实践目标

- 能够清楚识别新能源汽车及其主要部件；
- 能够按照规定流程对不同类型的新能源汽车事故现场进行查勘；
- 能够按照正确操作对新能源汽车高压部件进行定损；
- 能够对优秀的查勘定损案例进行分析，借鉴其查勘经验，服务于本职工作。

3. 素养目标

- 具有强烈的爱国情怀；
- 具有一定的安全意识、规范意识和责任意识；
- 具有专业性和真实性的职业认同感；
- 具有全心全意为客户服务的理念；

- 具有做事严谨、认真负责的良好工作作风；
- 具有良好的遵纪守法和遵守规章制度的意识。

任务分解

任务一　认识新能源汽车

任务描述

随着新能源汽车保有量的增加，与新能源汽车相关的交通事故发生率也在提高。由于新能源汽车的动力系统结构与传统的车辆有较大区别，使得新能源汽车发生事故之后的现场查勘、车辆定损等有其特殊性。那么对于车险从业人员来说，转型的第一步应该是先对新能源汽车有整体的认知。通过本任务的学习，学生应该掌握新能源汽车的主要部件、主要风险点，学会识别新能源汽车，并且在工作时能够做好高压安全防护。

思维导图

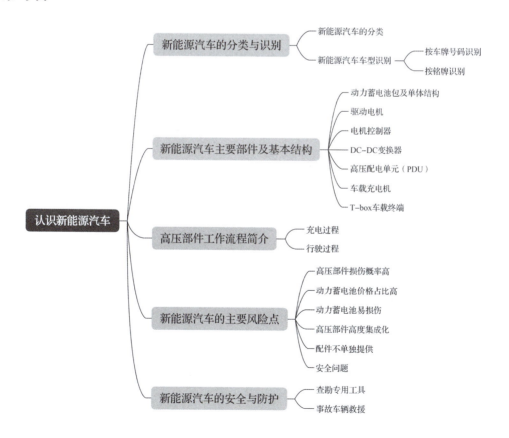

任务知识

一、新能源汽车的分类与识别

（一）新能源汽车的分类

目前，随着国家对新能源汽车的大力支持，新能源汽车在国家的激励政策和优惠措施下得到了蓬勃发展。依照国家工信部《新能源汽车生产企业及产品准入管理规定》，目前国内的新能源汽车主要分为三大类：第一类是纯电动汽车，第二类是插电式混合动力（含增程式）汽车，第三类是燃料电池汽车。市场上只有这三类车型可以享受政府的补贴政策。由于燃料电池技术的限制，燃料电池汽车产销量较小，目前市场上主要以纯电动汽车和插电式混合动力汽车为主。

1. 纯电动汽车

纯电动汽车（EV）是指以车载电源为动力，用电机驱动行驶，符合道路交通安全法规各项要求的车辆。由于车辆的驱动能源主要来自电能，所以对环境的影响较小。其典型车型有比亚迪汉、特斯拉 Model3、蔚来 ES 系列等。

2. 插电式混合动力汽车

插电式混合动力汽车为混合动力车型的一种，插电式混合动力汽车（PHEV）与普通混合动力汽车（HEV）的区别在于：插电式混合动力汽车的动力蓄电池容量相对较大，可以外部充电，可以用纯电模式行驶，动力蓄电池电量耗尽后再以混合动力模式（以内燃机为主）行驶，并适时向动力蓄电池充电；而普通混合动力汽车的动力蓄电池容量很小，仅在起/停、加/减速的时候供应/回收能量，不能外部充电，不能用纯电模式行驶较长距离。按照发动机与电机连接形式的不同，插电式混合动力汽车的动力系统可以分为串联系统、并联系统、串并联系统（混联系统）。

3. 燃料电池汽车

燃料电池汽车（FCV）是一种用车载燃料电池装置产生的电力作为动力的汽车。

车载燃料电池装置所使用的燃料为高纯度氢气，或含氢燃料经重整所得到的高含氢重整气（主要成分为氢气和一氧化氮气体）。与传统的电动汽车相比较，其动力方面的不同在于：FCV 用的电力来自车载燃料电池装置，电动汽车所用的电力来自电网充电的动力蓄电池。因此，FCV 的关键是燃料电池。

（二）新能源汽车车型识别

新能源汽车车型可以通过车辆的铭牌、车牌和一系列标志来判定。

1. 按车牌号码识别

新能源汽车车牌分为小型新能源汽车车牌和大型新能源汽车车牌。新能源汽车车牌的外廓尺寸为 480 mm×140 mm，其中小型新能源汽车车牌为渐变绿色，大型新能汽车车牌为黄绿双色。

为更好地实施国家新能源汽车产业发展及差异化管理政策，新能源汽车车牌按照不同车辆类型实行分段管理，字母"D"代表纯电动汽车，字母"F"代表非纯电动汽车（包括插电式混合动力汽车和燃料电池汽车等)。小型新能源汽车车牌中"D"或"F"位于号码序号的第一位 (图7-1),大型新能源汽车车牌中"D"或"F"位于号码序号的最后一位。

图7-1　新能源汽车车牌及标识

与普通汽车车牌相比,新能源汽车车牌号码增加了1位,如原传统车牌"粤B·12345"升位至"粤B·D12345"。升位后,号码编排更加科学合理,避免了与普通汽车车牌"重号",有利于在车辆高速行驶时更准确辨识。

2. 按铭牌识别

(1) 纯电动汽车。

纯电动汽车的铭牌中,车辆型号会有"EV"字段,车辆尾部有电动汽车标志。同时,车辆的铭牌为绿色。注意:早期电动车依然使用蓝色铭牌。蓝色牌照要参照铭牌识别方法,如图7-2所示。

图7-2　纯电动汽车铭牌

(2) 插电式混合动力汽车。

插电式混合动力汽车的铭牌中会有"HEV"字段,如图7-3所示,同时车身上会有"PHEV"标识。与纯电动汽车相同,插电式混合动力汽车也可以使用新能源汽车绿色铭牌,但依然有部分插电式混合动力汽车使用普通蓝色铭牌。

图7-3　插电式混合动力汽车铭牌

二、新能源汽车主要部件及基本结构

新能源汽车电气系统分为低压系统和高压系统。低压系统和传统燃油车的电气系统基本相同，例如前照灯、音响及电器设备等，所以新能源汽车和传统汽车主要的不同点在于车辆的高压系统。

新能源汽车高压系统部件主要包括动力蓄电池包、驱动电机、电机控制器、DC – DC 变换器、高压配电单元（PDU）、车载充电机、T – box 车载终端等。

（一）动力蓄电池包及单体结构

新能源汽车最主要且价值最高的部件为车辆的动力蓄电池包。由于动力蓄电池包重量和体积较大，所以动力蓄电池包大多布置于车辆的底盘位置。动力蓄电池包由多个模组组成。单体电池不同的材料、不同的包装形式使得动力蓄电池的性能不同。

按照单体电池正负极的主要材料不同，动力蓄电池分为三元锂电池、磷酸铁锂电池、钴酸锂电池、锰酸铁锂电池。

按照动力蓄电池的包装形式不同，主要可以分为圆柱电池、钢壳/铝壳电池、软壳包装电池。目前市场上宁德时代公司生产的电池为钢壳/铝壳电池，特斯拉公司生产的为圆柱电池。

新能源汽车动力蓄电池单体按照形状分为方板形电池、软包形电池、圆柱形电池，如图7 –4 所示。

图 7 –4　新能源汽车动力蓄电池单体结构

1. 方板形电池

代表车型：荣威 Ei5、比亚迪唐。

以荣威 Ei5 为例，其动力蓄电池由 16 个模组构成，每个模组由 6 节单体电池，共计 96 节单体电池组成，采用串联的连接方式。动力蓄电池前盖有高压线束接口等装置；后部有维修开关、低压控制线束插接口装置；在顶端中间偏右位置设置单向阀门 3 个，用于排出内部产生的高压气体。

2. 软包形电池

代表车型：轩逸 EV、奇瑞 eQ1 等。

以轩逸纯电动汽车为例，动力蓄电池由 24 个模组构成，每个模组由 8 节单体电池，共计 192 节单体电池组成，采用串并联的连接方式。动力蓄电池前端有高压线束接口、低压控制接口等装置；中上部有维修开关；在左后部设置有一个防爆阀，用于排出内部产生的高压气体。

3. 圆柱形电池

代表车型：特斯拉 MODEL X、江淮 IEV7 等。

以特斯拉 MODEL X 为例，根据电量不同，动力蓄电池内部由 14 块或 16 块电池模组构成，每块模组由 444 节单体电池，共计 6 216 节或 7 104 节单体电池组成，采用串并联的连接方式。动力蓄电池前盖内有熔丝、液冷接口等装置；后部椭圆部分有高压线束、控制线束插接口装置；在电池底板两侧边缘位置每个模组各设置有膨胀阀、排泄阀，用于排出因故障产生的高压气体及液体。

（二）驱动电机

驱动电机也是新能源汽车的主要部件。目前大部分新能源汽车使用的是交流驱动电机。

（三）电机控制器

电机控制器的功能是根据挡位、加速、制动等指令，将动力蓄电池的直流电转化为驱动电机所需的交流电，来控制新能源汽车的启动运行、进退速度、输出转矩等行驶状态，或者帮助新能源汽车制动，并将部分制动能量存储到动力蓄电池中。它是新能源汽车的关键零部件之一。

（四）DC – DC 变换器

DC – DC 变换器是一种在直流电路中使电压变化的装置，负责将 200～700 V 高压直流电转为低压直流电，供给车载低压用电设备使用，如低压蓄电池（12 V）、电动助力转向（EPS）等设备。

（五）高压配电单元（PDU）

高压配电单元（PDU）是所有纯电动汽车、插电式混合动力汽车的高压电分配单元。高压配电单元（PDU）将高压电进行合理的分配，以达到驱动电机和充电的目的。

（六）车载充电机

车载充电机是指固定安装在电动汽车上的充电机，具有为新能源汽车动力蓄电池自动、安全充满电的能力。车载充电机依据电池管理系统（BMS）提供的数据，能动态调节充电电流或电压参数，执行相应的动作并完成充电过程。

（七）T – box 车载终端

新能源汽车依照国家标准匹配了 T – box 车载终端，车载终端将新能源汽车数据实时上传新能源汽车国家检测与管理平台，依据 GB/T 32960.3—2016 国标规定的平台实时信息上报数据共 61 项，主要有驱动电机数据（10 项）、整车数据（11 项）、极值数据（12 项）、报告数据（10 项）、车辆位置数据（3 项）、发动机数据（3 项）、燃料电池数据（12 项），以及与动力蓄电池相关的故障，即单体电压（8 项）、单体温度（4 项）。

三、高压部件工作流程简介

（一）充电过程

慢充时，充电插口接入 220 V 交流电，交流电通过车载充电机变为高压直流电，再通过车辆高压配电单元（PDU）将电导入动力蓄电池包。

快充时，车辆充电插口直接接入高压充电桩，机柜中直接连接高压直流电，将高压直流电输入车辆高压配电单元（PDU），再导入高压蓄电池包。

（二）行驶过程

当车辆行驶时，车辆动力蓄电池包中的高压直流电通过高压配电单元输入电机控制器，将高压直流电转变为高压交流电驱动电机，如图7-5所示。同时，车辆需要把动力蓄电池包的电量供给车辆低压系统电子电器设备使用，所以需要将动力蓄电池包的高压直流电通过DC-DC变换器变为低压直流电。此外，空调/PTC也需要动力蓄电池包中的高压直流电。

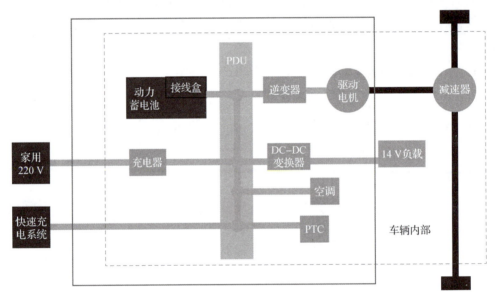

图7-5　新能源汽车高压部件简图

四、新能源汽车的主要风险点

（一）高压部件损伤概率高

新能源汽车有大量的高压部件，高压部件配件价格昂贵且修复成本较高。目前，大部分新能源汽车高压部件在车辆上布置不合理，车辆电机控制器布置于车辆左前照灯后方，事故中非常容易受损。损伤发生后，无论损伤轻重，车辆高压配件厂家不提供单独可供更换的零件，只能更换总成，导致维修成本增加。

此外，很多新能源汽车充电插口位于车辆的前格栅，大大加重了由于碰撞等原因造成损坏的风险。

（二）动力蓄电池价格占比高

目前大部分新能源汽车动力蓄电池布置于车辆的底部，而且动力蓄电池价格占比较高。不同价格区间，动力蓄电池占比不同，如表 7 - 1 所示，动力蓄电池的最低占比超过了车辆价值的 26%。因此，在车辆遭到托底事故时，动力蓄电池的损伤可能性较大，损失较大。

表 7 - 1　新能源汽车动力蓄电池价格占比

车辆价格区间/万元	动力蓄电池价格占比/%	车身价格占比/%
0 ~ 10	71. 88	28. 12
10 ~ 20	55. 27	44. 73
20 ~ 30	38. 47	61. 53
30 以上	26. 83	73. 17

（三）动力蓄电池易损伤

大多数新能源汽车动力蓄电池布置于车辆底盘位置，与传统车辆比较，托底事故会对新能源汽车造成更严重的损失。很多车辆动力蓄电池最低点位置低于车辆两侧底大边，且电池箱体强度不够，造成动力蓄电池损伤风险较高。很多新能源汽车在动力蓄电池前端副车架位置增加"保护横梁"，但是"保护横梁"由较薄弱的金属材料制成，对动力蓄电池的保护作用较小。

市场上有些新能源汽车将动力蓄电池布置于行李舱位置，导致动力蓄电池在遭受追尾事故中没有足够的空间抵抗撞击，且在碰撞过程中容易发生位移，导致损坏。

（四）高压部件高度集成化

目前新能源汽车发展趋势是对高压部件进行高度集成化，将主要的高压部件（电机控制器、DC - DC 变换器、高压配电单元等部件）集成在一个总成内，车辆一旦发生碰撞，高压部件受到损伤，赔付成本就大幅增加。

（五）配件不单独提供

大量的新能源汽车高压配件主要以总成的方式供货，但是车辆在事故中往往受损部位主要为插口、支架等部位。比如充电口支架损坏后，不能单独提供，需要和快充线束一起更换，相比较费用有较大的增加。

（六）安全问题

少数新能源汽车发生碰撞事故后，车辆存在漏电风险。因此，在给新能源汽车定损时更要注意安全。个别品牌新能源汽车的快充充电口在不充电的状态下，依然存在高压电。有的新能源汽车充电口在前中网处，位于防撞梁的前部，发生碰撞事故时极易出现漏电的情况，从而造成车辆受损和人员伤害。

五、新能源汽车的安全与防护

（一）查勘专用工具

查勘员进行现场查勘时，除需准备一些在传统燃油车出险现场应该携带的灭火器、消防锤等工具外，还应准备好绝缘防护装备及电测量设备，以做好安全防护及故障检测的准备，如表7-2所示。

表7-2　新能源汽车事故现场查勘需携带的绝缘防护装备及测量设备

序号	名称	备注	图示
1	高压警示牌	对新能源汽车事故查勘前须在车辆旁摆放高压警示牌，提示非操作人员远离事故车辆，注意高压危险	
2	绝缘手套	绝缘手套必须符合国标 GB/T 17622—2008《带电作业用绝缘手套》的标准，防护电压在 1 000 V 以上，可防止触电伤害	
		使用前，需检查手套是否有损伤，可采用目视和压气法对绝缘手套进行检查	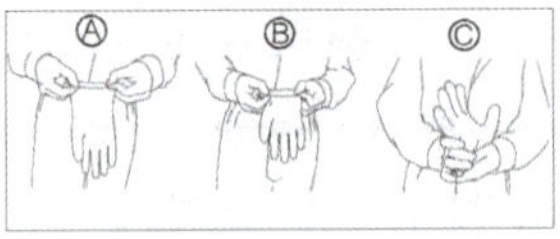
3	皮手套	与绝缘手套配合，防止割裂	
4	试电笔	试电笔可以检测部件外壳是否带电，要方便携带，易操作	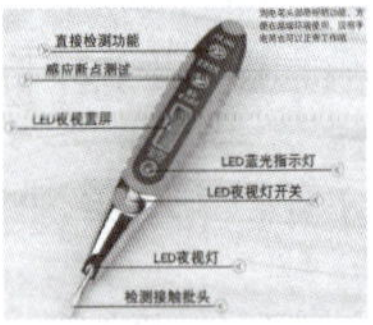
5	万用表	万用表可以测量直流电压（DCV）、交流电压（ACV）、直流电流（DCA）、交流电流（ACA）、电阻、电容等参数	
6	兆欧表	测量绝缘电阻值	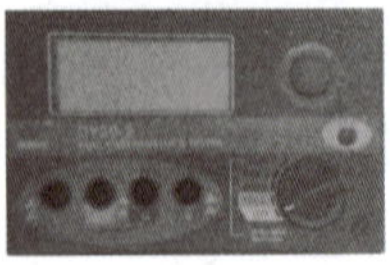

续表

序号	名称	备注	图示
7	绝缘鞋	须符合国标 GB 12011—2009《足部防护电绝缘鞋》的标准，可防止事故撞击后漏液导电； 使用前需目视检查绝缘安全鞋有无破孔、钉子、金属片、磨损或其他鞋底问题	
8	绝缘工作服	用于水淹车、较严重事故车辆查勘，使用前需检查工作服有无损伤	
9	绝缘胶带	耐压 1 000 V 以上	
10	常用绝缘工具	耐压 1 000 V 以上，使用前检查绝缘部分不能有破损； 可根据需要选择其中部分工具。如：常用拆装 12 V 蓄电池正负极桩头 10 号扳手	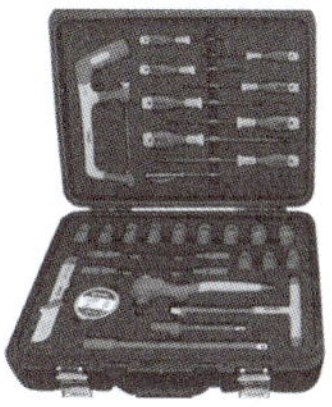

（二）事故车辆救援

当事故导致车辆无法行驶、需要救援时，因新能源汽车结构与传统汽车不同，为避免在施救过程中可能发生的漏电、起火等意外情况，尽可能降低车辆、人员损伤，建议进行以下操作：

注意：操作时要佩戴绝缘防护装备。

1. 车辆无法启动时的施救

事故导致动力蓄电池、高压部件受损时，车辆无法行驶需要施救。拖车前建议关闭点火开关，断开 12 V 蓄电池负极及维修开关等装置。此时，如果存在车辆无法脱离 P 挡、电子驻车制动无法解除等情况，联系专业人员处理。

新能源汽车因 12 V 蓄电池亏电时，动力蓄电池有电，车辆也可能无法启动。施救时采取与传统车辆相同的跨接搭电的方式启动车辆。跨接方式与传统车相同。

2. 起火状态下的施救

在道路上事故车辆起火时，由于施救条件的局限性，应首先保证人员安全，疏散人群，疏导车辆，并拨打消防救援电话。

在充电场所发生的车辆起火事故，条件允许时首先切断充电设备电源。在火势较轻时选用干粉、二氧化碳或水基灭火器，不可选用泡沫灭火器。

3. 水淹现场的施救

在水淹现场救援时，应穿好绝缘防护服，疏散人群，远离水域，等待专业救援。

4. 拖车时的注意事项

拖运车辆前，请关闭点火开关，并等待 10 分钟。戴上绝缘手套，断开 12V 蓄电池负极和维修开关。

拖运车辆时，建议采用平板拖车，避免车轮旋转造成车辆不必要的损失。

5. 停放时的注意事项

新能源汽车结构与传统车辆不同，由于严重的碰撞事故，可能导致车辆动力蓄电池损伤，车辆存在扩大损失的潜在风险，在停放时应注意以下事项：

（1）尽量选择室外场地停放并遮盖。

（2）与其他车辆和建筑至少保持 15 米距离。

（3）动力蓄电池应与车辆分离放置。

（4）车辆钥匙应远离车辆。

（5）车辆四周设立警示标志。

任务实施

一、任务场景

理实一体化教室。

二、任务要求

1. 演练任务：认识新能源汽车。

2. 演练目的：通过对新能源汽车的类型、结构、工作过程、主要风险点以及查勘工具等的学习，打好新能源汽车相关知识基础，为后续学习新能源汽车的查勘与定损做好铺垫。

3. 演练内容：制作 PPT 汇报，汇报内容包括新能源汽车的分类、车型识别、基本结构、工作流程、主要风险点以及查勘的专用工具等。

三、任务分组

在这个任务中，采用分组实施方式进行，以 4 ~ 8 人为一组，通过学生自荐或者推荐的方式选出组长，由组长负责本组的组织协调工作，带头示范、督促，帮助其他组员完成相应工作。

四、任务步骤

1. 学生以小组为单位分析讨论。

（1）如何识别新能源汽车的车型？

（2）新能源汽车的主要部件及结构有哪些？

（3）新能源汽车高压系统工作流程怎样？

（4）新能源汽车的主要风险点有哪些？

（5）新能源汽车查勘工具有哪些？

2. 制作 PPT，小组选取代表，展示和讲解 PPT 内容。

五、任务反思

1. 学生在完成任务过程中的收获和启示。

2. 学生在完成任务过程中的不足。

任务评价

汽车保险服务人员（认识新能源汽车）学习任务表现评分表如表 7-3 所示。

表 7-3　学习任务表现评分表

序号	评价项目	分值	评价指标	自评（30%）	互评（30%）	师评（40%）
1	职业素养 30 分	5	小组分工明确，能够对学习任务内容及实施步骤进行精心准备			
		5	有团队意识、合作能力			
		5	PPT 展示仪表着装得体，能较好地激发学习兴趣，营造良好的学习氛围			
		5	成果展示内容充实、语言规范、声音洪亮、吐字清晰			

续表

序号	评价项目	分值	评价指标	自评（30%）	互评（30%）	师评（40%）
1	职业素养 30分	5	开始和结束有吸引力			
		5	体现专业性和真实性			
2	专业能力 60分	15	学习积极主动，态度认真，遵守教学秩序			
		15	PPT制作技术美观、新颖，布局合理			
		15	PPT内容层次清晰，重点突出			
		15	PPT中有关新能源汽车的内容表述正确			
3	创新意识 10分	10	有创新型思维和行动			
	总配分	100	总得分			
	综合评价					

项目七任务一
同步测试

任务二　新能源汽车事故查勘

任务描述

　　进行现场查勘是收集证据的重要手段，是准确立案、查明原因和认定责任的依据。查勘工作的首要任务是真实反映事故情况，本着实事求是的态度才可以确保理赔工作的公平、公正。真实性既是对查勘工作的要求，也是对查勘人员职业道德的要求。交通事故事发突然，情况复杂，现场随时间推移会发生很大变化，所以要求查勘人员第一时间赶赴现场开展查勘工作，以免因时间推移而给保险人带来不必要的损失。作为查勘人员，需要掌握查勘前的准备工作、现场查勘的操作要求及流程，并且能够查勘不同场景的事故现场。

思维导图

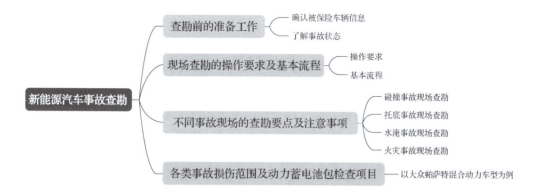

任务知识

一、查勘前的准备工作

由于新能源汽车结构与传统车辆结构的差异，新能源汽车现场查勘前的准备工作也应有所不同。

（一）确认被保险车辆信息

查勘员接到保险公司专线调度之后，首先通过抄单（机动车保险报案记录）信息了解被保险车辆的基本情况，包括厂牌型号、车牌号码、使用性质、使用年限、VIN 码和保险期限等。

查勘员可根据车辆的厂牌型号或车牌号码预先判断出险车辆是否为新能源汽车。新能源汽车的厂牌型号后缀往往标有"EV""HEV"等专有字符。

（二）了解事故状态

通过抄单掌握车辆基本信息后，确定为新能源汽车。查勘员应及时联系客户询问车辆出险原因及车辆损失情况，对事故车辆的损失做到心中有数。

重点了解以下内容：

（1）车辆是否能够正常驾驶。

（2）仪表盘是否有故障显示信息。

（3）车辆电池包是否受损，是否漏液。

（4）高压部件是否受损。

（5）气囊是否起爆。

（6）事故现场是否存在人员伤亡。

根据已经了解的事故损伤情况，预先作出现场查勘预案，携带好必备的查勘工具和救护用具，为现场查勘做好充分准备工作。

二、现场查勘的操作要求及基本流程

（一）操作要求

> 特别提示：在进行新能源事故车辆现场查勘前，务必穿戴好防护装备，在查勘过程中，如遇起火冒烟等特殊情况，请勿靠近，即刻拨打119火警电话。

查勘员到达事故现场后，需要查验事故车辆是否属于承保标的、是否存在三者损失、出险车辆与现场是否吻合等。同时，要对出险车辆行驶证、驾驶证相关信息进行验证。

（二）基本流程

现场查勘工作可参照以下基本流程操作：

（1）在车辆周围设置警示标识。

（2）外观查验，判断车辆损伤部位和损伤程度是否涉及高压部件。

（3）使用试电笔/万用表检查车辆损坏部位附近裸露金属部位（如轮毂）是否带电。

（4）在确认安全的情况下，检查仪表盘信息，主要包括故障信息、行驶里程、电池剩余电量（SOC值），并拍照记录。

（5）对于不能行驶的车辆，应尽快拆卸12 V蓄电池负极。条件允许时，断开维修开关。

（6）拍照记录车辆所有损伤情况。

（7）协助施救人员将车辆移至维修厂。

（8）如车主手机能够收到远程故障信息，应及时拍照保留证据。

> 特别提示：如动力蓄电池包、高压部件外壳有损伤，可能存在绝缘失效漏电的情况，需注意人员安全，建议联系专业人员处理。

三、不同事故现场的查勘要点及注意事项

不同事故类型对车辆造成的损伤有所不同，按照出险事故形态，将新能源汽车事故类型分为碰撞事故、托底事故、水淹事故和火灾事故四种类型。

（一）碰撞事故现场查勘

碰撞事故是最常见的事故类型，在碰撞事故中最容易遭受损伤的高压部件有充电口、电机控制器等。

下面以车辆正面碰撞事故为例对现场查勘事项进行阐述：

（1）在车辆四周布置警示标志。

（2）漏电检查，使用试电笔测试车身金属裸露位置是否带电。

（3）仪表盘检查，重点检查仪表盘以下信息：

①车辆行驶里程；

②电池剩余电量（SOC值）或剩余续航里程；

③高压系统故障灯是否点亮，如表7-4所示；

④其他故障灯是否点亮。

表7－4 新能源汽车部分高压系统故障灯图例

序号	故障名称	图示	备注
1	动力故障		此故障灯提示动力系统故障，通常会和其他故障灯一起亮，有时也会单独亮起
2	电量不足		此故障灯提示电动车的电量不足，应当及时充电
3	高压断开故障		此故障灯提示车辆内部的高压电断开，部分车型可能表示为12 V蓄电池充电故障
4	动力蓄电池包内部故障		此故障灯提示动力蓄电池包的内部发生了故障，车辆无法正常行驶。少数情况下，车辆还可以限速行驶
5	动力蓄电池包漏电		此故障灯提示动力蓄电池包漏电
6	动力蓄电池包高温		此故障灯提示动力蓄电池包处于高温状态，充电也可能导致动力蓄电池包处于高温状态
7	电机温度过高		此故障灯提示电机温度过高

（4）如高压部件存在损伤，应拆卸12 V蓄电池负极并断开维修开关。

（5）车辆外观及部件检查内容如下：

①车辆是否有焦煳异味；

②车辆是否冒烟、起火；

③高压部件损伤情况：快慢充电口及线束是否损伤，高压部件壳体及插接口是否损伤，驱动电机是否损伤。高压线束是否破皮，铜线是否裸露，如表7－5所示；

④低压部件损伤情况：动力蓄电池包散热器、冷凝器、电子扇外壳是否受损，行人警示喇叭是否损坏，制动助力蓄压罐是否破裂等，以及其他传统车辆的部件是否损伤。

表7-5　新能源汽车部分高压部件检查图示

序号	部件名称	部件损伤状态图示	说明
1	充电口	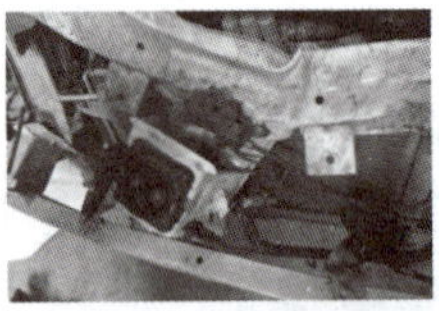	• 外观是否损伤 • 线束端子/插接件是否破裂、破皮、断裂 • 充电口支架是否变形、褶皱（金属件）、破裂
2	电机控制器		• 外壳是否损伤 • 固定支架是否变形、破裂 • 线束和插接件是否破裂、破皮、断裂
3	车载充电机	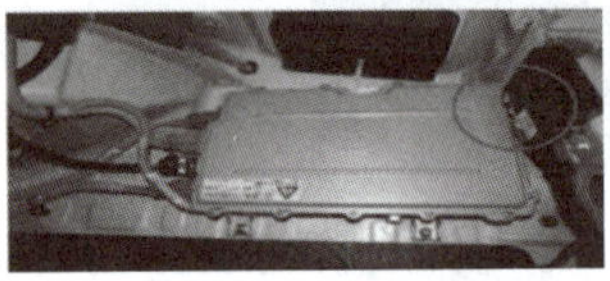	• 外壳是否损伤 • 固定支架是否变形破裂 • 线束和插接件是否破裂、破皮、断裂
4	DC-DC变换器		• 外壳是否损伤 • 固定支架是否变形破裂 • 线束和插接件是否破裂、破皮、断裂
5	高压分配单元		• 外壳是否损伤 • 固定支架是否变形、破裂 • 线束和插接件是否破裂、破皮、断裂
6	驱动电机		• 外壳是否损伤 • 固定支架和悬置是否变形、破裂 • 线束和插接件是否破裂、破皮、断裂
7	高压空调泵		• 外壳是否损伤 • 固定支架是否变形、破裂 • 线束和插接件是否破裂、破皮、断裂
8	高压线束		• 固定支架是否变形、断裂、破裂 • 线束绝缘层、屏蔽线、线芯是否扭曲、破皮、断裂 • 插接件是否变形、破裂

（二）托底事故现场查勘

托底事故通常包含在碰撞类事故中，但电动车托底主要损伤的是动力蓄电池包，且事故损失赔付较高，风险较大，故单独分类，因此了解此类事故查勘要点非常重要。

下面以车辆托底事故为例对现场查勘事项进行阐述：

（1）在车辆周围设置警示标识。

（2）对动力蓄电池包外观进行检查，可根据事故现场碰撞物体形状、材质，地面是否存在电池漏液等现象判断动力蓄电池包损伤程度。

①如动力蓄电池包有漏液现象，需远离车辆，及时呼叫专业救援。

②如动力蓄电池包无漏液现象，仅外壳轻微损伤，可进行后续检查。

（3）漏电检查，使用试电笔测试车身金属裸露位置是否带电。

（4）仪表盘检查，重点检查仪表盘以下信息：

①车辆行驶里程；

②电池剩余电量（SOC 值），或剩余续航里程；

③高压系统故障灯是否点亮；

④其他故障灯是否点亮。

（5）视情况拆卸 12 V 蓄电池负极并断开维修开关。

（6）其他高压部件检查：驱动电机、逆变器是否损伤，高压线束是否破皮，铜线是否裸露。如果任一高压部件存在损伤，可能会导致高压漏电。

（三）水淹事故现场查勘

水淹事故现场往往是一个变化的事故场景，需注意现场查勘的时效性。

动力蓄电池包的绝缘状态是保证车辆安全的重要前提。因制造工艺及使用环境等因素会导致动力蓄电池包的气密性能变差，当车辆遭遇水淹或涉水行驶时，会因高压系统绝缘等级下降导致车身带电。因此，在水淹事故现场查勘时，尤其要注意避免触电事故。

1. 现场查勘事项

以道路水淹事故为例对现场查勘事项进行阐述：

（1）穿戴好防护用具，例如绝缘手套和绝缘雨靴，有条件的需穿好绝缘服。

（2）注意查看车内是否有受困人员，可协助施救。

（3）在事故现场设置警示标识。

（4）测量车辆浸水高度，拍照车身水位线痕迹。

①车身表面的浸水高度；

②驾驶室的浸水高度；

③动力蓄电池包是否全部浸入水中；

④检查高压部件浸水高度并给驱动电机、电机控制器、高压线束、插接件等拍照。

（5）确认水淹时间及水质情况。

①详细询问车辆水淹时间并做好现场笔录。水淹时间对于新能源汽车高压部件的损坏程度是一个很重要的判断依据，因此接到水淹报案后，应尽快查勘，尽快将车辆拖离现场，降低车辆损失。

②查看水质情况。不同水质对高低压部件腐蚀存在差别，需注明水质状况，如城市污水、雨水、海水。

2. 查勘现场处理

如果车辆出现漏电或不能行驶的情况，应尽快联系道路救援。

如果判断水淹程度较轻，在确保安全的情况下可进一步操作。

（1）仪表盘检查，重点检查仪表盘以下信息：

①车辆行驶里程；

②电池剩余电量（SOC 值），或剩余续航里程；

③高压系统故障灯是否点亮；

④其他故障灯是否点亮。

（2）如果高压故障灯点亮，需拆卸 12 V 蓄电池负极并断开维修开关（若维修开关壳体有水渍，请勿操作）。

根据对水淹事故车辆现场查勘的损失状态，对车辆损失进行大致的判断，并对零部件表面的水渍状态分别拍照，充分采集证据，提高预估损失准确率。

（四）火灾事故现场查勘

在查勘火灾事故现场时，到达事故现场应询问、观察，判断起火原因，尽快理清保险责任。同时对于新能源汽车火灾案件，应重点查看并拍摄充电口是否烧损，需要鉴定是车辆自身原因、充电桩原因还是外界火源造成充电过程起火。

新能源汽车起火的直接原因大部分是由于动力蓄电池包的热失控造成的，间接原因可能是动力蓄电池包过充、动力蓄电池包受到外界冲击、使用环境温度过高、线路短路等，也有可能是外部火源导致车辆起火燃烧。

新能源汽车一旦起火，用传统隔绝空气的办法很难灭火。这是因为电池内部发生的化学反应会瞬间产生大量的气体，导致气压升高、电池破裂；而对于三元锂离子电池，其内部的化学反应还会产生助燃剂，使得灭火更加困难。目前，对新能源汽车起火事故，最有效的灭火方法是，使用大量的水覆盖进行降温阻燃，使动力蓄电池包的核心温度完全降下来，才能有效防止复燃。

1. 起火原因分析

新能源汽车起火原因分为以下几种：

（1）自燃：在没有外界火源的情况下，由于本身的低压电控系统、动力蓄电池包、高压电控系统、混动车型的供油系统等发生故障，或所载货物自身原因及车内放置的打火机、摩丝或其他易燃易爆物引发的燃烧。

（2）引燃：因外部火源导致车辆发生燃烧，如鞭炮、电焊或人为点燃。

（3）碰撞起火（含托底）：发生碰撞后造成高、低压线路短路，动力蓄电池包内部短路、漏液等情况，导致起火。

（4）雷击：雷雨天气，雷电产生的高压电流击穿汽车高、低压电器或易燃物引起燃烧。

2. 现场查勘事项

下面以新能源汽车电气系统起火事故为例对现场查勘事项进行阐述：

（1）穿戴好防护用具，例如绝缘手套、绝缘雨靴，有条件的需穿好绝缘服。

（2）注意查看车内是否有受困人员，可协助施救并呼叫消防救援。

（3）在事故现场设置警示标识。

（4）查看车辆外观，根据起火状态判断起火原因，确定燃烧位置。重点查看充电口是否烧损，动力蓄电池包是否冒烟、起火并及时对其状态进行拍照。

（5）对于火势较重车辆，需详细拍摄损坏部件，为车辆损失评估做准备。

需重点拍摄高压线束、电机控制器、驱动电机、高压配电单元以及动力蓄电池包等部件外观的过火状态。

（6）对于火势轻微且未涉及动力蓄电池包的车辆，灭火后及时将 12 V 蓄电池负极及维修开关断开，并等待 10 分钟以上。

（7）消防队灭火后，索要起火原因证明。

（8）因火灾事故的特殊性，可在灭火后补充查验车辆信息及驾驶人信息。

（9）根据需要协助施救车辆进行拖车。

查勘过程中灭火注意事项

● 若车辆发生未涉及动力蓄电池包的火灾，可使用汽车常用灭火器灭火。

● 若车辆动力蓄电池包着火或受热，甚至出现弯曲、破裂、损坏，请使用大量的水或水混合泡沫灭火剂对动力蓄电池包降温，直至将电池温度控制在安全温度范围内。

● 施救过程中，由于使用喷水灭火，可能导致高压部件绝缘失效，请务必在保证人身安全的前提下查勘。

四、各类事故损伤范围及动力蓄电池包检查项目

根据上述四种事故类型，表 7-6 列出了四种事故可能导致的损伤范围。

表 7-6　四种事故类型损伤范围

序号	事故类型	损伤范围
1	碰撞事故	动力蓄电池包的布局大多位于车辆底盘中后部，所以在碰撞事故中，侧面碰撞及尾部碰撞最有可能造成动力蓄电池包受损；正面碰撞事故基本不会对动力蓄电池包造成损伤，但可能造成其他高压部件的损伤，如电机控制器、DC-DC 变换器、充电口等
2	托底事故	托底事故往往会对动力蓄电池包造成直接损伤，一般会造成动力蓄电池包壳体划伤、凹陷、破裂；严重托底事故可能会导致动力蓄电池模组损伤，内部短路、冒烟起火等
3	水淹事故	水淹事故可能造成车辆线束插接件进水、高压部件进水、动力蓄电池包进水；情况严重时可能导致短路起火
4	火灾事故	火灾事故可能对动力蓄电池包造成损伤，严重时会造成车辆全损，并且全损概率较高

以大众帕萨特混合动力车型为例，介绍动力蓄电池包检查项目，如表 7 - 7 所示。

表 7 - 7　大众帕萨特混合动力车型动力蓄电池包检查项目

序号	事故类型	损伤范围
1	高压蓄电池上盖或下部壳体是否有裂纹	可能绝缘失效
2	高压蓄电池上盖或下部壳体是否变形	可能绝缘失效
3	是否由于温度作用导致外壳颜色变化和外壳的褪色	可能温度过高
4	是否有电解液溢出	漏液
5	高压电触点是否损坏	功能失效
6	等电位线是否安装正确	安装不正确或未安装可能导致电击伤害
7	是否有锈蚀损坏	可能进水

任务实施

一、任务场景

理实一体化教室。

二、任务要求

1. 演练任务：查勘不同的新能源汽车事故现场。

2. 演练目的：掌握新能源汽车事故查勘前的准备工作、现场查勘的操作要求及基本流程、不同事故现场的查勘要点。

3. 演练内容：根据事故真实情况，利用所学知识对新能源汽车事故现场进行查勘。

三、任务分组

在这个任务中，采用分组实施方式进行，以 4～8 人为一组，通过学生自荐或者推荐的方式选出组长，由组长负责本组的组织协调工作，带头示范、督促，帮助其他组员完成相应工作。

四、任务步骤

学生以小组为单位分析讨论，并完成工单的填写。

1. 查勘前的准备工作及查勘流程有哪些？

2. 碰撞事故现场查勘要点是什么？

3. 托底事故车现场查勘要点是什么？

4. 水淹事故现场查勘要点是什么？

5. 火灾事故现场查勘要点是什么？

6. 2016 年 8 月 23 日 18 时 58 分，王先生报案称其驾驶的新能源汽车不慎整车落水，保险公司立刻查询车辆基本信息，车辆初登日期是 2015 年 6 月 25 日，承保车损金额 130 240 元。经了解市场，该新能源汽车新车销售价格 15 万元左右，现市值仅 3 万元左右，出险车辆承保金额高出市场价 10 万元，明显高出市场价格。同时经调查核实，事故地点与驾驶员家庭居住地点较近，而且被保险人投保时，刻意关注车损险的保额。

思考题：

（1）保险公司会按照整车赔付损失吗？为什么？

（2）你认为承保车损的金额是否合适？为什么？

（3）对于新能源汽车水灾事故现场，应该如何查勘？

五、任务反思

1. 学生在完成任务过程中的收获和启示。

2. 学生在完成任务过程中的不足。

任务评价

汽车保险服务人员（新能源汽车事故查勘）学习任务表现评分表如表 7–8 所示。

表 7-8　学习任务表现评分表

序号	评价项目	分值	评价指标	自评（30%）	互评（30%）	师评（40%）
1	职业素养 30分	5	小组分工明确，能够对学习任务内容及实施步骤进行精心准备			
		5	有团队意识、合作能力			
		5	能完成任务实施内容			
		5	任务报告结构完整，观点正确			
		5	成果展示内容完整，语言规范			
		5	具有安全意识、规范意识和责任意识			
2	专业能力 60分	15	学习积极主动，态度认真，遵守教学秩序			
		15	掌握新能源汽车查勘相关知识			
		15	能灵活应用知识点进行相关案例分析			
		15	对知识的理解把握具有自学意识与动手能力			
3	创新意识 10分	10	有创新型思维和行动			
总配分		100	总得分			
综合评价						

项目七任务二
同步测试

任务三　新能源汽车定损

任务描述

　　现场查勘结束后，定损人员应根据查勘记录，会同被保险人一起确定车辆损失，必要时可与承修单位三方协商共同确定车辆损失。定损是对保险事故所造成的损失情况进行专业的核查与确认，是对损失的项目和程度进行全面、专业的描述与记录，以及对损失情况进行确定的过程，其中包括车辆损失、其他财产损失、施救费用、残值处理和人身伤亡费用等的确定。当事故车辆运至维修站之后，定损员首先要做的事情是锁定事故记录，为事故车辆定损做好准备。通过学习本任务，学生需要掌握不同事故中各个高压部件的损伤特点及定损工作的操作步骤。

思 维 导 图

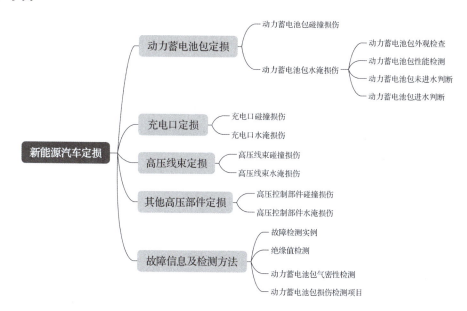

任 务 知 识

一、动力蓄电池包定损

目前，动力蓄电池包的维修方式主要有 3 种：动力蓄电池包返厂维修、厂家派遣技术人员到维修厂维修、厂家委托授权单位维修。

鉴于目前这 3 种维修方式，在送修之前，需要对动力蓄电池包的损伤形态做进一步查验，比如，对外壳凹陷、破裂、漏液进行拍照取证，作为对动力蓄电池包损伤程度评估的基本依据。

以下对动力蓄电池包碰撞损伤和水淹损伤的定损要点分别进行介绍：

（一）动力蓄电池包碰撞损伤

1. 确定车辆故障码信息

在条件允许的情况下，读取并打印车辆故障码检测报告，或者截屏拍照，确定车辆故障码发生时间、行驶公里数等信息。

2. 动力蓄电池包定损

对动力蓄电池包的损伤进行详细检查，根据动力蓄电池包损伤程度并参考维修手册，三方协商制定维修方案。动力蓄电池包碰撞损伤一般可分为 3 种类型：外壳轻微划痕或仅造成绝缘涂层破损、箱体轻微凹陷和箱体严重凹陷以及破裂。

（1）动力蓄电池包外壳轻微划痕或仅造成绝缘涂层破损。

动力蓄电池包外壳轻微划痕或仅造成绝缘涂层破损，目测金属箱体没有变形、气密性检测正常的情况下，可判断内部的模组及其他部件未受影响。建议对箱体涂层做修复处理。

（2）动力蓄电池包箱体轻微凹陷。

在仅造成动力蓄电池包箱体轻度变形的情况下，需对动力蓄电池包进行气密性、绝缘值及相关故障检测。经检测，如果动力蓄电池包的气密性、绝缘值及各项参数均正常，可判断电池模组及其他部件未受损伤。建议对动力蓄电池包箱体进行修复或更换。

（3）动力蓄电池包箱体严重凹陷以及破裂。

如果动力蓄电池包箱体出现严重凹陷或破裂，多数情况下会影响到电池模组，还可能影响动力蓄电池包的气密性及绝缘值。定损时，需首先检查绝缘值是否正常。在确保安全的前提下，对动力蓄电池包开箱检修，视箱体损伤程度进行修复或更换，建议对受损模组及其他部件更换处理。

如果动力蓄电池包内部模组损伤数量较多，综合考量维修成本及更换费用等因素，可采取更换动力蓄电池包总成的方法处理。

（二）动力蓄电池包水淹损伤

动力蓄电池包具备一定的防水能力，短暂的涉水行驶不会造成动力蓄电池包内部进水。但遭遇水淹事故时，由于水淹时间较长，可能导致内部进水，进而造成气密性和绝缘性能失效。在处理这种水淹事故时，首先应对动力蓄电池包的绝缘性能进行检测，穿戴好防护装备，在确保人身安全的情况下，开始进行损失确认工作。

动力蓄电池包损伤判断方法如下：

1. 动力蓄电池包外观检查

水淹事故导致动力蓄电池包进水的途径通常有以下几个：

（1）高压线束插接口；

（2）低压线束插接口；

（3）冷却水管结合处；

（4）单向阀或通气孔；

（5）箱体接合部位。

在动力蓄电池包水淹事故定损中，应重点检查上述部位的水渍或污染状态。

2. 动力蓄电池包性能检测

动力蓄电池包进水会使绝缘性能下降，导致内部短路，造成人身伤害。对于水淹后的动力蓄电池包，可通过检测绝缘值及气密性的方法判断内部是否进水。

3. 动力蓄电池包未进水判断

经过外观检查，高压插接件接线柱、低压线束接线端子干燥清洁，各接合位置及密封垫状态正常，且经性能检测各项指标未见异常，可判断动力蓄电池包内部没有进水。

4. 动力蓄电池包进水判断

经过外观检查，如果发现高压插接件接线柱、低压线束接线端子以及接合位置存在水渍痕迹，建议采取开箱检查的方式确定内部进水状态，根据内部损伤程度确定损失范围。

如模组、线束、控制器等部件多处浸水或存在锈迹，根据维修报价，综合考虑维修成本，可采取更换模组或更换总成的方法分别处理。

二、充电口定损

充电口分为快充口和慢充口两种。充电口总成由插接件、线束和支架组成，大部分安置在车辆前中网和行李舱盖，由于其位置特点，在碰撞事故中很容易损坏，因此成为定损环节关注的重点部件。

（一）充电口碰撞损伤

1. 充电口及线束检查处理方式

（1）如果充电口座损伤或破裂，建议单独更换充电口座。

（2）如果高压线束受到挤压发生破皮、断裂，可予以更换。

2. 检查充电口支架

充电口支架通常使用塑料和金属两种材质，对于塑料材质，一般予以更换，对于金属材质的支架，可根据损坏情况采取修复或更换的方式。

3. 检查故障码记录

碰撞事故如果导致充电口损坏及线束断路或短路，车辆会报出相应的故障码，定损时应注意采集相关数据。

（二）充电口水淹损伤

1. 充电口检查及处理方式

（1）充电口插孔内有明显水渍泥沙等痕迹，建议做清洁、烘干处理，绝缘值检测应不低于直流电压灵敏度100 Ω/V（快充口）、交流电压灵敏度500 Ω/V（慢充口）。

（2）充电口插孔内有明显锈蚀，建议更换。

（3）充电口支架存在锈蚀，建议清洁除锈。

2. 检查故障码记录

水淹事故可能会导致充电口短路或通信错误，车辆会报出相应的故障码，定损时应注意采集相关数据。

三、高压线束定损

新能源汽车高压线束均为橙色线束，由插接件、线束绝缘层（屏蔽线）、线芯、线束固定支架（卡箍）4部分组成，如图7-6所示。

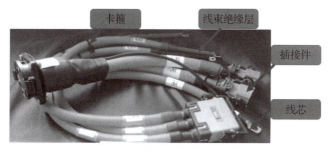

图7-6　新能源汽车高压线束

（一）高压线束碰撞损伤

1. 高压线束检查及处理方式

（1）线束插接件固定爪折断或外壳发生轻微破裂，线束未损伤，建议修复。

（2）线束绝缘层破损或线芯损坏，予以更换。

（3）线束固定支架或线芯损坏，予以更换。

2. 检查故障码记录

碰撞事故导致线束及插接件损坏时，可能会出现线束短路、断路，造成通信错误，车辆会报出相应的故障码，定损时应注意采集相关数据。

（二）高压线束水淹损伤

1. 高压线束检查处理方式

（1）高压线束插孔内有明显水渍泥沙等痕迹，建议做清洁、烘干处理，绝缘值检测应不低于直流电压灵敏度 100 Ω/V（快充口）、交流电压灵敏度 500 Ω/V（慢充口）。

（2）高压线束插孔内有明显锈蚀，建议更换。

（3）高压线束支架存在锈蚀，建议清洁除锈。

2. 检查故障码记录

水淹事故可能会导致高压线束短路或通信错误，车辆会报出相应的故障码，定损时应注意采集相关数据。

四、其他高压部件定损

其他高压部件是指高压控制部件及执行元件，包括以下几种：

（1）电机控制器；

（2）车载充电机；

（3）DC – DC 变换器；

（4）高压分配单元/高压配电箱；

（5）驱动电机；

（6）高压空调泵；

（7）PTC 加热器。

上述高压部件在很多车型上采用二合一或多合一的集成方式，如比亚迪秦或唐插电混合动力车型的电机控制器和 DC – DC 变换器为二合一方式，如图 7 – 7 所示；比亚迪 e5 的高压配电箱、电机控制器、DC – DC 变换器和车载充电机为四合一方式。

（一）高压控制部件碰撞损伤

高压控制部件一般由外壳、线束端子、插接件和内部元件组成，下面以比亚迪唐插电混合动力车型电机控制器和 DC – DC 变换器二合一总成为例进行说明。

1. 外壳检查及处理方法

（1）外壳破裂变形：外壳材质大部分为铝合金，上下盖板材质为铝合金或者钢板件，如事故仅造成外壳轻微损伤，比如局部断爪、铝壳轻微破裂，内部无其他损伤，建议采取局

图 7-7　比亚迪唐电机控制器和 DC-DC 变换器二合一总成

部铝焊修复处理。

（2）线束插接件变形、破损断裂：线束插接件外壳大多为塑料材质，如外壳出现轻微破裂或断爪，建议采取塑焊修复处理；如有插接件外壳配件供应，可予以更换。

（3）内部元件和电路板变形、破裂：内部元件和电路板损伤时，如有配件供应，可更换内部元件；综合考虑维修成本等因素，也可更换高压控制部件总成。

2. 检查故障码记录

碰撞事故造成高压控制部件损伤，通常会出现车辆无法行驶、充电功能失效、仪表故障灯点亮等现象，车辆会报出相应的故障码，定损时应注意采集相关数据。

（二）高压控制部件水淹损伤

目前大多数高压控制部件的插接件连接处均具备一定的防水功能。水淹事故应重点检查通气孔、高低压插接件插孔、上下壳体接合处等部位的密封状态。如检查中发现以上部位有水渍，需进一步检查内部元件是否进水。

1. 高压控制部件密封状态检查处理

经检查，如高低压插接件插孔干燥无水渍、上下壳接合处密封状态良好，绝缘值检测符合标准（直流电压灵敏度不低于 $100\ \Omega/\mathrm{V}$，交流电压灵敏度不低于 $500\ \Omega/\mathrm{V}$），可判断密封状态正常。

2. 高压控制部件开盖检查

经检查，如果插接件存在水渍、泥沙等痕迹，无论绝缘值是否在标准范围内，均需开盖检查。

（1）如果内部元件无水渍、无泥沙，建议对插接件做清洁干燥处理；

（2）如果内部有轻微水渍、无锈蚀，建议做清洁干燥处理并进行绝缘值检测；

（3）如果高压控制器内部进水较多或有锈蚀，建议更换总成。

3. 检查故障码记录

高压控制部件受水淹事故影响，通常会造成绝缘性能失效、车辆无法行驶、仪表故障灯点亮等现象，车辆会报出相应的故障码，定损时应注意采集相关数据。

五、故障信息及检测方法

（一）故障检测实例

车辆故障码是车载诊断系统判断部件发生故障时的提示信息，包括故障发生时间、行驶公里数等，需用专业检测设备读取，可为定损提供重要依据。

以下故障码读取步骤以荣威 ERX5 为例。

（1）连接诊断仪，选择车型，读取系统参数信息，打印详细诊断报告，如图 7 - 8 所示。

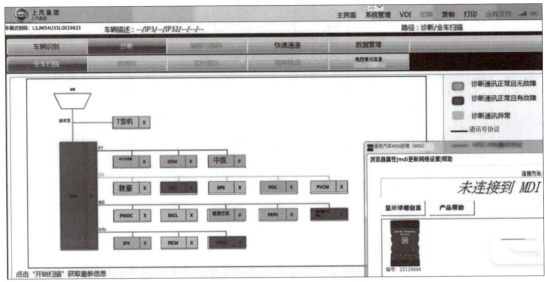

图 7 - 8　荣威 ERX5 车型诊断报告

（2）进入故障记录系统，查看能否读取冻结数据帧。

（3）进入可读取的冻结数据帧，观察具体故障码信息。

（二）绝缘值检测

1. 测量方法
通常使用兆欧表测量高压部件的绝缘值，判断其绝缘性能是否正常。

（1）将兆欧表"E"端黑色测试夹与车身金属裸露部位连接。

（2）将兆欧表"G"端黑色表笔与被测部件的外壳连接。

（3）将兆欧表"L"端红色表笔与高压部件接线端子连接，所有接线端子均需检测。

（4）根据标称电压选择量程：选择比标称电压高的临近挡位测试，按下红色测试键（TEST/STOP），待屏显数值稳定，读取数值。

2. 测量位置及流程
（1）在进行绝缘性检测时，测量的位置如下：

①高压部件；

②线束；

③动力蓄电池。

（2）具体的测量流程如下：

①找准待测量部件；

②连接表笔，调至合适量程，如图 7 - 9 所示。

（3）按下"TEST/STOP"按钮；

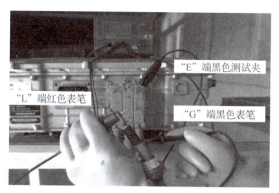

图 7 - 9　表笔连接

（4）待屏显数据稳定后，读取绝缘值。

注意：所有高压插接件均需检测。

（三）动力蓄电池包气密性检测

动力蓄电池包气密性检测可分为正压检测、负压检测，通过设备对动力蓄电池包内部进行加压或抽空，在一定时间内，压力值应保持在规定范围内。

下面以启辰晨风纯电动车型为例，对动力蓄电池包单独气密性检测做介绍。

1. 所需工具

气密仪套件（加压设备、压力表、连接接头等，如图 7 - 10 所示）、肥皂水、毛刷、塑料胶带。

2. 操作步骤

（1）取下动力蓄电池包上的橡胶插头并连接适配器；

（2）将泵软管连接到气密性测试仪上；

（3）保持维修开关在接合状态；

（4）用塑料胶带密封通风口，防止空气泄漏；

（5）对动力蓄电池包内增压 1.6 kPa，如图 7 - 11 所示；

（6）使用毛刷及肥皂液检测连接处、通风口的泄漏情况。

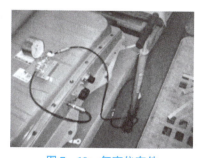

图 7 - 10　气密仪套件

图 7 - 11　增压 1.6 kPa

3. 数值读取

动力蓄电池包在 1.6 kPa 状态下保持 1 分钟，观察动力蓄电池包压力变化状态，压力应保持在 1.4 kPa 以上。

（四）动力蓄电池包损伤检测项目

动力蓄电池包损伤检测项目如表7-9所示。

表7-9 动力蓄电池包损伤检测项目

序号	检查项目	注意事项
1		固定点是否损坏：高压蓄电池对于壳体连接点（有无）弯曲、变形
2		电气接口是否损坏： （1）线束端子的连接点1 （2）高压互锁的线束/插口2 （3）高压线接口的外壳和锁止卡扣3
3		通气孔、排气单元、冷却液接口、制冷剂接口等是否变形、损坏
4		壳体上的损坏：壳体破裂、凹陷、变形、穿孔或不密封
5		是否漏液

任务实施

一、任务场景

理实一体化教室。

二、任务要求

1. 演练任务：对新能源汽车不同损伤部位定损。

2. 演练目的：掌握新能源汽车高压部件的损伤特点及定损工作的操作步骤。

3. 演练内容：根据事故真实情况，利用所学知识对不同事故造成的新能源汽车损伤部位定损。

三、任务分组

在这个任务中，采用分组实施方式进行，以 4~8 人为一组，通过学生自荐或者推荐的方式选出组长，由组长负责本组的组织协调工作，带头示范、督促，帮助其他组员完成相应工作。

四、任务步骤

学生以小组为单位分析讨论，并完成工单的填写。

1. 不同事故中动力蓄电池包定损要点。

2. 不同事故中充电口定损要点。

3. 不同事故中高压线束定损要点。

4. 不同事故中其他高压部件定损要点。

5. 某年 2 月 25 日，车主张先生报案称自己的比亚迪秦在一条泥泞小路上行驶时不慎托底，造成动力蓄电池包底壳受损，仪表盘报故障，电池电量低。在 2 月 27 日的定损中，维修站反馈该车动力蓄电池包受损，无法充电，需要更换总成。后经查证，该案件为假案，保险公司成功将此案拒赔。

（1）定损人员根据什么对该起案件产生疑问？

（2）为了确认该案件为假案，定损人员下一步该如何做？

（3）通过该起案件，你获得了哪些启示？

五、任务反思

1. 学生在完成任务过程中的收获和启示。

2. 学生在完成任务过程中的不足。

任务评价

汽车保险服务人员（新能源汽车定损）学习任务表现评分表如表7-10所示。

表 7-10　学习任务表现评分表

序号	评价项目	分值	评价指标	自评（30%）	互评（30%）	师评（40%）
1	职业素养 30分	5	小组分工明确，能够对学习任务内容及实施步骤进行精心准备			
		5	有团队意识、合作能力			
		5	能完成任务实施内容			
		5	任务报告结构完整，观点正确			
		5	成果展示内容完整，语言规范			
		5	具有安全意识、规范意识和责任意识			
2	专业能力 60分	15	学习积极主动，态度认真，遵守教学秩序			
		15	掌握新能源汽车定损相关知识			
		15	能灵活应用知识点进行相关案例分析			
		15	对知识的理解把握具有自学意识与动手能力			
3	创新意识 10分	10	有创新型思维和行动			
	总配分	100	总得分			
	综合评价					

项目七任务三
同步测试

任务四　新能源汽车保险理赔典型事故案例

任务描述

根据新能源汽车理赔数据统计，"三电系统"中的驱动电机、高压控制单元以及动力蓄电池包的合理赔付已成为保险行业普遍关注的问题，其中，动力蓄电池包在理赔过程中存在的问题更为突出。大多数理赔人员感到棘手的问题是对动力蓄电池包损伤成因的分析与损失确认的方法缺乏了解。针对这个现状，本任务收集整理了部分动力蓄电池包损伤事故处理的典型案例，就新能源汽车事故现场查勘、车辆定损环节的操作步骤、动力蓄电池包内部损伤成因判断分析的方法以及发生严重事故以后车辆处置建议等方面分别进行介绍。

思维导图

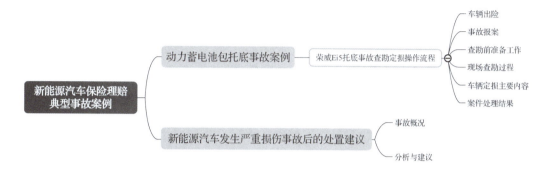

任务知识

一、动力蓄电池包托底事故案例

这是一个典型的纯电动车辆动力蓄电池包（以下简称电池或电池包）托底事故案例。通过对理赔各环节处理过程的描述，展示了理赔人员从接受任务调度、查勘前准备工作到现场查勘过程、车辆损失确认诸环节的标准操作流程、安全注意事项及检测工具设备的使用情况，可为新能源汽车事故处理工作提供参考。

（一）车辆出险

某公司承保的荣威 Ei5 纯电动汽车在某路段行驶时，不慎冲上隔离带，发生托底事故，导致动力蓄电池包外壳底部损伤，如图 7-12 和图 7-13 所示。

图 7-12　托底事故现场

图 7-13　动力蓄电池包底部损伤状态

（二）事故报案

事故发生后，驾驶员拨打保险公司报案电话，客服人员了解到车辆已不能行驶，需要救援。随即调度救援车辆予以施救，同时通知理赔人员赶赴现场查勘。

（三）查勘前准备工作

接受查勘任务后，理赔人员按照以下步骤做查勘前准备工作。

1. 通过定损系统调取该事故车辆的投保信息，与现场驾驶员通过电话了解事故基本情况

（1）查看抄单，得知该车足额投保了车损险、三者险、附加险。

（2）根据车辆牌照为京 A D ××××× 得知该车是新能源纯电动汽车。

（3）根据注册登记时间刚刚过一个月，判断该车辆状态较新。

（4）与驾驶员通过电话，了解车辆碰撞部位、损伤情况、电池是否漏液、仪表是否显示故障码、动力蓄电池包是否断电、车辆能否行驶等，初步判断车辆损伤程度。

2. 根据事故现场情况和纯电动汽车的特点准备现场查勘专用工具

（1）灭火器、消防锤。

（2）高压警示牌，用于提示非操作人员远离事故车辆。

（3）绝缘防护装备，包括橡胶绝缘手套和皮手套、绝缘鞋、绝缘工作服。

（4）动力蓄电池包检测设备，包括试电笔、万用表和兆欧表。

①试电笔可以检测车身外壳是否带电。

②万用表可以测量电池直流电压（DCV）、交流电压（ACV）、直流电流（DCA）、交流电流（ACA）、电阻 Ω、电容等参数。

③兆欧表可以测量高压部件绝缘电阻值。

（四）现场查勘过程

到达事故现场后，查勘人员立即展开车辆查勘工作。

（1）现场设置查勘警示标识（高压警示牌、反光锥形桶等），疏散围观人群，保护现场原始状态。

（2）穿戴好绝缘鞋及绝缘手套，第一时间对事故车辆进行车身漏电检测。

（3）查验事故车辆 VIN 码、驾驶证、行驶证，对事故车辆及驾驶员进行身份确认。

（4）按照规范拍摄事故现场、事故车辆、损伤部位、损伤痕迹（包括局部特写照片）。

（5）指导被保险人联系救援车辆，协助进行车辆施救。

（6）车辆在拖运前断开 12 V 低压蓄电池负极接线端子以及动力蓄电池包维修开关。

（五）车辆定损主要内容

对事故损伤部位做进一步检查，评估电池包损伤程度。

车辆在拖至维修站后，按照检测程序，首先对动力蓄电池包总成进行外观损伤检查和电池性能检测。

1. 动力蓄电池包外壳漏电检测

（1）检测仪器：试电笔或者兆欧表。

（2）使用试电笔检测方法：将试电笔测试头触及车身金属裸露部位（如轮毂固定螺栓、车架固定螺栓等位置），直接读取显示状态即可。

（3）检测标准：显示屏无 "⚡" 的符号即为正常；反之，如果显示 "⚡" 符号，即存在漏电可能，如图 7 - 14 所示。

（4）使用兆欧表检测方法：按照安全操作规程要求，穿好绝缘靴、戴好绝缘手套，将黑色测试夹与车身金属裸露部位连接，黑色表笔连接动力蓄电池包外壳，红色表笔连接动力蓄电池包维修开关端子，按下测试键，等待数字显示稳定后，显示屏的数值即为绝缘电阻值。

（5）检测标准：直流电压灵敏度不小于 $100\ \Omega/V$，交流电压灵敏度不小于 $500\ \Omega/V$，一般情况下，使用兆欧表检测绝缘电阻值应高于 $2\ M\Omega$，即为正常，如图 7-15 所示。

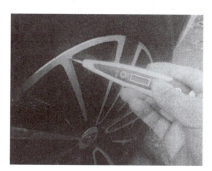

图 7-14　试电笔漏电检测（无"✎"符号）

图 7-15　兆欧表漏电检测

2. 动力蓄电池包剩余电量（SOC）数值检查

（1）检查方法：通过仪表盘或显示屏数值读取。

（2）操作步骤：打开点火开关，在仪表盘或者电子显示屏，选择"电池剩余电量（即 SOC）"状态，读取数值，显示范围在 0~100 之间。例如：仪表盘显示 SOC 为"21%"，即表示该电池剩余电量为 21%。

（3）判断及处置方法：如果事故造成电池损伤，其内部不排除发生漏液、腐蚀、断路、短路的现象，存在损失扩大的可能性。电池剩余电量越高，其潜在的风险越大。因此，建议首先由 4S 店协助将电池拆下，与车身分离放置，同时将电池放电至安全电量（SOC 低于 20%），以降低电池出现意外导致车身损失的风险。

3. 动力蓄电池包总成外观检查，测量动力蓄电池包凹陷变形数据

（1）检查内容：动力蓄电池包外壳是否出现凹陷、破损、开裂等现象。

（2）检测标准：动力蓄电池包外壳不得有开裂、破损情形，电池底板平面凹陷深度不得大于 3 mm。

（3）检测量具：钢直尺、深度尺、游标卡尺。

（4）检测方法：使用刀口尺或钢直尺贴合电池包外壳，使用深度尺或者钢直尺测量凹陷最深处，如图 7-16 所示。

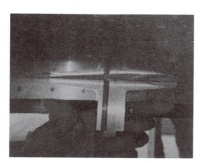

图 7-16　测量电池包底板凹陷深度

4. 检测动力蓄电池包气密性

1）检测动力蓄电池包气密性的方法

（1）拔除电池高压插头（橙色）、控制及信息线束插头（图 7 - 17）。

图 7 - 17　拔除高压线束插头，安装蓝色测试气管

（2）使用专用卡具封闭上述插座（图 7 - 18 ~ 图 7 - 20）。

（3）安装蓝色测试气管（图 7 - 17 左边蓝色气管）。

（4）按照操作规范注入气体，并按照测试要求保压（图 7 - 21）。

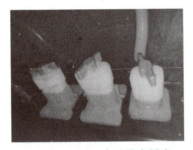

图 7 - 18　封闭高压线束插座

图 7 - 19　封闭控制线束插座

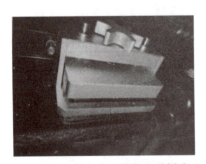

图 7 - 20　封闭高压维修开关插座

图 7 - 21　测试表头

检测标准：（以某品牌为例）动力蓄电池包密封、充气压力 6 ~ 8 kPa 状态保持 1 分钟，压力降低不得大于 0.05 kPa/min。

按照上述检测程序，保险公司和修理厂共同对动力蓄电池包 4 项指标进行了检测。

检测结果：

第一项，检测动力蓄电池包绝缘性能。检测结果为：大于 2 MΩ，显示绝缘状态良好。

第二项，动力蓄电池包电量数值检测。检测结果为：剩余电量 SOC50%，高于安全电量，要求维修站做放电处理。

第三项，对动力蓄电池包损伤部位进行检查与测量。

经外观查验，该动力蓄电池包外壳底部为双层金属结构，由底板和护板组成。底板为冲压成型的铝制板材，护板为 1.5 mm 厚的钢板。损伤位置在动力蓄电池包中后部，前后有多处刮擦痕迹，其中凹陷较深的部位在电池包的后部。经测量凹陷深度为 3 mm 左右。

第四项，对动力蓄电池包气密性做检测。按照动力蓄电池包检测标准，对动力蓄电池包进行了密封性能检测，结果显示：在规定的时间内，压力保持正常。说明动力蓄电池包的密封状态完好，没有受到损坏。

根据上述检查结果，可初步判断动力蓄电池包的性能未受到严重影响。为确认动力蓄电池包内部模组的状态，再对动力蓄电池包开盖检查。

2）动力蓄电池包开盖检查结果

（1）内部模组状态：各模组排列平整、高度正常，未见挤压变形。

（2）线束连接状态：模组间连接线束排列整齐、连接牢固，未见松动、断裂。

（3）动力蓄电池包底部状态：从动力蓄电池包内部看，底板局部手触可见有轻微向上隆起，但未对模组固定基座造成影响。

（4）托底位置模组状态：将变形位置模组拆解检查，其底部与动力蓄电池包底板贴合面平整完好，模组电压正常。

（六）案件处理结果

此案维修站一开始要求更换动力蓄电池包总成，报价 7 万多元。经过外部损伤测量、电气指标检测以及动力蓄电池包开盖检查，确认托底事故对动力蓄电池包各项指标没有造成影响，经过协商，维修站同意由更换动力蓄电池包总成方案改为对动力蓄电池包底板及护板做必要的整形修复方案，该事故至此顺利结案。

二、新能源汽车发生严重损伤事故后的处置建议

近年来，新能源汽车起火燃烧的事故时有发生，其中绝大部分发生在碰撞事故以后。当动力蓄电池包受损后，内部结构以及绝缘性能均可能遭到破坏，在车辆运输、维修及停放期间，电池包内部状态有可能发生变化。因此，在新能源汽车理赔过程中，一定要对动力蓄电池包的损伤状态进行评估，采取安全妥善的方法。

下面介绍的某品牌纯电动汽车发生的两起事故，由于后期分别对电池采取了不同的处理方法，两车形成的实际损失结果差异巨大。

（一）事故概况

1. 新能源汽车 A 起火

某年 8 月 25 日下午，在某地汽车维修站内，一辆发生了前部碰撞的新能源汽车 A（纯电动汽车）在露天停放过程中突然从底部冒出白烟，维修人员迅速使用灭火器扑救，至消防人员赶到采用喷水降温法灭火，均未取得效果，最终整车被烧毁，如图 7-22 和图 7-23 所示。

图7-22　事故车辆停放中（图中画圈处）

图7-23　车辆最终被烧毁

后期经过调查了解到，该车右前部发生较严重的碰撞事故后，被拖至非特约维修站停放。由于该维修站缺乏专业维修电动汽车的经验，对动力蓄电池包风险评估不足，没有及时将电池与车体分离，当动力蓄电池包发生自燃时，导致整车被烧毁。

2. 新能源汽车B出险

某年3月6日7：50左右，在某地超级充电站内，一辆新能源汽车B正准备进去充电，但令人意想不到的是，原本缓缓行驶的车辆竟突然加速，冲破围栏，冲进了对面的河道，落入水中，如图7-24所示。

2：30分左右，新能源汽车B被打捞施救拖至特约维修站以后，理赔人员通过核实事故经过及对施救过程的调查，并结合车身水淹痕迹认为，该车动力蓄电池包已经完全浸泡水中，且浸泡时间较长，动力蓄电池包发生自燃的潜在风险极大，因此支持维修站尽快拆卸动力蓄电池包的要求，及时将动力蓄电池包拆下单独安放，做到车电分离，以免损失扩大。

事情的结果证明维修站和理赔人员的做法是正确的，就在动力蓄电池包拆下的当天晚上，动力蓄电池包发生了自燃，如图7-25所示。由于维修站处置方法得当，仅造成动力蓄电池包总成报废，有效地避免了殃及车身的扩大损失。

图7-24　车辆冲破围栏落入河中

图7-25　动力蓄电池包发生自燃被烧报废

（二）分析与建议

上述两个案例通过对新能源汽车动力蓄电池包受损后不同处理方法的介绍，指出了动力蓄电池包如果受到损伤，存在损失扩大的潜在风险，强调在理赔过程中一定不可忽视这一点。

下面首先分析一下新能源汽车起火的原因有哪些？

根据对起火事故车辆的统计，新能源汽车发生燃烧的原因主要分为两大类型：

1. 正常使用状态

正常使用状态包括充电状态、停放状态和车辆行驶过程中引发燃烧。

2. 发生事故以后

发生事故以后包括发生碰撞事故和涉水事故以后引发的燃烧。

车辆的正常使用过程，即电池的充电、放电过程，电池管理系统 BMS 可以实时监测车辆运行过程中动力蓄电池组包的状态变化。根据统计，目前多数新能源汽车的自燃都来自电池管理系统故障。在充电、放电过程中，由于动力蓄电池的热失控，引起动力蓄电池包短路、热辐射、BMS 质量问题等，都会导致动力蓄电池包温度过高而发生自燃。

当车辆发生碰撞事故（主要指托底事故）时，动力蓄电池包受到外部机械冲击，迫使动力蓄电池包发生形变。动力蓄电池包壳体如果出现扭曲、凹陷、破裂等损伤，造成动力蓄电池包内部模组或者单体电池受到挤压，其结构组织被破坏（例如隔膜断裂、刺穿、漏液），会产生内部短路和可燃气体，并促发可能的热失控。这种原因导致的温度升高时间、是否引发自燃不确定，可因损伤程度而异。

当车辆发生涉水事故（主要指在水中浸泡）后，动力蓄电池包内部如果进水，动力蓄电池包的接线或电机控制系统可能由于水或水汽的侵蚀，造成绝缘程度下降、短路，导致漏电，还会产生大量可燃可爆气体。一旦短路，就会导致动力蓄电池包温度迅速上升，引起燃烧，甚至爆炸。

根据上述分析可以看出，由于事故引发的自燃往往存在滞后性和不确定性。因此，在理赔过程中，为了充分保障被保险人的权益和减少不必要的损失，应高度重视动力蓄电池包的特点，正确评估其损伤程度及潜在风险。

在此郑重建议：第一时间采取拆卸动力蓄电池包单独安放的处置方法，确保车电分离，动力蓄电池包放置的位置须与其他物体保持 15 米安全距离，必要时进行放电处理，避免造成更大的损失。

任务实施

一、任务场景

理实一体化教室。

二、任务要求

1. 演练任务：分析动力蓄电池包的损伤成因。
2. 演练目的：掌握动力蓄电池包内部损伤成因判断分析的方法。
3. 演练内容：根据事故真实情况，利用所学知识对动力蓄电池包损伤成因进行分析。

三、任务分组

在这个任务中，采用分组实施方式进行，以 4~8 人为一组，通过学生自荐或者推荐的方式选出组长，由组长负责本组的组织协调工作，带头示范、督促，帮助其他组员完成相应工作。

四、任务步骤

学生以小组为单位分析讨论，并完成工单的填写。

[案例]

2018年1月27日，某保险公司接到被保险人电话报案，称其投保的江淮EV5电动汽车于2018年1月25日在下摆渡船时，由于摆渡船不稳定，使摆渡跳板刮碰标的车底盘，造成车辆损伤，不能行驶。保险公司随后对事故车辆进行查勘并拍照，发现车辆底部中央位置确有由前向后的刮蹭伤。通过询问当事人了解到，事故发生当时故障灯点亮，但车辆能够继续行驶，驾驶员检查底盘未见明显破损，就继续驾驶。后驾驶员将车交还于被保险人（车主）覃某，覃某在晚上充电时发现不能充电，遂通知柳州永顺汽车有限公司（江淮4S店）。1月26日柳州永顺汽车有限公司联系拖车将标的车拖至店内，检查为绝缘故障。经拆解动力蓄电池包检查，发现动力蓄电池包内部有液态水滴痕迹，线束手触有潮湿感，动力蓄电池包托底变形位置锈迹明显，程度呈较重状态。修理厂以电池内部绝缘等级不能达到要求为由，要求更换动力蓄电池包总成，包含附件总价共计100 840元。

思考题：

1. 针对该案例中的描述，你有哪些疑惑？

2. 为了解答这些疑惑，作为定损员，接下来你该从哪些方面对动力蓄电池包进行损伤分析？

3. 经检查，发现动力蓄电池包底部护板四条固定螺钉之一位于凹陷区域，且受托底事故影响而脱落，动力蓄电池包外壳该螺钉位置处于破损状态。试着据此判断动力蓄电池包绝缘故障形成的过程。

4. 假设所有电池组经检测都正常，且无损伤，该车辆的修复方案是怎样的？

五、任务反思

1. 学生在完成任务过程中的收获和启示。

2. 学生在完成任务过程中的不足。

任务评价

汽车保险服务人员（新能源汽车保险理赔典型事故案例）学习任务表现评分表如表 7－11 所示。

表 7－11　学习任务表现评分表

序号	评价项目	分值	评价指标	自评（30%）	互评（30%）	师评（40%）
1	职业素养 30 分	5	小组分工明确，能够对学习任务内容及实施步骤进行精心准备；			
		5	有团队意识、合作能力			
		5	能完成任务实施内容			
		5	任务报告结构完整，观点正确			
		5	成果展示内容完整，语言规范			
		5	具有安全意识、规范意识和责任意识			
2	专业能力 60 分	15	学习积极主动，态度认真，遵守教学秩序			
		15	掌握新能源汽车动力蓄电池包损伤成因分析相关知识			
		15	能灵活应用知识点进行相关案例分析			
		15	对知识的理解把握具有自学意识与动手能力			
3	创新意识 10 分	10	有创新型思维和行动			
	总配分	100	总得分			
	综合评价					

项目七任务四
同步测试

某保险公司查勘员接到任务，根据现场实际情况对新能源汽车事故现场进行查勘工作。请完成以下任务工作单：

任务一：客服人员接到报案：某年中秋节晚20：50分左右，车主驾驶一辆比亚迪汉纯电动汽车行驶在公路上，转弯时由于车速过快，方向没有把握好，车掉入路边沟中，并被大树挡住。于是该客服人员调度附近的查勘员前往事故现场查勘。

1. 收集资料，新能源汽车与传统汽车在结构方面有哪些区别？

2. 针对该任务，查勘人员在查勘前需要做哪些准备？在现场查勘过程中应具体做哪些工作？

任务二：某年6月23日夜间到24日，南京下了一场暴雨，导致不少车子泡水。王先生所购买的某品牌电动车正是其中一辆，具体情况如图7-26所示，并且王先生也购买了新能源汽车第三者责任保险和新能源汽车损失保险。24日王先生向所投保的保险公司报案，接到报案后，调度员随即派查勘员前往查勘。

图7-26 王先生被水淹的电动车

1. 收集资料，新能源汽车水灾事故如何进行现场查勘？

2. 针对该任务，思考一下王先生车辆的定损工作其操作步骤是怎样的？

提升专业素养，明确岗位职责，加强服务意识

纯电动车辆发生托底是常见的保险事故，通常会造成动力蓄电池包外壳不同程度的损伤。根据壳体损伤程度，一般可分为刮擦痕迹、轻微凹陷、严重凹陷、扭曲破裂等几种损伤状态，保险公司通常会根据损伤程度协商赔付方案。接下来，通过一辆传祺 GE3 动力蓄电池包外壳轻微损伤的分析判断来说明专业知识的重要性。

1. 车辆出险

某年 7 月 8 日，某公司承保的一辆刚上牌的广汽传祺纯 GE3 电动轿车报案，称在倒车时托底，动力蓄电池包底部剐蹭凸起的树墩，导致动力蓄电池包外壳绝缘涂层破损。保险公司立即派人对事故车辆进行现场查勘。经查，动力蓄电池包前部高压线束、低压线束、液冷管道状态正常，漏电检测数据正常；该车可正常行驶，动力蓄电池包故障报警灯未点亮。理赔员对动力蓄电池包底板损伤进行查验。经查，该动力蓄电池包为铝制外壳，底板平整。外敷有一层黑色绝缘涂层，质地较软，厚度不足 2 mm。损伤部位位于动力蓄电池包底板左侧中间位置，绝缘涂层被刮破损，面积大约为 150 mm×300 mm。目测铝制底板没有凹陷，用深度尺对动力蓄电池包底板进行测量，未见变形。

（1）维修站委托传祺厂家授权的第三方机构对动力蓄电池包进行产品鉴定，报告主要内容如下：

①外观描述：电池箱下体绝缘层受损面积较大，金属层没有明显的受损痕迹。

②两项基本检测：a. 电池箱体外观受损；b. 气密检测合格通过。

③评估结果：电池箱外壳防护层受损面积较大，存在腐蚀风险，建议更换箱体外壳。

维修站提交了关于维修资质的情况说明，并依据第三方的评估结果提出维修方案，要求拆卸电池，更换电池外壳。报价单主要内容是：箱体费用 33 500 元，工时费运输费 7 230 元，总维修费用合计 41 200 元。

（2）保险公司通过对现场障碍物查勘、电池壳体状态的测量，再结合车辆能够正常行驶的情形，判断事故对动力蓄电池包的各项性能指标影响不大，提出几点意见与车主和维修站协商赔付方案：

①从损伤部位的查验与检测结果看，该车动力蓄电池包没有发生漏电的情形，经测量电池底板金属壳体没有凹陷，绝缘层损伤面积仅占电池底部面积的 1% 左右。

②车辆因倒车时与地面树墩剐蹭，由于车速较慢、树墩质地较软，对动力蓄电池包仅造成表面绝缘层损伤，没有影响到金属壳体，对电池的性能指标应该没有造成实质影响。

③该车 BMS 无故障码显示，电池能正常充电，且车辆也能正常行驶，据此可判断电池性能正常。

④厂家授权的第三方机构检测数据也确认了电池箱体"金属层没有明显的受损痕迹"，与查勘员的测量结果是一致的。

⑤厂家授权的第三方机构检测的另一个重要数据为"气密检测合格通过"，确认了该电池没有破损。这一点也能够说明此事故没有影响动力蓄电池包的主要性能指标。

2. 处理意见及问题

根据上述分析意见，保险公司向维修站提出建议，希望采取对绝缘涂层进行修复的解决方案；同时根据车辆较新的状态向被保险人建议，由于事故损伤轻微，在没有影响动力蓄电池包性能的情况下，尽量保留新车原车电池，希望被保险人能够采纳保险公司对绝缘涂层进行维修的赔付方案。为了保证被保险人的利益，还向被保险人进一步承诺：采取修复方案赔付以后，使用过程中如果电池出现质量问题，可随时予以更换。

对于保险公司的分析和建议，作为掌握大量车辆技术资源的维修站虽没有提出不同意见，但在保险人、被保险人、维修站三方协商维修方案的过程中，在责任与利益面前态度模糊，维修站人员闪烁其词。作为车主，对发生事故后车辆能够正常行驶的状况是了解的，也基本同意保险公司的分析意见。

但是由于维修站往往会隐晦地表达出带有倾向性的意见，就会极大地影响车主作出决定。所以，尽管此事故造成的损伤很轻微，尽管电池状态良好，车辆也可正常行驶，但在维修站消极态度的影响下，车主在修复与更换的两个方案中，还是选择了后者，坚持要求更换动力蓄电池包壳体总成。此案最终以更换动力蓄电池包壳体总成的方案予以赔付。

3. 动力蓄电池包壳体拆解

为了完整地了解动力蓄电池包壳体损伤的内部情况，保险公司在事故结案以后，对更换下来的动力蓄电池包壳体持续跟踪，对其结构做了进一步的了解，对损伤部位内部状态进行了简单检测。

传祺 GE3 车型为纯电动紧凑型 SUV。该车的改进版搭载了能量为 54.75 kW·h 的高性能三元锂离子电池，能量密度为 160 W·h/kg，综合工况续航里程达到了 410 km，匀速工况下的最高续航里程可达 530 km。动力蓄电池包总成分为上盖和下箱体（即底壳）两部分。上盖材质为 SMC（片状模塑料）复合材料，下箱体为铝制材质，两侧各通过 8 条螺栓与车身连接固定。

动力蓄电池包的高压维修开关和防爆单向阀分别设置在电池上面和侧面，电池前部设置有高压线束、低压线束、信号控制线束插接口及液冷进、回水管接口。

传祺 GE3 电动 SUV 的电池安装位置在车身底部前后桥之间。电池突出于底盘悬挂的其他零部件，与地面距离较近。这种设计导致车辆的通过性能变差，虽然是一款 SUV 车型，但是电池与地面的高度基本上跟大部分的轿车差不多，一旦托底，非常容易造成电池损伤。

本次事故损伤痕迹的具体分析：拆解动力电池包后发现，电池壳体外板损伤位置恰好位于左数第三道焊缝之间，在电池壳体的内层对应焊缝处可以清晰地看出，其状态平整无损，没有任何变形，验证了保险公司之前作出的判断是正确的。

通过对传祺 GE3 动力蓄电池包下箱体结构的学习与损伤分析，证明了保险公司之前所做的判断以及处理意见的正确性，在积累此类事故处理经验的同时，也提升了人们分析与判断损伤成因的自信心。

4. 案件启示

通过保险公司处理这个电池托底事故的全部过程，人们既可看到理赔人员按照流程认真严谨的工作态度，也能够体验到保险公司在与车主、维修站协商赔付方案过程中的艰辛与协商结果的无奈。与此同时，也使人们意识到汲取专业知识、掌握专业技能、提升话语权的重要性与迫切性。

项目八 汽车保险风险防范

参 考 文 献

［1］ 常兴华，李文涛．汽车保险与理赔［M］．北京：机械工业出版社，2022．

［2］ 黄旭，李冬冬．汽车保险与理赔［M］．2版．北京：北京邮电大学出版社，2021．

［3］ 常兴华，杨丰泽，李琼．汽车保险与理赔［M］．成都：电子科技大学出版社，2019．

［4］ 陈永革，王旭荣，彭莹，等．汽车保险与理赔实务［M］．北京：北京出版集团公司北京出版社，2015．

［5］ 许洪国，贾喜君．汽车保险与理赔实务［M］．哈尔滨：哈尔滨工业大学出版社，2013．

［6］ 中保研汽车技术研究院有限公司新能源汽车研究课题组．新能源汽车保险事故查勘定损指南［M］．北京：机械工业出版社，2021．